böhlau

SOZIAL- UND WIRTSCHAFTSHISTORISCHE STUDIEN

Institut für Wirtschafts- und Sozialgeschichte
Universität Wien

Gegründet von
Alfred Hoffmann und Michael Mitterauer

Band 42

Paul M. Horntrich, Nora M. Lehner (Hg.)

Sozioökonomie der Sexualitäten im 20. Jahrhundert

BÖHLAU

Gedruckt mit freundlicher Unterstützung der Historisch-Kulturwissenschaftlichen Fakultät der Universität Wien und des Forschungsschwerpunkts „Wirtschaft und Gesellschaft aus historisch-kulturwissenschaftlicher Perspektive" an der Historisch-Kulturwissenschaftlichen Fakultät der Universität Wien sowie der Österreichischen Hochschüler_innenschaft.

Historisch-Kulturwissenschaftliche Fakultät

Österreichische Hochschüler_innenschaft

Bibliografische Information der Deutschen Nationalbibliothek:
Die Deutsche Nationalbibliothek verzeichnet diese Publikation in der Deutschen Nationalbibliografie; detaillierte bibliografische Daten sind im Internet über https://dnb.de abrufbar.

Umschlagabbildungen:
Zeitschrift „Pin-Up" 1/1950, Quelle: Österreichische Nationalbibliothek (ONB)
Notizbuch einer „Kontrollprostituierten", Quelle: Wiener Stadt- und Landesarchiv, Foto: Nora Lehner
Buchcover „Sexual-Atlas für Erwachsene" (1971) von Beate Uhse und Günther Hunold,
Quelle: Beate-Uhse-Archiv, Forschungsstelle für Zeitgeschichte in Hamburg

Umschlaggestaltung: Michael Haderer, Wien
Redaktion/Lektorat: Michaela Hafner, Wien
Korrektorat: Gabriela Schökler, Wien
Satz: le-tex publishing services, Leipzig
Druck und Bindung: Hubert & Co., Ergolding
Printed in the EU

Vandenhoeck & Ruprecht Verlage | www.vandenhoeck-ruprecht-verlage.com
E-Mail: info@boehlau-verlag.com

ISBN (print): 978-3-205-21936-1
ISBN (e-lib): 978-3-205-21938-5
ISBN (e-book): 978-3-205-21937-8

Inhaltsverzeichnis

Paul M. Horntrich, Nora M. Lehner

Editorial

Zur Sozioökonomie der Sexualitäten im 20. Jahrhundert*

Sexualität findet immer in konkreten sozialen Kontexten statt und hat häufig eine wirtschaftliche Komponente, etwa wenn für sexuelle Dienstleistungen bezahlt wird oder Verbrauchsgüter wie Verhütungsmittel involviert sind. Was wie eine Plattitüde klingt, wurde in der sexualitätenhistorischen Forschung bislang aber weithin vernachlässigt: Während sich die Geschichtsschreibung umfassend mit politischen und kulturellen Aspekten von Sexualität über die Jahrhunderte hinweg beschäftigt hat, liegen nur wenige Arbeiten vor, die konkret auf soziale und ökonomische Zusammenhänge des Sexuellen fokussieren. Der vorliegende Sammelband will diese Lücke ein Stück weit schließen. Dazu lenkt er den Blick auf zwei Kategorien, die in der deutschsprachigen und internationalen Sexualitätengeschichte bislang wenig beachtet wurden. Wir wollen die enge Beziehung zwischen dem Sozialen und Ökonomischen im Begriff „Sozioökonomie" bündeln und damit die Interaktion von Gesellschaft und Wirtschaft hervorheben, die ‚aus beiden Richtungen' gelesen werden kann.

Sozioökonomie gilt primär als Leitbegriff der Sozial- und Wirtschaftswissenschaften. Im vorliegenden Band möchten wir diesen für historische und insbesondere sexualitätenhistorische Perspektiven fruchtbar machen. In den Sozial- und Wirtschaftswissenschaften wurde der Terminus bislang recht unbestimmt verwendet. So argumentieren die Wirtschaftswissenschafter Heinz Granvogl und Louis Perridon in einer 1999 erschienenen Überblicksdarstellung, dass der Begriff Sozioökomomie „in der wirtschafts- und sozialwissenschaftlichen Literatur lange Zeit ein höchst ambivalentes Dasein" geführt habe und häufig „lediglich als Bindestrich-Vehikel, das einen – wie auch immer gearteten – Zusammenhang zwischen sozialen und ökonomischen Aspekten andeuten soll", verwendet wurde.[1] Auch der Wirtschaftssoziologe Reinhold Hedtke betonte noch 2015, sozioökonomische Forschung stelle ein „hybrides Feld" dar, das sich zwischen inter- oder transdisziplinären Perspekti-

* Paul M. Horntrich, Department für Bildungswissenschaften, Pädagogische Hochschule Niederösterreich, Campus Baden, Mühlgasse 67, 2500 Baden, Österreich; paul.horntrich@gmail.com
Nora M. Lehner, c/o Institut für Wirtschafts- und Sozialgeschichte, Universität Wien, Universitätsring 1, 1010 Wien, Österreich; nora.lehner@univie.ac.at

1 Heinz Granvogl/Louis Perridon, Sozioökonomie, München/Wien/Oldenbourg 1999, 4.

ven bewege und dabei produktiv, divers, fruchtbar sowie „unübersichtlich" sei.[2] Die Soziologin Gertraude Mikl-Horke hat sich in jüngerer Zeit wohl am umfangreichsten mit dem Begriff und seinen theoretischen Herleitungen beschäftigt. Sie stellt fest, dass Wörter wie „Sozioökonomie" oder „Sozialökonomie" in der Gegenwart eine steigende Bedeutung erlangt hätten. Die Begriffsverwendung sei dabei aber häufig diffus. Generell definiere Sozioökonomie „einen interdisziplinären Zugang zu ökonomischen Problemen bzw. [...] Erweiterungen des Modells der Mainstream-Ökonomie durch andere Verhaltensannahmen und die Berücksichtigung von Institutionen und Normen sowie von sozialen Faktoren im Rahmen der ökonomischen Forschung".[3]

Historisch kann Sozioökonomie mit Mikl-Horke als „Ausgrenzungsprodukt des neoklassischen Reduktionismus" verstanden werden. In der klassischen Nationalökonomie und bei Autoren wie Adam Smith, Karl Marx und David Ricardo wurden, so Mikl-Horke, Wirtschaft und Gesellschaft stets zusammen gedacht: „Die Ansätze für eine Sozioökonomie oder Sozialökonomik, die gleichzeitig Ökonomie und Soziologie umfasst, sind in der klassischen Nationalökonomie unübersehbar. Soziale, politische, kulturelle und wirtschaftliche Faktoren sind hier noch untrennbar miteinander verbunden."[4] Auch frühe Begründer der Soziologie wie Auguste Comte oder Henri de Saint-Simon hätten stets die Einheit von Wirtschaft und Gesellschaft angenommen.[5] Die weitere ideengeschichtliche Entwicklung auf diesem Gebiet hätte schließlich zu einer „Spaltung in Ökonomie und Soziologie mit jeweils unterschiedlichen Erkenntnisobjekten des ‚rein Ökonomischen' und des ‚rein Sozialen'" geführt.[6] Bei der Entstehung der Volkswirtschaftslehre tauchte der Begriff abermals auf. Die Volkswirtschaftslehre wollte, anders als die klassische Wirtschaftstheorie, „das reale Wirtschaftsleben" erforschen und hätte sich daher wieder soziologischen Fragen in Zusammenhang mit Wirtschaft zugewandt.[7] Damit reagierte sie auf die von neoklassischen Ökonomen propagierte Ausklammerung historischer, politischer, kultureller und sozialer Aspekte aus der Theoriebildung.[8] Der Bezug auf das „reale Wirtschaftsleben" sei auch bei Max Weber zu sehen, dessen

2 Reinhold Hedtke, Was ist und wozu Sozioökonomie? Zur Topographie eines unübersichtlichen Feldes, in: Hedtke (Hg.), Was ist und wozu Sozioökonomie, 2015, 19–69, 22 f.

3 Gertraude Mikl-Horke, Historische Soziologie. Sozioökonomie. Wirtschaftssoziologie, Wiesbaden 2008, 104. Siehe zudem Gertraude Mikl-Horke, Was ist Sozioökonomie? Von der Sozialökonomie der Klassiker zur Sozioökonomie der Gegenwart, in: Gertraude Mikl-Horke (Hg.), Sozioökonomie. Die Rückkehr der Wirtschaft in die Gesellschaft, Marburg 2011, 19–57.

4 Mikl-Horke, Historische Soziologie, 2008, 105.

5 Ebd., 106.

6 Ebd., 107.

7 Ebd., 111.

8 Ebd., 108.

„Sozialökonomik" auf „das Verstehen der Kulturbedeutung der Wirtschaft und auch der Wirtschaftstheorie selbst" abgezielt habe.[9]

In jüngerer Zeit wurde der Begriff durch die Arbeiten des US-amerikanischen Soziologen Amitai Etzioni popularisiert. Hier wird Sozioökonomie jedoch als eine sich vom neoliberalen Mainstreamverständnis absetzende, bewusst moralisch-ethisch „korrigierte" Ökonomie verstanden – ein Begriffsverständnis, das für den vorliegenden Sammelband keine Rolle spielt.[10] Wir folgen hingegen Reinhold Hedtke, dem zufolge das „sozioökonomische Forschungsinteresse [...] der Wirtschaft in der Gesellschaft [gilt], es richtet sich auf Wechselwirkungen zwischen Wirtschaft und Gesellschaft".[11] Sozioökonomische Forschungsperspektiven seien dabei von vier Blickwinkeln geprägt: „soziale Einbettung der Wirtschaft, ihrer Institutionen und Akteure, Historizität wirtschaftlicher Handlungsmuster, Prozesse und Strukturen, Multimotivationalität wirtschaftlichen Handelns sowie oft auch inter- oder transdisziplinäre Konzepte".[12] Diese Perspektiven finden sich auch in den hier versammelten Beiträgen wieder.

Im vorliegenden Band verstehen wir unter Wirtschaft die Produktion, Distribution und Konsumption von Gütern und Dienstleistungen sowie all jene Strukturen und Prozesse, die zu deren Entstehung, Besitz und Verfügbarkeit führen. Ökonomisches Handeln ist von unterschiedlichen Institutionen und Akteur*innen, aber auch von Märkten, Löhnen und Preisen ebenso wie dem Zusammenspiel von Produzent*innen, Händler*innen, Käufer*innen und Verbraucher*innen abhängig und vollzieht sich auf unterschiedlichen Ebenen, vom informellen Tauschhandel bis zum kapitalistischen Massenkonsum.[13]

Gesellschaft umfasst die unterschiedlichsten Formen der Vergemeinschaftung auf Mikro-, Meso- und Makroebene, die zur Bildung von sozialen Strukturen und Gruppen führen, sich manifestieren und fortschreiben, aber auch in Ungleichheit und Konflikte, Revolten und Revolutionen münden können.[14] Diese Strukturen bilden die Lebenswelt, in der Akteur*innen sozial interagieren. Die sozialen Praktiken der Akteur*innen sind dabei von der sozialen Umwelt, in der sie leben, (mit-)geprägt; gleichzeitig formt ihr Handeln auch die soziale Umwelt. Akteur*innen befinden

9 Ebd., 113.

10 Amitai Etzioni, The Moral Dimension. Toward a New Economics, New York 1988.

11 Reinhold Hedtke, Vorwort, in: Hedtke (Hg.), Was ist und wozu Sozioökonomie?, 2015, 15.

12 Ebd., 15.

13 Werner Plumpe/Roman Köster, Wirtschaft, in: Friedrich Jaeger (Hg.), Enzyklopädie der Neuzeit, Bd. 14: Vater–Wirtschaftswachstum, Stuttgart/Weimar 2011, 1122–1141.

14 Wolfgang Schmale, Gesellschaft, in: Jaeger (Hg.), Enzyklopädie der Neuzeit, Bd. 4: Friede–Gesellschaft, Stuttgart 2006, 680–706. Siehe außerdem die Ausführungen zur „Konsumgesellschaft" bei Wolfgang Schmale, in: Jaeger (Hg.), Enzyklopädie der Neuzeit, Bd. 6: Jenseits–Konvikt, Stuttgart 2007, 1137–1144.

sich somit in einem komplexen Verhältnis von Prägung durch ihre soziale, ökonomische, politische sowie kulturelle Umwelt und ‚Eigensinn', der es ihnen erlaubt, individuell zu agieren und gesellschaftliche Normen und Erwartungen auch zu unterlaufen. Soziale Zugehörigkeit und Ungleichheit basieren unter anderem, aber keinesfalls ausschließlich auf materiellen und wirtschaftlichen Gegebenheiten und Differenzen.

Werden wirtschaftliche und gesellschaftliche Positionen und Machtverhältnisse zugleich in den Blick genommen, so ist es notwendig, deren Zusammenwirken und Verschränkung und daneben auch andere intersektionale Kategorien sozialer Ungleichheit, wie *race*, ethnische Zugehörigkeit, Dis/Ability, Nationalität, Geschlecht, Konfession, sexuelle Orientierung oder Bildungsgrad, zu berücksichtigen. Besonders Arbeitsverhältnisse im Kontext von Sexualität, wie die Arbeit in Bordellen und Laufhäusern oder die Produktion pornografischer Fotografien und Filmaufnahmen, zeichnen sich häufig durch das Ineinanderwirken mehrerer Formen sozialer Ungleichheit und darauf aufbauende Ausbeutungsverhältnisse aus.[15]

Sozioökonomie aus einer (sexualitäten-)historischen Perspektive

Gerade eine derartige sozioökonomische Sichtweise auf die Sexualitätengeschichte – also eine Verknüpfung der Dimensionen Sexualität, Wirtschaft und Gesellschaft – stellt in der Forschung ein Desiderat dar. Seit den sittengeschichtlichen Werken des späten 19. Jahrhunderts interessieren sich Sexualitätenhistoriker*innen vor allem für die Kultur des Sexuellen und für dessen politische Disziplinierung, Modellierung und Hervorbringung sowie die Konstruktion unterschiedlicher Sexualkulturen. Der Forschungsstand zu sexuellen Normen und Sinngebungen, zur Konstruktion von (Be-)Deutungsmustern, sexuellen Skripts, Diskursen, Identitäten und Ideologien ist folglich elaboriert und gut ausdifferenziert.[16] Sozioökonomische Zusammenhänge wurden im Gegensatz dazu viel seltener aufgegriffen. Eine solche Perspektive auf die Verflechtung von Sexualität und Konsum nimmt etwa der 2022 erschienene Sammelband *Sexuality and Consumption* ein.[17] Darin richten die

15 Kathrin Englert u. a., Einleitung, in: AG Queer Studies (Hg.), Verqueerte Verhältnisse. Intersektionale, ökonomiekritische und strategische Interventionen, Hamburg 2009, 9–38.

16 Für einen Überblick siehe Peter-Paul Bänziger/Julia Stegmann, Politisierungen und Normalisierung. Sexualitätsgeschichte des 20. Jahrhunderts im deutschsprachigen Raum, in: H-Soz-Kult, 5.11.2010, https://www.hsozkult.de/literaturereview/id/fdl-136816 (16.10.2024).

17 Mario Keller u. a. (Hg.), Sexuality and Consumption. Intersections and Entanglements, Berlin/Boston 2022, https://doi.org/10.1515/9783110747676-001. Zu Fragen von Konsum und Geschlecht siehe auch Victoria De Grazia, The Sex of Things. Gender and Consumption in Historical Perspective, Berkeley 1996.

Herausgeber*innen den Blick auf „commodities and processes of commodification that in various ways are related to sexual practices and discourses".[18] Sie erinnern daran, dass Sexualität und Konsum als „genuinely historical, socially and culturally constructed, phenomena" verstanden und damit auch historisiert werden müssen.[19] Peter-Paul Bänziger und Julia Stegmann konstatierten bereits 2010, dass Forschung, die nicht „bloß Prozesse der ‚Kommerzialisierung' beschreibt, sondern auf die grundlegenden Verknüpfungen von Kapitalismus, Konsum und Körpern eingeht, [...] eine der meistversprechenden Perspektiven für die Sexualitätengeschichte" biete.[20] Richtigerweise verweisen sie darauf, dass eine derart sozioökonomisch orientierte Sexualitätengeschichte „die dinglichen Aspekte der Sexualität, also die zahlreichen Gegenstände, die in Zusammenhang mit dem Sexuellen gebracht oder überhaupt erst hergestellt werden, genauer zu fassen" habe.[21] Diese Anregung wird im vorliegenden Band von mehreren Beiträgen aufgegriffen, die sich mit so unterschiedlichen ‚Sexualitätsobjekten' beschäftigen wie Vibrationsgeräten der Zwischenkriegszeit, erotischen Magazinen nach dem Zweiten Weltkrieg oder Notizbüchern von Sexarbeiterinnen der 1960er Jahre, die darin ihre Interaktionen mit Kunden festhielten.

Für manche Erscheinungsformen des Sexuellen liegen die sozioökonomischen (Rahmen-)Bedingungen – Märkte, Waren und Dienstleistungen und verschiedene Formen der Vergütung, technische Innovationen und Voraussetzungen – auf der Hand: Tauschhandel und Bezahlung bilden die Grundlage sexueller Dienstleistungen in der Prostitution/Sexarbeit; ohne die Entstehung informeller und offizieller Märkte sowie neuer Technologien hätten sich die erotische und pornografische Literatur und Kunst nie in dem Maße verbreiten können, wie dies seit der Renaissance und Aufklärung der Fall war. Forschungsarbeiten zu Sexarbeit nehmen dabei meist arbeits-, sozial oder kulturhistorische Perspektiven ein. Sie fragen nach den Lebens- und Arbeitsbedingungen der (meist weiblichen) Anbieter*innen sowie Diskursen und medialen Repräsentationen über Prostitution/Sexarbeit.[22] Seltener lenken Historiker*innen den Blick auf die (meist männlichen) Kund*innen

18 Mario Keller, Editorial. Sexuality and Consumption. Intersections and Entanglements, in: Keller u. a. (Hg.), Sexuality and Consumption, 2022, 1–10, 1.

19 Ebd., 3.

20 Bänziger/Stegmann, Politisierungen und Normalisierung, 2010.

21 Ebd.

22 Siehe etwa Magaly Rodríguez García/Lex Heerma van Voss/Elise van Nederveen Meerkerk (Hg.), Selling Sex in the City. A Global History of Prostitution, 1600s–2000s, Leiden/Boston 2017; Judith R. Walkowitz, The Politics of Prostitution and Sexual Labour, in: History Workshop Journal 82 (2016), 188–198; Magaly Rodríguez García, Defining Commercial Sexualities in Past and Present, in: Gavin Brown/Kath Browne (Hg.), The Routledge Research Companion to Geographies of Sex and Sexualities, London 2016, 321–329.

und deren Konsum sexueller Dienstleistungen und pornografischer Erzeugnisse.[23] Studien zur Geschichte der Pornografie haben sich erst teilweise ökonomischen Zusammenhängen gewidmet. Bislang lag der Fokus auf der Produktionsseite; über die Distribution, vor allem aber die Konsumption pornografischer Konsumgüter ist nur wenig bekannt.[24]

Solche materiellen Erzeugnisse, deren Produktion, Bewerbung, Distribution und Anwendung bzw. Konsum ermöglichen es ebenso, die ökonomische Durchdringung von Sexualität in den Blick zu nehmen. Wiederholt wurde daher die dingliche und materielle Kultur des Sexuellen erforscht, ist doch „die Geschichte der Sexualitäten untrennbar mit Dingen verknüpft".[25] Schon im 17. und 18. Jahrhundert unter dem ‚Ladentisch' gehandelte oder legal verfügbare Verhütungsmittel wie Kondome und Portiokappen beeinflussten nicht nur Sexualpraktiken, Körperwissen und das Verständnis von Sexualität, sondern ermöglichten auch eine neue Planbarkeit der Fortpflanzung, die zu Veränderungen in Partnerschaft und Ehe führte. ‚Sexualitätsobjekte' wie Dildos, Gleitcremes und Vibratoren und insbesondere Kontrazeptiva wie die ‚Pille' veränderten die sexuellen Praktiken mehr, als uns dies normative Quellen vermitteln können.[26]

Gerade das 20. Jahrhundert, mit seinen tiefgreifenden gesellschaftlichen und ökonomischen Umwälzungen, dem Aufkommen der (Massen-)Konsumgesellschaft und vielfältiger technischer Neuerungen, stellt somit ein spannendes Untersuchungsfeld dar, um die sozioökonomischen Veränderungen auf dem Gebiet des

---

23 Eine Ausnahme stellt hier die Forschung zum „Sextourismus" dar, siehe exemplarisch Ulrike Schaper, Reisen in eine vorfeministische Vergangenheit. Bundesdeutscher Sextourismus und das Verhältnis zur ‚Dritten Welt', in: Geschichte in Wissenschaft und Unterricht (GWU) 69/3–4 (2018), 170–184; Priska Komáromi, Hunters, Hotels and Hungarian Girls. Moral Panic at the Intersection of Prostitution and Tourism under Hungarian Consumer Socialism, in: Sonja Dolinsek/Magdalena Saryusz-Wolska (Hg.), Histories of Prostitution in Central, East Central and South Eastern Europe, Leiden 2023, 231–249, https://doi-org.uaccess.univie.ac.at/10.30965/9783657790470_012.

24 Siehe exemplarisch Oliver Carter, Under the Counter. Britain's Trade in Hardcore Pornographic 8mm Films, Bristol 2023, oder Klara Arnberg, Under the Counter, Under the Radar? The Business and Regulation of the Pornographic Press in Sweden 1950–1971, in: Enterprise & Society 13/2 (2012), 350–377.

25 Teresa Tammer, Dinge und Sexualitäten beforschen, in: Susanne Rößiger/Teresa Tammer/Katja Töpfer/Stiftung Deutsches Hygiene-Museum (Hg.), Dinge und Sexualitäten. Körperpraktiken im 20. und 21. Jahrhundert, Dresden 2021, 17–25, 21. Zur Warenförmigkeit von Liebe, Romantik und Sexualität siehe auch Eva Illouz, Der Konsum der Romantik. Liebe und die kulturellen Widersprüche des Kapitalismus, Frankfurt am Main 2007.

26 Zum Begriff ‚Sexualitätsobjekte' siehe Tammer, Dinge, 2021, 17 f. Zur Geschichte der ‚Pille' siehe Lutz Niethammer/Silke Satjukow (Hg.), „Wenn die Chemie stimmt …". Geschlechterbeziehungen und Geburtenkontrolle im Zeitalter der ‚Pille', Göttingen 2016.

Sexuellen in den Blick zu nehmen.[27] Die Industrialisierung und Urbanisierung des 19. Jahrhunderts resultierte vielfach in Armut und schlechten Wohnbedingungen, gerade in der Arbeiter*innenschaft und den niederen sozialen Schichten. Die vielfältigen Wohn- und Arbeitsbedingungen brachten veränderte Grenzziehungen zwischen Öffentlichkeit und Privatheit mit sich, beeinflussten Scham- und Tabuvorstellungen und konfigurierten sexuelles Wissen neu.[28] Gleichzeitig wirkten sich Urbanisierungs- und Industrialisierungsprozesse auf die Ökonomisierung und Popularisierung des Sexuellen aus und schufen „neue sexualisierte Räume und Massenmärkte":[29] In den Vergnügungsvierteln europäischer (Groß-)Städte, die im ausgehenden 19. und frühen 20. Jahrhundert entstanden, entwickelte sich beispielsweise ein breites, meist an Männer gerichtetes, sexuelles bzw. sexualisiertes Konsumangebot. Prostitution bzw. die Inanspruchnahme sexueller Dienstleistungen spielte dabei, so Pascal Eitler, gegenüber dem Konsum sexueller Fantasien – etwa sexualisierter Darbietungen in Form von Burlesque, Varieté oder Cabaret – eine untergeordnete Rolle.[30] Auch technische Innovationen wie die Fotografie und die Kinematografie veränderten im 20. Jahrhundert den Konsum von Sexualität.[31] Insgesamt brachte die Zwischenkriegszeit eine erste Sexualisierung der Massenkultur hervor, die sich in so unterschiedlichen Phänomenen wie nun massenhaft – und besonders auch von Frauen – betriebenem Sport zur Gesund- und Schönerhaltung des Körpers oder der zunehmenden fotografischen Darstellung des (stilisierten) Körpers in der Werbung zeigte.[32]

Die Sexualpolitik des Nationalsozialismus war hingegen von einer „Biologisierung der Sexualität" charakterisiert, „die nicht gerade auf deren Popularisierung und Ökonomisierung" abzielte.[33] Dennoch hatte auch die NS-Sexualpolitik eine ökonomische Dimension. So etablierten die Nazis an der Front, in besetzten Gebieten und in Konzentrationslagern ein gewaltiges Bordellsystem, durch das tausende

---

27 Siehe hierzu auch Pascal Eitler, Sexualität als Ware und Wahrheit. Körpergeschichte als Konsumgeschichte, in: Heinz-Gerhard Haupt/Claudius Torp (Hg.), Die Konsumgesellschaft in Deutschland 1890–1990. Ein Handbuch, Frankfurt am Main/New York 2009, 370–388.

28 Franz X. Eder, Kultur der Begierde. Eine Geschichte der Sexualität, München [2]2009, 171–186.

29 Elizabeth Heineman, Before Porn Was Legal. The Erotica Empire of Beate Uhse, Chicago 2011, 2.

30 Eitler, Sexualität, 2009, 372–374.

31 Ebd., 372–376.

32 Anna Clark, Desire. A History of European Sexuality, London 2008, 164–167.

33 Eitler, Sexualität, 2009, 380. Eitler verweist hier auf den Mangel von Forschungsarbeiten zum Nationalsozialismus, die konsum- und sexualitätenhistorische Fragestellungen in den Blick nehmen. Eine ähnliche Beobachtung machten wir als Organisator*innen der Tagung „Sozioökonomie der Sexualitäten": Trotz der insgesamt regen Rückmeldungen erhielten wir keine Abstracts zur NS-Zeit.

Frauen zu sexueller Zwangsarbeit gezwungen wurden.[34] Auch wenn der Markt für erotische Magazine der Weimarer Ära nach der Machtergreifung der Nationalsozialist*innen schnell zerschlagen wurde, dauerte es nicht lange, bis neue Absatzmöglichkeiten für Pornografie entstanden: Publikationen wie die SS-Zeitschrift *Der Stürmer* verknüpften die NS-Rassenideologie mit pornografischen Schilderungen und machten sich somit auch sexuelle Konsumpraktiken zunutze.[35]

Das nach dem Zweiten Weltkrieg einsetzende ‚Wirtschaftswunder' und die Amerikanisierung von Gesellschaft und Wirtschaft führten zu einer noch nie dagewesenen Kommodifizierung und Medialisierung des Sexuellen, die bis in die Gegenwart hineinwirkt.[36] Die in den späten 1950er und 1960er Jahren beginnende Liberalisierung wird oftmals als ‚Sexuelle Revolution' erinnert und etikettiert, wohingegen in der Forschung mittlerweile als etabliert gilt, dass es sich dabei um eine „Diskursivierung einer schon länger stattfindenden Kommerzialisierung, Normalisierung und Politisierung der Sexualkultur" handelte.[37] Mit Blick auf die Geschichte queerer Bewegungen wurden die Dimensionen Gesellschaft und Wirtschaft bislang kaum gemeinsam beforscht, wobei jüngste Forschungsarbeiten verdeutlichen, dass auch hier sozioökonomische Perspektiven lohnend wären. Zuletzt hat etwa David K. Johnson, um nur ein Beispiel zu nennen, anhand von Physique- oder Beefcake-Magazinen – populäre Zeitschriften, die junge Männer in athletischen und freizügigen Posen darstellen – gezeigt, dass solche Zeitschriften nicht einfach ein Nebenprodukt der Schwulenrechtsbewegung waren, sondern vielmehr ein Katalysator für diese.[38] Die Geschichte der LGBTQIA+-Bewegungen kann jedoch, kritisch gelesen, auch als eine des ‚Rainbow Capitalism' verstanden werden. Der gesellschaftspolitisch motivierte, pejorative Begriff bezeichnet dabei den PR- und Marketing-Trend, „where brands adopt the symbols and language of LGBTQIA+ liberation politics

---

34 Siehe etwa Robert Sommer, Das KZ-Bordell. Sexuelle Zwangsarbeit in nationalsozialistischen Konzentrationslagern, Paderborn/Wien 2009.

35 Dagmar Herzog, Sex after Fascism. Memory and Morality in Twentieth-Century Germany, Princeton 2005, 37–40.

36 Für einen rezenten Überblick siehe etwa Katie Sutton, Sexuality in Modern German History, London 2023, 183–213.

37 Zur Geschichte der ‚Sexuellen Revolution' siehe exemplarisch Peter-Paul Bänziger/Magdalena Beljan/Franz X. Eder/Pascal Eitler (Hg.), Sexuelle Revolution? Zur Geschichte der Sexualität im deutschsprachigen Raum seit den 1960er Jahren, Bielefeld 2015, sowie darin den Aufsatz Franz X. Eder, Die lange Geschichte der ‚Sexuellen Revolution' in Westdeutschland (1950er bis 1980er Jahre), in: ebd., 25–59, 26. Hera Cook, The Long Sexual Revolution. English Women, Sex, and Contraception, 1800–1975, Oxford 2004; Sarah Fishman, From Vichy to the Sexual Revolution. Gender and Family Life in Postwar France, New York 2017.

38 David K. Johnson, Buying Gay. How Physique Entrepreneurs Sparked a Movement, New York 2019.

to establish or maintain a positive public image".[39] Dass die queeren Bewegungen bzw. insbesondere deren Symbolik auf diese Weise kommodifiziert werden und Unternehmen durch derartige Marketingstrategien Gewinne erhoffen, verweist jedoch auch auf die gestiegene gesellschaftliche Akzeptanz queer-freundlicher Politik und die Sichtbarkeit queerer Personen und damit eine breitere gesellschaftliche Transformation.[40]

Sexualitätenhistoriker*innen haben dabei den Zusammenhang von Sexualität und Ökonomie im 20. Jahrhundert vielfach postuliert. Dagmar Herzog zufolge sei Sexualität in diesem Zeitraum ein „main motor of economic development" gewesen.[41] Materielle Objekte hätten in der westlichen Welt in einem zuvor noch nie dagewesenen Ausmaß sexuelles Wissen, Begierden und Gesundheit bestimmt: Sexualobjekte wie Kondome waren ab der Jahrhundertwende erstmals breit verfügbar, die gestiegene Alphabetisierung ermöglichte breiteren Gesellschaftsschichten Zugang zu Ratgebern, Aufklärungsliteratur und erotischen Druckerzeugnissen.[42] Fotografie und günstigere Reproduktionsmöglichkeiten brachten erotische und pornografische Bilder, meist von nackten Frauenkörpern, in einer zuvor nicht möglichen hohen Auflage und Zirkulation in Umlauf. Spätestens ab der Mitte des 20. Jahrhunderts, so sind sich Sexualitätenhistoriker*innen einig, waren Sexualität und Konsumkultur untrennbar miteinander verwoben. Franz X. Eder etwa verweist für die Zeit um 1950 auf eine erste „‚kleine' multi-mediale ‚Sexwelle'",[43] die das Produkt von nun massenhaft zirkulierenden sexualisierten Medien wie Aufklärungsschriften oder erotischen Magazinen gewesen sei. Elizabeth Heineman konstatiert für das Westdeutschland der 1960er Jahre sodann eine „kommerzielle Sexwelle".[44] Besonders aber nach ‚1968' sei Sexualität, so Pascal Eitler, „zu einer

39 Eric Smialek/Kiersten van Vliet, Rainbow Capitalism, in: Abbie E. Goldberg (Hg.), The Sage Encyclopedia of LGBTQ+ Studies, Bd. 3: R–Z, Appendix, Index, Los Angeles 2024, 1062–1065, 1062.

40 Smialek/van Vliet, Rainbow Capitalism, 2024, 1062. Siehe hierzu weiters Antke Engel, Ökonoqueer. Sexualität und Ökonomie im Neoliberalismus, in: AG Queer Studies (Hg.), Verqueerte Verhältnisse. Intersektionale, ökonomiekritische und strategische Interventionen, Hamburg 2009, 101–119, 102; Antke Engel, Bilder von Sexualität und Ökonomie. Queere kulturelle Politiken im Neoliberalismus, Bielefeld 2009. Die Kommodifizierung der queeren Bewegung wurde aus geschichtswissenschaftlicher Perspektive bislang noch nicht erforscht.

41 Dagmar Herzog, Sexuality in Europe. A Twentieth-Century History, Cambridge 2011.

42 Siehe hierzu beispielsweise Peter-Paul Bänziger/Stefanie Duttweiler/Philipp Sarasin/Annika Wellmann (Hg.), Fragen Sie Dr. Sex! Ratgeberkommunikation und die mediale Konstruktion des Sexuellen, Berlin 2010.

43 Franz X. Eder, Auf die ‚gesunde Sinnlichkeit' der Nationalsozialisten folgte der Einfluss der Amerikaner. Sexualität und Medien vom Nationalsozialismus bis zur Sexuellen Revolution, in: Zeitenblicke. Online-Journal für die Geschichtswissenschaften 7/3 (2008), Abs. 22, https://www.zeitenblicke.de/2008/3/eder.

44 Heineman, Porn, 2011, 14.

gewinnträchtigen Ware" avanciert.[45] Ihm zufolge sei die „Sexualität, die in der Moderne praktiziert und phantasiert wurde und wird […], ein Konsumprodukt".[46] Die Wechselwirkung von Sexualität und Konsum und insbesondere ‚Sexualitätsobjekte' definierten dabei auch sexuelle Praxen und Begierden, Sexualkultur und -wissen neu. Heineman argumentiert, dass die „intervention of material objects into one's sexual history – as well as the struggles to obtain them, make them available, or limit their distribution – helped to define sexuality in the late modern era".[47] Gesellschaftlicher und ökonomischer Wandel veränderte auch die Sexualkultur und sexuellen Praktiken, gleichzeitig stellen sozioökonomische Faktoren jene Matrix dar, in die Vorstellungen von Moral und Unsittlichkeit oder Normalität und Devianz eingelassen sind. Ebenso prägen sie die Zugehörigkeit zu gesellschaftlichen Gruppen, Schichten und Klassen und beeinflussen die Geschlechter- und Generationenordnung.

Aus einer genuin sexualitätenhistorischen Sicht stellt das 20. Jahrhundert einen spezifischen Zeitraum dar. So hat der Wissenschaftshistoriker Heiko Stoff darauf hingewiesen, dass im frühen 20. Jahrhundert jene folgenschwere Abtrennung der Sexualität von der Fortpflanzung – als Ergebnis verbesserter und leichter verfügbarer Kontrazeptiva – einsetzte, die die nachfolgenden Jahrzehnte prägen und eine Konsumkultur des Sexuellen überhaupt erst ermöglichen sollte. Damit einhergehend wurde eine „produktivistische", auf Fortpflanzung abzielende Ideologie des Sexuellen von einer „konsumistischen", auf das Ausleben individueller sexueller Bedürfnisse hin orientierten Ideologie ersetzt, die bis heute nachwirkt.[48] Mit der zeitlichen Fokussierung auf das 20. Jahrhundert nehmen wir im vorliegenden Band somit einen Zeitraum in den Blick, der von Phänomenen wie der Medialisierung, der Kommerzialisierung und der Durchsetzung der modernen Konsumkultur geprägt war und sich daher für sozial- wie wirtschaftshistorische Fragestellungen besonders eignet.[49]

---

45 Eitler, Sexualität, 2009, 371.

46 Ebd., 388.

47 Heineman, Porn, 2011, 11 f.

48 Heiko Stoff, Der Orgasmus der Wohlgeborenen. Die sexuelle Revolution, Eugenik, das gute Leben und das biologische Versuchslabor, in: Jürgen Martschukat (Hg.), Geschichte schreiben mit Foucault, Frankfurt am Main/New York 2002, 170–192, 170–179.

49 Zu den Schlagworten Medialisierung und Kommerzialisierung siehe den Sammelband Bänziger/Beljan/Eder/Eitler (Hg.), Sexuelle Revolution?, 2015.

Die Beiträge des Bandes

Bei den hier publizierten Texten handelt es sich um ausgewählte Beiträge, die auf der dritten Jahrestagung des Arbeitskreises Sexualitäten in der Geschichte zum Thema „Sozioökonomie der Sexualitäten" im April 2022 in Wien präsentiert wurden und die Interaktion und Verflechtung historischer Sexualitäten mit dem Sozialen und Ökonomischen beleuchten. Die Beiträge nehmen dabei insbesondere den deutschsprachigen Raum in den Blick und – mit Deutschland, Frankreich, der Habsburgermonarchie bzw. Österreich – kapitalistisch geprägte Gesellschaften.[50] Sie sind chronologisch angeordnet und decken große Teile des 20. Jahrhunderts ab.

In ihrem Beitrag „‚Tiefen von Paris': Prostitution und ‚Internationaler Mädchenhandel' zwischen Moralisierung, Arbeitsmigration und Notbehelfsökonomie um 1900" fragt Sarah Frenking aus deutsch-französischer Perspektive nach den diversen Verflechtungen zwischen Ökonomie und Sexualität am Beispiel des sogenannten ‚Mädchenhandels'. Dabei geht es erstens um die ökonomischen Semantiken der Aktivist*innen gegen den ‚Mädchenhandel'. Frenking zeigt, dass hier insbesondere (teils antisemitische) Diskurse über Handelsnetzwerke und einen globalen „Warenverkehr", aber auch das Motiv des „luxusstrebenden" weiblichen Konsumverhaltens als Ursache der Prostitution eine Rolle spielten. Im zweiten Teil geht die Autorin auf die Agency der Frauen selbst ein, um das Verhältnis von Ökonomie und Moral zu beleuchten. Frenking zieht Behördenquellen sowie Ego-Dokumente heran, um die Erfahrungen, Abwägungen und ökonomische Zwänge und Möglichkeiten von regional mobilen Frauen herauszuarbeiten. Aus einer mikrohistorischen Perspektive plädiert der Beitrag dafür, die Vielfalt an Gründen und Motivationen für eine Involviertheit in die kommerzielle Sexualität anzuerkennen und anhand des Einzelfalls zu interpretieren. Abschließend fokussiert die Autorin auf die Frage nach Löhnen, Arbeitsmigration und transnationalen Arbeitsmärkten in den Diskussionen um den ‚Mädchenhandel' und nimmt insbesondere die Migration von Dienstmädchen in den Blick.

Daniel Gunz untersucht in seinem Beitrag „Männlichkeit und sexuelle Dienstleistungen innerhalb der Streitkräfte Österreich-Ungarns vor dem Ersten Weltkrieg" die enge Verknüpfung von (kommerzieller) Sexualität und Männlichkeit in der habsburgischen Armee. Er fokussiert dabei auf die bislang unzureichend erforschte Schnittmenge von Prostitution, Militär und Männlichkeit. Ausgangspunkt ist die

50 Zu nicht-kapitalistisch organisierten Gesellschaften siehe exemplarisch Kateřina Lišková, Sexual Liberation, Socialist Style. Communist Czechoslovakia and the Science of Desire, 1945–1989, Cambridge 2018; Josie McLellan, Love in the Time of Communism. Intimacy and Sexuality in the GDR, Cambridge 2011; Kristen Rogheh Ghodsee, Why Women Have Better Sex Under Socialism. And Other Arguments for Economic Independence, New York 2018.

Hypothese, dass die Sexualität wehrpflichtiger Männer angesichts eines restriktiven Heiratsverbotes von flüchtigen Beziehungen geprägt und finanzielle Aspekte für diese entscheidend waren. Der Autor zeigt anhand von Militärgerichtsakten, Verordnungen und persönlichen Zeugnissen, dass Soldaten der österreichisch-ungarischen Streitkräfte sowohl Frauen für Geschlechtsverkehr bezahlten als auch selbst für Geld Sex mit Männern hatten. Was als Prostitution galt, wo Bezahlung einvernehmlichen Geschlechtsverkehr ermöglichte oder als Schweigegeld für sexuellen Missbrauch fungierte, differierte stark und verdeutlicht, dass das Militär selbst bestimmte, was militärische Männlichkeit ausmachte oder bedrohte. Die Inanspruchnahme sexueller Dienstleistungen galt einerseits als Gefahr für den Ruf und die Kampfkraft des Militärs, insbesondere wegen der damit in Verbindung gebrachten sexuell übertragbaren Infektionskrankheiten. Andererseits diente der Konsum sexueller Dienstleistungen dazu, (militärische) Männlichkeit herzustellen und das Gruppengefühl unter Soldaten zu stärken. Gunz zeigt auf, dass in Militärgerichtsverfahren die Frage nach Männlichkeit in diesem Kontext nicht verhandelt wurde. Viel eher betrachteten die zuständigen Gerichte den Verkauf bzw. das Anbieten sexueller Dienstleistungen als individuelles Fehlverhalten, das sie mitunter auf den niedrigen Sold zurückführten.

In ihrem Beitrag „Von Scham und Charme. Der Berliner Punkt-Vibrator und die Herstellung weiblicher Sexualität in den 1920er Jahren" fokussiert Sarah Scheidmantel auf die materielle Kultur des Sexuellen. Sie nimmt den „Punkt-Vibrator" der Berliner Firma von Leo Max Baginski – ein Vibrationsmassagegerät, das zunächst zur Behandlung von Krankheiten eingesetzt wurde, letztlich aber als Massagegerät zur Schönheits- und Kosmetikbehandlung galt –, dessen Werbung sowie medizinische Abhandlungen zum Ausgangspunkt. Anhand ihrer Analysen von Werbeprospekten für den Punkt-Vibrator legt sie dar, wie dieses Massagegerät weibliche sexuelle Attraktivität herstellte. Scheidmantels Text verdeutlicht den für das 20. Jahrhundert charakteristischen, engen Zusammenhang von Konsum und Sexualität und die Bedeutung von ‚Sexualitätsobjekten' in der aufkommenden Konsumgesellschaft. Wenngleich das Vibrationsmassagegerät nicht für die sexuelle Stimulation konzipiert war, sollten die Anwenderinnen damit ihre Körper attraktivieren und somit ihre sexuelle Anziehungskraft erhöhen. In ihrem körper- und emotionshistorisch perspektivierten Aufsatz betont sie nicht zuletzt auch die Rolle von Konsumprodukten in dem in den 1920ern virulenten Diskurs um Jugend und Schönheit.

Paul M. Horntrich beleuchtet in seinem Beitrag „Alliierte Erotik. Zur Sozioökonomie österreichischer ‚Herrenmagazine' um 1950 am Beispiel der *Venus*" wie die konkrete sozioökonomische Situation der Nachkriegszeit die Entstehung erotischer Zeitschriften beeinflusste. In Form einer Fallstudie zeichnet der Autor die Produktions- und Distributionsverhältnisse der Zeitschrift *Venus*, ihre Inhalte und die visuelle Aufmachung nach. Die *Venus* war eines der langlebigsten und kommerziell erfolgreichsten Produkte der ‚kleinen Sexwelle' der Nachkriegsjahre, die kurzzeitig einen spezialisierten Markt für erotische Schriften bewirkte. Mit der *Venus* reagierten die Hersteller*innen auf die Nachfrage erotischer Unterhaltung US-amerikanischer Prägung, stellten amerikanische Besatzungssoldaten doch eine wichtige Abnehmergruppe dar. Um deren Sehgewohnheiten zu bedienen, setzten die Herausgeber auf die Bildsprache der Pin-Ups, versprach diese angesichts der finanzstarken GIs doch höhere Umsätze als die ursprüngliche Gestaltung im Stil französischer Erotik. Anhand der Auswertung eines Strafverfahrens gegen die Herausgeber der *Venus* rekonstruiert Horntrich die prekären Produktions- und Distributionsbedingungen von ‚Herrenmagazinen' im Nachkriegsösterreich. Er plädiert dafür, rechtliche Rahmenbedingungen in die Analyse miteinzubeziehen, da sexualisierter Konsum vielfach durch spezialisierte Gesetze und deren strikte Auslegung durch die Polizei und die Gerichte eingeschränkt wurde.

In ihrem Beitrag „‚Für den GV hatte ich vom Anzeiger keinen Betrag verlangt, rechnete aber mit einem Geldgeschenk.' (Ver-)Handlungstaktiken in der sexuellen Arbeit im Wien der 1960er Jahre" fokussiert Nora M. Lehner auf prekäre Alltagsgeschichten sexueller Arbeit auf dem Wiener „Gassenstrich". Mit Bezug auf das Konzept der „Notbehelfsökonomie" analysiert sie dabei die sozioökonomischen und rechtlichen Kontexte der sexuellen Arbeit von Frauen. Die Autorin zeigt anhand von Gerichts- und Polizeiakten, welche Verhandlungstaktiken die Frauen nutzten, um auf diesem prekären Markt zu bestehen. Trotz teils heterogener Taktiken verweist sie dabei auf bestimmte Muster, etwa die „Vorabkasse". Diese Vorsichtsmaßnahme war weit verbreitet, da Frauen, die der sexuellen Arbeit nachgingen, keine rechtliche Möglichkeit hatten, mit Kunden die vereinbarte, aber von diesen zurückgehaltene Entlohnung einzufordern. Anhand des Quellenmaterials verdeutlicht die Autorin, inwiefern Frauen die jeweiligen ökonomischen und sozialen Taktiken basierend auf deren Vor- und Nachteilen abwogen, wobei sie Grauzonen und fließende Übergange zwischen legalen und illegalen Vorgehensweisen ausmacht. Sowohl „Geheimprostituierte" als auch „Kontrollprostituierte" operierten in ökonomisch wie rechtlich prekären Situationen, ihr Arbeitsalltag war zudem von Risiken, gesellschaftlichem Stigma und Anfeindungen geprägt. Wie der Beitrag verdeutlicht, stellte sexuelle Arbeit für manche Frauen dennoch eine lukrative Alternative zum geschlechtersegregierten österreichischen Arbeitsmarkt mit seinen für Frauen niedrigen Löhnen dar.

Abschließend beleuchten Hans-Peter Weingand und Paul M. Horntrich in „‚Beate rief, und alle, alle kamen'. Aufstieg und Fall des Beate-Uhse-Konzerns in Österreich 1970–2019" anhand des Firmennachlasses der Beate Uhse AG bedeutende Aspekte der zunehmenden Kommerzialisierung und Kommodifizierung der Sexualität in Österreich in der zweiten Hälfte des 20. Jahrhunderts. Die Autoren rekonstruieren Beate Uhses Einstieg in den österreichischen Markt sowie die Rezeption des kommerziellen Engagements in der Presselandschaft. Weingand und

Horntrich analysieren die Umsatzentwicklung des Konzerns und argumentieren, dass die folgenreichen technologischen Umbrüche auf dem Erotika- und Pornografiemarkt, beispielsweise die Durchsetzung neuer Speichermedien wie VHS oder DVD, und letztlich das massenhafte Aufkommen frei verfügbarer Online-Pornografie im Internet das geschäftliche Umfeld für den Konzern verschlechterten. Diese Marktumbrüche führten schließlich dazu, dass der Konzern 2018 am Hauptsitz in Flensburg Insolvenz und 2019 in Innsbruck Konkurs anmelden musste. Die Marke „Beate Uhse", die jahrzehntelang für die Kommodifizierung der Sexualität stand, verlor somit ihre lange Zeit marktdominierende Stellung und verschwand aus dem Straßenbild, den Medien und auch dem Bewusstsein vieler Menschen.

Danksagung

Die Herausgeber*innen dieses Bandes möchten sich bei mehreren Personen und Institutionen bedanken: Dank geht an die Herausgeber*innen der *Sozial- und wirtschaftshistorischen Studien* für die Aufnahme des Manuskripts in die Reihe. Den anonymen Gutachter*innen gebührt für ihre konstruktive Kritik an den Beiträgen ein herzliches Dankeschön. Michaela Hafner hat als Editorin maßgeblich zum Gelingen dieses Bandes beigetragen, vielen Dank für die gute Zusammenarbeit! Eva Buchberger vom Böhlau Verlag hat dieses Publikationsprojekt umsichtig betreut. Dank gilt auch Sebastian Bischoff, Franz X. Eder, Julia König und Dagmar Lieske, mit denen wir im April 2022 die dritte Jahrestagung des Arbeitskreises Sexualitäten in der Geschichte zum Thema „Sozioökonomie der Sexualitäten" an der Universität Wien organisiert haben, die den Grundstein für diese Publikation legte – danke für die gemeinsamen Diskussionen und Anregungen! Für die finanzielle Unterstützung möchten wir uns bei der Historisch-Kulturwissenschaftlichen Fakultät und dem Forschungsschwerpunkt „Wirtschaft und Gesellschaft aus historisch-kulturwissenschaftlicher Perspektive" (beide Universität Wien) bedanken. Auch Franz X. Eder hat diese Publikation maßgeblich gefördert, herzlichen Dank dafür!

Sarah Frenking

Die Tiefen von Paris*

Prostitution und „Internationaler Mädchenhandel" zwischen Moralisierung, Arbeitsmigration und Notbehelfsökonomie um 1900

Abstract

The Depths of Paris. Prostitution and the "International Traffic in Women" between Moralization, Labour Migration, and Makeshift Economy around 1900. This article investigates the multiple entanglements of economy and sexuality with regard to the traffic in women, "Mädchenhandel", or "white slavery", and analyses the labour migration of German domestic workers to Paris at the beginning of the twentieth century. First, it sheds light on the moralizing and economic semantics used by politicians and activists against the traffic in women: they were characterized by (often antisemitic) notions of trafficking networks run by unscrupulous agents, but also by the assumption that women's luxury-oriented consumption was the cause of prostitution – in this perception, women were either passively traded like commodities or behaved in problematic ways. Second, the contribution reveals the complex agency, rationales, and decisions of the migrating women themselves: a variety of considerations and economic constraints determined their mobility and the conditions of selling sex. Therefore, third, the question of wages and labour migration plays a central role: although anti-trafficking associations and state authorities discussed the transnational labour market and protective measures, they failed to understand the causes and effects of precariousness. Hence, the focus on moral advice against "vicious misbehaviour" had the ambivalent effect of leading to women considered as victims quickly being suspected of prostitution and treated accordingly. The article argues for the inclusion of labour and migration history perspectives, which are crucial to understanding the complex phenomenon of "Mädchenhandel", and for the analysis of individual cases in their contexts to arrive at nuanced conclusions about agency.

Keywords

domestic work | labour migration | traffic in women | antisemitism | vice | France

---

* Accepted for publication after external and internal peer review (double blind)
Sarah Frenking, German Historical Institute, 1607 New Hampshire Ave NW, Washington, DC 20009, United States; frenking@ghi-dc.org

Mitte Oktober 1903 erreichte den Commissaire Central de Police im südfranzösischen Cannes ein Telegramm des Deutschen Konsulats in Nizza. Eine junge Frau namens Gertrud Boyer werde in einem Bordell festgehalten und solle sofort von dort befreit werden.[1] Boyer selbst hatte zwei Wochen zuvor einen Brief an eine Bekannte in Paris geschrieben, den diese an das Deutsche Konsulat übergeben hatte:

> „Wissen Sie, wo ich diesen traurigen Brief an Sie schreibe? Weit weit fort von Ihnen ganz unten am Meer in Cannes, in einem Hause, was wohl noch schlimmer ist, als im Gefängnis, denken Sie, seit Freitag bin ich fort von Paris, verkauft, ohne es zu wissen, eingeschlossen wie in einem Gefängnis, die Fenster vergittert um nicht entfliehen zu können."[2]

Tatsächlich fand die Polizei Boyer in dem Bordell in Cannes. Von dort aus gelangte sie nach Nizza und schließlich mit Unterstützung des deutschen Hilfsvereins nach Paris.[3] Der Konsul dankte der Polizei in Cannes für die Zusammenarbeit. Im selben Monat wurde auch Margarethe Feindler, ebenfalls deutsche Staatsangehörige, in dem Bordell ausgemacht. Der Präsident des Hilfsvereins nahm an, dass Feindler unter falschen Vorspiegelungen dorthin gelockt worden war und „sich sehne, herauszukommen".[4] Auch diesmal wurde das Deutsche Konsulat in Nizza informiert. In dessen Beständen im Politischen Archiv des Auswärtigen Amts befinden sich die geschilderten Fälle: Die Akte trägt den Titel „Mädchenhandel".

Seit Ende des 19. Jahrhunderts existierte in zahlreichen Ländern die populäre Vorstellung, verführte junge Frauen würden von „Mädchenhändlern" außer Landes gebracht und in weiter Ferne der Prostitution zugeführt, dabei an Marktplätzen verkauft und wie Waren gehandelt. Beide Fälle zeigen jedoch bei genauerer Analyse, dass sich hinter dem mit ökonomischen Semantiken versehenen Phänomen „Mädchenhandel" vielfältige Zusammenhänge von Sexualität, Ökonomie, Moral und Mobilität offenbaren, die sich auf allein reisende junge Frauen und transnationale Distanzen, Sexualmoral und soziale Herkunft sowie Mobilitätsregulierung und prekäre Arbeitsverhältnisse bezogen.

In diesem Beitrag geht es um die Frage, welche Rolle Moral, Ausbeutung und Agency im Kontext von Arbeitsmigration und Prostitution spielten – sowohl im

---

1 Politisches Archiv des Auswärtigen Amts (PA/AA) RAV 191/57, 16.10.1903, Telegramm des Deutschen Konsulats Nizza an den Commissaire Central de Police, Cannes.

2 PA/AA RAV 191/57, 10.10.1903, Brief von Gertrud Boyer an R. Weiner, 172, rue du Faubourg St. Martin, Paris. Schreibweise im Original.

3 PA/AA RAV 191/57, 21.10.1903, Präsident des deutschen Hilfsvereins Pastor Mader, Billet III. Klasse Nizza–Paris und Zehrgeld, 60 Francs.

4 PA/AA RAV 191/57, 24.10.1903, Verfügung des Commissaires Central de Police, Cannes.

Sprechen über den „Mädchenhandel“ als auch für die betroffenen Akteurinnen selbst.[5] Studien zum „Mädchenhandel“ haben oftmals eindimensional von „gehandelten Frauen“ gesprochen, ohne die Ambivalenzen des Opferdiskurses einzufangen.[6] Zudem hat die deutschsprachige Forschung zum Thema das Augenmerk mehr auf Berührungspunkte mit der Frauenbewegung oder Bahnhofsmission sowie auf kulturelle Bilder und weniger auf transnationale Verflechtungen, Mobilitäten und Handlungsweisen gelegt.[7] Darüber hinaus wurden internationale Organisationen, Polizeikooperation und völkerrechtliche Abkommen untersucht.[8] Der geografische Fokus liegt in vielen Studien zumeist auf Osteuropa und insbesondere der jüdischen Amerikaauswanderung,[9] wohingegen hier Frankreich im Mittelpunkt steht. International sind in den vergangenen Jahren zahlreiche innovative historische Arbeiten zum Thema *sex trafficking* erschienen,[10] und Studien zur urbanen Prostitution haben zunehmend den globalen Vergleich angestrebt.[11] Zudem hat neben einer kultur- und sozialhistorisch vorgehenden Kriminalitätsgeschichte, die sich

---

5 „Mädchenhandel“ kommt hier als Quellenbegriff vor und nicht, um Menschenhandel im Sinne sexueller und/oder ökonomischer Ausbeutung zu bezeichnen. „Prostitution“ meint v. a. die gesellschaftliche und polizeiliche Kategorisierung, während „Sexarbeit“ sexuelle Handlungen gegen Bezahlung bezeichnet, ohne dabei etwas über die Arbeitsbedingungen auszusagen.

6 Vgl. etwa Jürgen Nautz, The Effort to Combat the Traffic in Women in Austria before the First World War, in: Journal for Police Science and Practice (SIAK-Journal) 2 (2012), 82–95.

7 Zu Prostitution: Michaela Freund-Widder, Frauen unter Kontrolle. Prostitution und ihre staatliche Bekämpfung in Hamburg vom Ende des Kaiserreichs bis zu den Anfängen der Bundesrepublik, Münster 2003; Sybille Krafft, Zucht und Unzucht. Prostitution und Sittenpolizei im München der Jahrhundertwende, München 1996; Stefan Wünsch, Das erkrankte Geschlecht. Medizin und Prostitution im Berlin des 19. und frühen 20. Jahrhunderts, Würzburg 2020; zu „Mädchenhandel“: Astrid Mignon Kirchhof, „Der Mädchenhandel bildet nur die hässlichste Blüte an dem Giftbaum der Prostitution“. Die Zusammenarbeit des Deutschen Nationalkomitees zur Bekämpfung des Mädchenhandels mit der Evangelischen Bahnhofsmission 1899–1939, in: Gisela Hauss/Susanne Maurer (Hg.), Migration, Flucht und Exil im Spiegel der sozialen Arbeit, Bern/Stuttgart/Wien 2010, 101–123; Esther Sabelus, Die weiße Sklavin. Mediale Inszenierungen von Sexualität und Großstadt um 1900, Berlin 2009; Sonja Dolinsek, Gehandelte Frau oder unerwünschte Fremde? Zur Geschichte der Prostituierten als Migrantin (1950er–1980er), in: Ariadne. Forum für Frauen- und Geschlechtergeschichte 72 (2017), 66–73; Elisabeth Janik-Freis, „Mädchenhandel“ und Moderne. Sexualität, Moral und Antisemitismus im europäischen Diskurs, 1900–1933, in: Jahrbuch für Antisemitismusforschung 31 (2022), 133–158.

8 Stefanie Lauben, Weißer Markt, Frauenhandel und Völkerrecht vom Ausgang des 19. bis zur Mitte des 20. Jahrhunderts, Marburg 2014.

9 Irene Stratenwerth (Hg.), Der gelbe Schein. Mädchenhandel 1860 bis 1930, Bremerhaven 2012.

10 Etwa Julia Laite, The Disappearance of Lydia Harvey. A True Story of Sex, Crime and the Meaning of Justice, London 2021; Liat Kozma, Global Women, Colonial Ports. Prostitution in the Interwar Middle East, New York 2017; Stephanie A. Limoncelli, The Politics of Trafficking. The First International Movement to Combat the Sexual Exploitation of Women, Stanford 2010.

11 Sonja Dolinsek/Siobhán Hearne, Introduction. Prostitution in Twentieth Century Europe, in: European Review of History/Revue europeenne d’histoire 29/2 (2022), 121–144; Magaly Rodríguez

seit langem mit der Regulierung und den sozialen Realitäten von Prostitution auseinandersetzt,[12] die neuere *Global Labour History* begonnen, Sexarbeit im Kontext von Frauenarbeit und Migration zu untersuchen.[13] Dabei geht es nicht darum, die Spezifika dieser Arbeit (und ihrer Risiken) zu nivellieren, sondern vielmehr darum, wie auch im Fall anderer ökonomischer Aktivitäten, einen Zusammenhang mit den gegebenen Arbeitsbedingungen – vor allem prekären, informellen und nichtregulierten Formen von Arbeit – herauszuarbeiten. Sexarbeit *nicht* im Kontext von Arbeitsmigration zu betrachten, ist eine moralische, keine analytische Entscheidung, wie etwa Marlou Schrover argumentiert hat: Der Ausschluss von *trafficking* aus Studien zur Arbeitsmigration beruhe auf der impliziten Annahme, dass letztere immer auf freier Wahl basiere, während tatsächlich zahlreiche Arbeitsverhältnisse durch unfreie Facetten wie Ausbeutung und Zwang geprägt seien.[14]

Ähnlich haben sich die erwähnten neueren Arbeiten zur Prostitutionsmobilität auf differenzierte Weise mit der Frage nach Agency und Konsens befasst:[15] Daran anknüpfend geht es im Folgenden darum, zwei Fälle, die im Archiv unter dem Stichwort „Mädchenhandel" zu finden sind, auf ihre ökonomischen und sozialen Bedingungen hin zu untersuchen. Dabei spielt eine typische Form weiblicher mobiler Arbeit um 1900 eine zentrale Rolle: die bezahlte Hausarbeit.[16] Die eingangs erwähnten Frauen Gertrud Boyer und Margarethe Feindler waren Hausangestellte – die eine Dienstmädchen, die andere „Kinderfräulein" –, die von Deutschland nach Frankreich migrierten. Wenn man ihre Arbeitsbedingungen und -erfahrungen einbezieht, sieht das Phänomen „Mädchenhandel" wesentlich komplexer aus, als die Rhetorik vom Handel mit einer Ware suggeriert: Moralische Deutungen, so die zentrale These, machten jedoch zugleich die Erfahrungen, Mobilitäts- und Arbeitsbedingungen von Frauen in der bezahlten Hausarbeit unsichtbar. Insbesondere Metaphern der „Tiefe" und des Profits überlagerten die mit Arbeitsmigration verbundene Prekarität, aber auch die damit verbundenen Möglichkeiten.

García/Lex Heerma van Voss/Elise van Nederveen Meerkerk (Hg.), Selling Sex in the City. A Global History of Prostitution, 1600s–2000s, Leiden/Boston 2017.

12 Judith Walkowitz, City of Dreadful Delight. Narratives of Sexual Danger in Late-Victorian London, Chicago 1992.

13 Rodríguez García/Heerma van Voss/van Nederveen Meerkerk (Hg.), Selling Sex, 2017.

14 Marlou Schrover, Labour Migration, in: Karin Hofmeester/Marcel van der Linden (Hg.), Handbook The Global History of Work, Berlin/Boston 2019, 444–448.

15 Mir Yarfitz, Impure Migration. Jews and Sex Work in Golden Age Argentina, New Brunswick 2019; Siobhán Hearne, Prosecuting Procurement in the Russian Empire, in: Journal of Social History 54/1 (2020), 185–209; Elisa Camiscioli, Selling French Sex. Prostitution, Trafficking, and Global Migrations, Cambridge 2024.

16 Die Nähe von „Mädchenhandel" und Vergnügungsindustrie (und damit verbunden die Berufe Artistinnen, Tänzerinnen, Schauspielerinnen) wurde seit 1900 ebenfalls intensiv diskutiert, steht hier jedoch nicht im Fokus.

„Mädchenhandel“ wird verständlicher, wenn man Aussagen von Frauen wie den Brief von Gertrud Boyer nicht nur *heranzieht*, sondern von ihnen *ausgeht*. Auch für andere geografische Kontexte ist bereits mit derartigen Bitten um Heimschaffung oder mit Aussagen der Frauen vor der Polizei oder bei Konsulaten gearbeitet worden – damit wurde aber vor allem der Opferstatus von Frauen beschrieben, nicht ihre Agency und Erfahrung untersucht.[17] Zusätzlich geben für behördliche Zwecke produzierte Quellen, wie Polizei- oder Gerichtsakten oder diplomatische Korrespondenzen, Aufschluss über vielfältige Möglichkeiten, Bedingungen und Zwänge, über Handlungslogiken und Sinnhorizonte der Frauen selbst.[18] Dabei muss bedacht werden, dass Aussagen in Verhören oder Befragungen mitunter eine strategische Komponente aufwiesen.[19] In diesem Sinne ermöglichen die zwei hier mikrohistorisch betrachteten Fälle ein Verstehen im Kontext, nicht durch Verallgemeinerung des Einzelfalls.[20] Zugleich zeigt sich an ihnen, wie verschieden Fälle von „Mädchenhandel“ sein und welche Bandbreite an Entscheidungen und Zumutungen ihnen zugrunde liegen konnten und wie die Behörden mit ihnen umgingen.

Im Folgenden geht es zunächst darum, die Semantiken des „Mädchenhandel“-Diskurses herauszuarbeiten, die vielfach auf eingängigen ökonomischen Bildern von Handel und Konsum basierten. Der zweite Teil wendet sich der Agency, den ökonomischen Rationalitäten der Frauen und ihren Erfahrungen zwischen Ausbeutung und Notbehelfsökonomie zu. Im dritten Teil steht die staatliche und gesellschaftliche Bekämpfung des „Mädchenhandels“ im Fokus, wobei insbesondere Diskussionen um Regulierung von Arbeitsmigration Beachtung finden, die mit Moralisierungen einhergingen und ambivalente Effekte zeitigten.

Ökonomische Semantiken des „Mädchenhandels“

Seit dem Ende des 19. Jahrhunderts beschäftigten sich in vielen Teilen der Welt Journalist*innen, Sozialarbeiter*innen, Politiker, Sittlichkeitsaktivist*innen, Polizeibeamte, Sozialist*innen, Kirchenvertreter und Frauenrechtlerinnen eingehend mit dem „Mädchenhandel“.[21] Seit 1899 entstanden zunehmend Vereine zu seiner

---

17 Vgl. Stratenwerth (Hg.), Der gelbe Schein, 2012.

18 Vgl. Hearne, Prosecuting Procurement, 2020.

19 Arlette Farge, Der Geschmack des Archivs, Göttingen 2011, 10; Gerd Schwerhoff, Historische Kriminalitätsforschung, Frankfurt am Main 2011, 63–65.

20 Jean-Claude Passeron/Jacques Revel, Penser par cas. Raisonner à partir de singularités, in: dies. (Hg.), Penser par cas, Paris 2008, 9–44.

21 Das englische „white slavery“ (mit der Konnotation der Versklavung Schwarzer Menschen versehen, aber auch mit einer Kritik der Lohnarbeit) oder das französische „traite des blanches“ betonten

Bekämpfung, die dem gemeinsamen Dachverband *International Bureau for the Suppression of the White Slave Traffic* mit Sitz in London angehörten. Wie die meisten anderen Ableger erhielt auch das *Deutsche Nationalkomitee zur Bekämpfung des internationalen Mädchenhandels* staatliche finanzielle Unterstützung.[22] Sein Anliegen bestand darin zu retten, „was sich mit Aufopferung und Liebe nur irgend retten lassen will".[23] Fälle von „Mädchenhandel" wurden von Vereinen und Politik im Detail erörtert. In einer Reichstagsdebatte über Maßnahmen gegen den „Mädchenhandel" im Jahr 1912 hieß es, der „Handel mit Menschenfleisch" ginge „hauptsächlich nach dem Südosten von Europa", aber auch „nach Antwerpen, nach London, nach Konstantinopel, nach Ägypten, nach Südamerika" sowie nach Riga und Buenos Aires.[24] Dorthin, so die gängige Meinung, würden junge Frauen durch skrupellose, international agierende Banden entführt. Typisch behauptete der sozialdemokratische Abgeordnete Paul Göhre, dass „Mädchen" ahnungslos in ein Bordell geführt, durch Narkotika und Alkohol betäubt und dann „entehrt" würden. Ähnlich wie in Gertrud Boyers Brief war hier die Rede von „Gefangenschaft" in „Räumen, die keinen Laut in die Außenwelt dringen lassen", von Schlägen und Vergewaltigungen, die den „Widerstand der armen Geschöpfe" brächen, bis sie „in diesem Elend Freude finden" und „in dem ganzen tiefen Schlund des Bordellwesens" verschwinden.[25] Die zentrale Figur des „Mädchenhandels" war in dieser Darstellung also eine unschuldige, weiße, junge Frau, die bislang nicht der Prostitution nachgegangen war und die nun in die (moralische) „Tiefe" gezogen wurde:

---

das Weißsein der Opfer, während im Deutschen der Handel und die Minderjährigkeit zentral waren. Formulierungen wie „weißer Handel" oder „weiße Sklaverei" tauchten jedoch ebenfalls auf. Seit den 1920ern wurde international verstärkt „Traffic in Women" verwendet, „Mädchenhandel" blieb aber im deutschsprachigen Diskurs bestehen.

22 Der Vorsitzende der englischen *Vigilance Association* wandte sich 1898 an Pfarrer Johannes Burckhardt, Gründer der Bahnhofsmission, mit der Idee, ein deutsches „Nationalkomitee" zu gründen. Bei der ersten Besprechung waren Entsandte der Kaiserin, Vertreter des Auswärtigen Amts und des Berliner Polizeipräsidiums anwesend. Es handelte sich um Zusammenschlüsse religiöser und Fürsorge-Vereine sowie einzelner kirchlicher Reformer, Adeliger, Senatoren, Staatsminister und konservativer Beamter. Das *International Bureau* besaß u. a. Ableger in Argentinien, Kanada, Ägypten, Dänemark, Frankreich, Ungarn, Südafrika oder Russland, vgl. Limoncelli, Politics of Trafficking, 2010, 45, 58.

23 Stadtarchiv Frankfurt am Main (StA FfM), R.1444 Bd. 1 R 27 Nr. 5, „Die Aufgaben des Nationalkomitees", Referat erstattet auf dem II. internationalen Kongress zur Bekämpfung des Mädchenhandels in Frankfurt a/M. am 8. und 9. Oktober 1902 durch Pfarrer Johannes Burckhardt, 3.

24 Reichstagsprotokolle, Beratung des Entwurfs eines Ausführungsgesetzes zu dem internationalen Uebereinkommen zur Bekämpfung des Mädchenhandels vom 4. Mai 1910, Verhandlungen des Reichstages, Bd. 283, 13. Sitzung am 23.2.1912, Berlin 1912, 245, 246.

25 Ebd., 240.

In diesem Bild glich sie einer sexuell unerfahrenen „weißen Sklavin" im Gegensatz zur „devianten" Prostituierten.[26]

Um das Phänomen juristisch zu fassen, wurden insbesondere zwei Dimensionen betont: die Migration der betroffenen Frau und der Gewinn des „Mädchenhändlers". So definierte das Reichsgesetz über das Auswanderungswesen von 1897, das Delikt „Mädchenhandel" bestehe darin, „eine Frauensperson zu dem Zwecke, sie der gewerbsmäßigen Unzucht zuzuführen, mittels arglistiger Verschweigung dieses Zweckes zur Auswanderung" zu verleiten.[27] In einer internationalen Konvention von 1910, in der zahlreiche Staaten Maßnahmen zur Bekämpfung des „Mädchenhandels" beschlossen, wurde der Vermögensgewinn des Händlers, Zuhälters oder Kupplers betont. Die Definitionen der Aktivist*innen, der Abgeordneten und der internationalen Konventionen changierten und priorisierten verschiedene Elemente des Delikts,[28] hoben aber stets ein ökonomisches Profitstreben hervor.

Der politische Diskurs über den „Mädchenhandel" wurde mit zahlreichen ökonomischen Metaphern und Semantiken des globalen Warenverkehrs angereichert. Der Schriftführer des *Nationalkomitees* formulierte 1911: „Der Mädchenhandel setzt sich, wie jeder Handel, aus Export, Import und Transithandel zusammen."[29] Immer wieder finden sich in den Berichten und Reden Vorstellungen von „Stapelplätzen", von Geschäftsmännern, die auf moderne Transport- und Kommunikationsmittel zurückgriffen, von „Angebot" und „Nachfrage" sowie „Import-" und „Exportländern". In einer 1903 erschienenen Denkschrift des *Nationalkomitees* hieß es, für „den internationalen Handel bestehen weitverzweigte Gesellschaften, die mit grossem Kapital arbeiten".[30] Frauen würden in „irgendeinem Schlupfwinkel des internationalen Handels aufgestapelt, um im Ganzen exportiert zu werden".[31] Die „Handelswege" führten über französische, englische und italienische Häfen, insbesondere über Marseille, London und Hamburg nach Südamerika, vor allem Argentinien.[32] In dem so konzipierten „Handel" wurden die Frauen zur bloßen

---

26 Sabelus, Die weiße Sklavin, 2009, 50, 77.

27 Reichsgesetz über das Auswanderungswesen vom 9.6.1897, § 48, Reichsgesetzblatt, 463; vgl. auch Deutsches Nationalkomitee zur Bekämpfung des Mädchenhandels, Die gegenwärtige und zukünftige deutsche Strafbestimmung gegen den Mädchenhandel, Berlin 1926.

28 Vgl. dazu auch Sonja Dolinsek, Kein Mädchenhandel mehr. Framing contests in der transnationalen Bekämpfung des Mädchenhandels, in: Christian Henrich-Franke/Claudia Hiepel/Guido Thiemeyer/Henning Türk (Hg.), Grenzüberschreitende institutionalisierte Zusammenarbeit von der Antike bis zur Gegenwart, Baden-Baden 2019, 385–416.

29 Hermann Wagener, Der Mädchenhandel, Berlin 1911, 9.

30 StA FfM R.1444 Bd. 1 R 27 Nr. 5, Deutsches Nationalkomitee zur Bekämpfung des Mädchenhandels, Der „Mädchenhandel" und seine Bekämpfung. Denkschrift mit besonderer Berücksichtigung der Arbeitsjahre 1899 bis 1902 der deutsch-nationalen Arbeit, Berlin 1903, 4.

31 Ebd., 6.

32 Ebd., 7 f.

„Ware“: Laut Bericht verständigten sich die „Händler“ über Telegramme wie „3 Sack Kartoffeln abgeschickt per Dampfer Llyod Minerva“ oder „Habe zwei Ballen feine Seide an Bord“.[33]

Diese Rhetoriken des Ökonomischen waren kein Alleinstellungsmerkmal der Vereine gegen den „Mädchenhandel“. Auch aus sozialdemokratischer Perspektive wurde eine derartige Semantik vorgebracht, etwa in August Bebels Buch *Die Frau und der Sozialismus*:[34] Bebel skandalisierte, dass der „Handel mit Frauenfleisch großartige Dimensionen angenommen“ habe und bestens organisiert sei. Die „Ware“ werde nach dem „Geschmack und den Anforderungen der Kundschaft in den verschiedenen Orten und Ländern assortiert und expediert“,[35] wobei im Zentrum der „große Gewinn, den alle auf die Unsittlichkeit berechneten Unternehmungen abwerfen“, stehe.[36] Bei den gut vernetzten „Mädchenhändlern“ handle es sich um ein „Heer von Maklern, Agenten und Transporteuren“, um „skrupulöse Geschäftsleute“, die sich durch raffiniertes Vorgehen auszeichneten.[37] Diese Agenten, die sich als Geschäftsmänner, Minenbesitzer, Hoteliers oder Sportsmänner ausgäben, zahlreiche Sprachen beherrschten und mit gefälschten Papieren reisten, galten als mobile und kosmopolitische Verbrecher.[38] International vernetzt schienen sie als Teil einer größeren kriminellen „Unterwelt“ hochgefährlich.[39] Sie stellten die Verbindung zwischen Prostitution und Kriminalität dar, wobei die Gefahr zugleich von ihrer Modernität und Mobilität ausging: „diese Menschen verfügen ja über viel Geld, bedienen sich aller modernen Verkehrsmittel, genau wie wir und oft mehr und besser als wir“, behauptete der Abgeordnete Göhre in der Reichstags-

33 Ebd., 6. Diese Formulierungen finden sich auch bei August Bebel und seinen Ausführungen zum „Mädchenhandel“. Dies verweist darauf, dass sich die jeweiligen Akteure in ihren Recherchen immer wieder aufeinander bezogen und nicht unbedingt eigene Erhebungen anstellten. Vgl. August Bebel, Die Frau und der Sozialismus. Zwölftes Kapitel. Die Prostitution eine notwendige soziale Institution der bürgerlichen Welt, Bonn 1994 [1879], 226.

34 Ebd., 207–242.

35 Ebd., 224.

36 Ebd., 222.

37 Ebd., 224.

38 Dabei handelte es sich auch um eine typische Rhetorik im Kontext internationaler Polizeikooperation, vgl. Jens Jäger, Das vernetzte Kaiserreich, Stuttgart 2020, 201, 210; Jens Jäger, Verfolgung durch Verwaltung. Internationales Verbrechen und internationale Polizeikooperation 1880–1933, Konstanz 2006.

39 Victoria Harris, Selling Sex in the Reich. Prostitutes in German Society, 1914–1945, Oxford 2012, 74; Paul Knepper, International Crime in the 20th Century. The League of Nations Era, 1919–1939, Houndmills/New York 2011; Julia Laite, Traffickers and Pimps in the Era of White Slavery, in: Past and Present 237/1 (2017), 237–269.

debatte.[40] „Mädchenhändler" würden „sich durch immer neue schlaue Tricks vor der Ergreifung und Bestrafung zu schützen wissen" und verfügten über eine „geradezu vorzüglich ausgebaute Organisation mit Zutreibern, Agenten und Depots in den einzelnen Staaten und Bezirken".[41] Auch andere Abgeordnete skizzierten diese Männer als raffiniert und erklärten, sie operierten mit falschen Pässen oder entwischten der Polizei durch Schnellzüge und -dampfer.[42]

Im Fall der zwei Frauen in Cannes interessierten sich die Behörden ebenfalls insbesondere für die Vermittler, die sie als Kuppler, „Mädchenhändler" oder Zuhälter begriffen. Als die Polizei Margarethe Feindler zu ihrer Geschichte verhörte, gab diese an, vier Wochen zuvor in einem Pariser Café von einem Mann angesprochen worden zu sein, der ihr angeboten habe, sie in sein Haus in Cannes mitzunehmen, ohne den Charakter dieses Hauses zu spezifizieren.[43] Dem Konsulat in Nizza erschien sie selbst nicht als „besonders interessante Person", stattdessen stand vielmehr der „Kuppler" („entremetteur de la maison de tolérance") im Fokus, der sich im Zweifelsfall noch „interessantere" Opfer als Feindler suche. Die involvierten Frauen waren also nicht unbedingt um ihrer selbst willen von Interesse, sondern es ging den Behörden vor allem um die involvierten und potenziell gefährlichen Männer.

Durch diese Art von Personalisierung, die Mobilität und Prostitution untrennbar mit einem profitorientierten „Mädchenhändler" verband, erhielt diese Figur in vielen Beschreibungen mehr oder weniger offen antisemitische Zuschreibungen. Der Reformpartei-Abgeordnete Ludwig Werner behauptete etwa, „Mädchenhändler" seien „jüdischen Stammes".[44] Diese Zuschreibungen bezogen sich zum einen auf die gängigen antisemitischen Motive des „Handelsjuden" oder heimatlosen Kosmopoliten,[45] gehörten zum anderen aber auch zum Repertoire des Sexualantisemitismus: So attestierte etwa der Kriminologe Erich Wulffen 1910 dem „Mädchenhändler" Schlauheit und Entschlossenheit, Hinterlist, Überlegenheit, Herzenskälte, „Geilheit"

40 Reichstagsprotokolle, Entwurf eines Ausführungsgesetzes zu dem internationalen Uebereinkommen zur Bekämpfung des Mädchenhandels vom 4. Mai 1910, Verhandlungen des Reichstages, Bd. 283, 13. Sitzung am 23.2.1912, Berlin 1912, 240.

41 Ebd., 240.

42 Ebd., 246.

43 PA/AA RAV 191/57, 3.11.1903, Commissaire Central, Ville de Nice an den deutschen Konsul in Nizza.

44 Reichstagsprotokolle, Entwurf eines Ausführungsgesetzes zu dem internationalen Uebereinkommen zur Bekämpfung des Mädchenhandels vom 4. Mai 1910, Verhandlungen des Reichstages, Bd. 283, 13. Sitzung am 23.2.1912, Berlin 1912, 246.

45 Susanne Omran, Frauenbewegung und „Judenfrage". Diskurse um Rasse und Geschlecht nach 1900, Frankfurt am Main 2000, 142 ff.; Paul Knepper, British Jews and the Racialisation of Crime in the Age of Empire, in: The British Journal of Criminology 47/1 (2007), 61–79.

und Bosheit – alles Eigenschaften, die „beim Juden" zu finden seien, da der „Handelsgeist der Juden" ihre Sexualkriminalität erhöhe.[46] Vor allem verkörperten die „Mädchenhändler" in dieser Zuschreibung nicht nur Figuren, die im Verborgenen agierten und ein weitreichendes Netzwerk betrieben, sondern auch kosmopolitische Männer, die selbst nicht arbeiteten, aber von der unmoralischen Ausbeutung von Frauen lebten.[47] Somit galten sie als Ausbeuter *par excellence* – das *Nationalkomitee* bezeichnete sie in seiner Denkschrift gar als „Vampyre".[48] Zahlreiche aufsehenerregende Gerichtsprozesse stellten in diesem Zeitraum jüdische „Mädchenhändler" in den Mittelpunkt, wie etwa ein Prozess in Lwiw (Lemberg), der sowohl in den Augen polnischer Nationalist*innen als auch deutscher Zeitgenoss*innen internationale Prostitutionsnetzwerke mit Juden verknüpfte.[49] Die antisemitischen Zuschreibungen machten so aus den „Mädchenhändlern" mächtige Figuren, die passive Frauen entführten, um sie sexuell auszubeuten.

Wenn sich jedoch die Figur des unschuldigen Opfers, das wie eine Ware gehandelt wurde, nicht zweifelsfrei aufrechterhalten ließ, wurden auch Frauen mit den Semantiken eines ökonomischen Interesses versehen, indem ihnen ein übermäßiges Konsumverhalten und Streben nach Luxus attestiert wurden.[50] In diesem Sinne zeichnete etwa ein Pfarrer aus Elberfeld in einem Schreiben an das Konsulat in Nizza Margarethe Feindler als mobile junge Frau, die in Leipzig, Hamburg, Düsseldorf und Venlo in den Niederlanden die Schule besucht und anschließend als Dienstmädchen im rheinländischen Elberfeld gearbeitet habe. Dann jedoch habe sie in den Niederlanden ein „Dirnenleben" begonnen. Insbesondere beschrieb der Pfarrer, sie sei, anlässlich eines Besuches bei ihrem Bruder in Elberfeld, „sehr nobel gekleidet" gewesen, habe viel Geld besessen und „den Eindruck einer französischen Lebedame" gemacht.[51] In dieser Schilderung waren also auch antifranzösische Stereotype präsent, in denen Sexualität und Ausschweifung mit „Frankreich" verbunden wurden.

Der Zusammenhang von weiblichem Konsumverhalten, Kosmopolitismus und kommerzieller Sexualität spielte immer wieder auch eine Rolle in der kriminologischen Auseinandersetzung mit Prostitution. Bereits 1894 behauptete der einflussrei-

---

46 Erich Wulffen, Der Sexualverbrecher. Ein Handbuch für Juristen, Verwaltungsbeamte und Ärzte. Mit zahlreichen kriminalistischen Originalaufnahmen, Berlin 1921 (Orig. 1910).

47 Vgl. Laite, Traffickers, 2017, 237–269; Dominique Kalifa, Les Bas-fonds. Histoire d'un imaginaire, Paris 2013, 68.

48 Deutsches Nationalkomitee, Der „Mädchenhandel" und seine Bekämpfung, 1903, 5; vgl. auch Harris, Selling Sex in the Reich, 2012, 76 f.

49 Keely Stauter-Halsted, „A Generation of Monsters". Jews, Prostitution, and Racial Purity in the 1892 L'viv White Slavery Trial, in: Austrian History Yearbook 38 (2007), 25–35, 26.

50 Vgl. Omran, Frauenbewegung, 2000, 183 f.; Sabelus, Die weiße Sklavin, 2009, 148 f.

51 PA/AA RAV 191/57, 29.10.1903, Pastor Frick aus Elberfeld an das Deutsche Konsulat Nizza.

che Kriminologe Cesare Lombroso in seinem Werk *Das Weib als Verbrecherin und Prostituierte,*[52] es gebe bei ‚der Frau' einen „Wunsch, möglichst viel Geld mit möglichst geringem Aufwand von Arbeit zu erwerben".[53] Auch Wulffen ging davon aus, dass „Leichtsinn, Putzsucht, Genußsucht, Arbeitsscheu, verworfener Charakter" die Frauen in die Arme der „Mädchenhändler" trieben.[54] In dieser Logik waren es Frauen, die modische Kleidung trugen, die faul, zügellos oder „Nymphomaninnen" waren, die sich in ökonomischer Not oder bei sinkendem Lebensstandard für die Prostitution entschieden.[55] August Bebel war ebenfalls davon überzeugt, dass das „Gefallen an einem äußerlich glänzenden, scheinbar freien Leben" der Prostitution „aus allen Gesellschaftsschichten die Kandidatinnen" liefere.[56] Ähnliche Annahmen reichten gar bis in die bürgerliche Frauenbewegung, wo Feministinnen wie Bertha Pappenheim oder Alice Salomon Konsum, „Eitelkeit" und „Vergnügungssucht" als Ursache für das „Hinabgleiten" und dafür, dass Frauen zu Opfern von „Mädchenhändlern" wurden, ausmachten.[57]

Das „Hinabgleiten" war somit gleichsam eine Metapher der moralischen Verkommenheit – die insbesondere in Paris zu drohen schien. So warnte in den *Münchener Neuesten Nachrichten* 1912 Marie Luise Becker, eine national geprägte Schriftstellerin und Pariser Kunst- und Theaterkorrespondentin, vor Au-pair-Stellen und entwarf das Szenario, dass die jungen Frauen in den „sechsten Stock ziehen [mussten], wo die Dienstmädchen des Hauses mit ihren Liebhabern nächtliche Orgien feiern".[58] So seien sie leichte Beute für Verführung und permanent der Gefahr ausgesetzt, in den „Tiefen von Paris" zu verschwinden.[59] Die in Paris typischen, mit einem separaten Aufgang in der sechsten Etage befindlichen Kammern für das Dienstpersonal waren so mit allerhand Fantasien belegt – doch ebenso hefteten sich an die Dienstmädchen selbst Vorstellungen sexueller Naivität und Unsittlichkeit.[60]

Dienstmädchen waren schon lange dem Verdacht der Prostitution, Immoralität und Unsittlichkeit ausgesetzt und machten in verschiedenen Städten einen großen

52 Cesare Lombroso, Das Weib als Verbrecherin und Prostituierte. Anthropologische Studien, gegründet auf eine Darstellung der Biologie und Psychologie des normalen Weibes, Hamburg 1894.

53 Ebd., 160.

54 Wulffen, Der Sexualverbrecher, 1921.

55 Vgl. Peter Becker, Weak Bodies? Prostitutes and the Role of Gender in the Criminological Writings of 19th-century German Detectives and Magistrates, in: Crime, Histoire & Sociétés 3/1 (1999), 45–69, 51.

56 Bebel, Die Frau und der Sozialismus, 1879/1994, 223.

57 Sabelus, Die weiße Sklavin, 2009, 159, 156.

58 Hessisches Hauptstaatsarchiv Wiesbaden (HHStAW) 425 627, Au Pair, in: Münchener Neueste Nachrichten, Abschrift des Deutschen Konsulats Paris, 30.10.1912.

59 Ebd.

60 Susanne Omran, Unbezahlbar weiblich. Frauenbewegung, Ökonomiekritik und ‚rassische Differenz', in: Ariadne. Forum für Frauen- und Geschlechtergeschichte 43 (2003), 54–65, 55.

Teil der von der Sittenpolizei erfassten Frauen aus.[61] Sie fungierten somit als typische Opfer, standen aber zugleich auch unter dem Verdacht sexueller Devianz. Im Rahmen der „Dienstbotenfrage", die um 1900 in zahlreichen Ländern aufkam, wurde ihr sittliches Verhalten im Rahmen neuer Freizeitaktivitäten skandalisiert, wobei für Polizei und christliche Akteur*innen der Übergang zwischen Prostitution und anderen sexuellen Kontakten oftmals fließend war.[62] Arbeiterinnen, die zur Arbeit als Dienstmädchen oder andere Hausangestellte nach Paris aufbrachen, waren in dieser Wahrnehmung also auf besondere Weise gefährdet – und zugleich mitschuldig an ihrem „Fall" in die Prostitution.

Somit war der Diskurs über den „Mädchenhandel" vor allem durch die Semantik des „weitverzweigten Handels" sowie des moralischen Verfalls bestimmt. Zum einen wurden Frauen in dieser Darstellung als passive „Ware" dargestellt, die den Profitinteressen von gerissenen „Händlern" unterlagen – „Mädchenhandel" erschien als kriminelles Delikt transnational agierender Profiteure. Zum anderen wurden ökonomische Interessen bei aktiven und mobilen Frauen selbst ausgemacht: Nicht nur die Tätigkeit als Hausangestellte, sondern dass Frauen, insbesondere Arbeiterinnen, allein reisten, stellte sie unmittelbar unter den Verdacht der Prostitution.[63] Die ökonomischen Metaphern des Handels und des Konsums machten dabei die vielschichtigen Erfahrungen, die ökonomischen Bedingungen wie niedrige Löhne und die Entscheidungen dieser Frauen unsichtbar.

Ausbeutung, Notbehelfsökonomien und Agency

Die Bilder und Semantiken des „Mädchenhandels" waren ebenso populär wie eingängig. Wenn man jedoch nach der Agency, den Handlungsweisen, Logiken, Sinnhorizonten und Optionen der Frauen fragt, die nach Paris reisten, dort als Hausangestellte arbeiteten und der Sexarbeit nachgingen, wird deutlich, dass – ebenso wie in anderen (transnationalen) Arbeitsverhältnissen – auch hier eine Bandbreite verschiedener Zwänge, Möglichkeiten und Taktiken existierte. Was also erwartete diese Frauen in Paris?

---

61 Ambika Natarajan, Vagrant Servants as Disease Vectors. Regulation of Migrant Maidservants in Fin-de-Siècle Vienna, in: Austrian History Yearbook 51 (2020), 152–172, 153; Stauter-Halsted, „A Generation of Monsters", 2007, 30.

62 Jessica Richter, Die Produktion besonderer Arbeitskräfte. Auseinandersetzungen um den häuslichen Dienst in Österreich (1880–1938), Berlin/Boston 2024, 96, 58.

63 Karin Walser, Prostitutionsverdacht und Geschlechterforschung. Das Beispiel der Dienstmädchen um 1900, in: Geschichte und Gesellschaft 11/1 (1985), 99–111; vgl. auch Elisa Camiscioli, „Traffic in Women" as Migration History. Gendered Mobility between France and Cuba (Early Twentieth Century), in: Clio. Women, Gender, History 51 (2020), 99–118, 99.

Die Mobilitätserfahrungen von Gertrud Boyer und Margarethe Feindler waren in diesem Zeitraum typisch: Deutsche Dienstmädchen und andere Hausbedienstete wie Erzieherinnen migrierten um 1900 zahlreich nach Paris, aber auch in die Niederlande oder andere Länder.[64] Von den ausländischen Bediensteten in Paris waren um 1900 fast die Hälfte Deutsche.[65] Der Großteil der Dienstmädchen, meist zwischen 15 und 30 Jahre alt, war ländlicher Herkunft, die Eltern waren oft Handwerker*innen, Tagelöhner*innen oder Landarbeiter*innen.[66] In Paris hofften viele auf einen sozialen Aufstieg, zumal hier die Löhne fast doppelt so hoch waren wie in der deutschen Hauptstadt.[67] Doch konnte diese Hoffnung auch fehlgehen und Dienstmädchen und andere Hausangestellte ihre Stelle verlieren, sodass sie sich mittellos in einer Situation ohne Absicherung wiederfanden.

Dies war der Fall bei der 24-jährigen Gertrud Boyer, protestantisch und laut einer Personenbeschreibung mit hellblonden Haaren und blauen Augen: Sie hatte zunächst eine Beschäftigung als „Kinderfräulein" bei einem deutschen Journalisten in der Nähe von Paris aufgenommen. Doch weil das Kind erst drei Monate alt war, hatte sie das Haus verlassen.[68] Als sie keine neue Anstellung fand, wandte sie sich an den deutschen Hilfsverein, der jedoch lediglich beabsichtigte, sie heimzuschaffen.[69] Daher war sie auf die Unterstützung durch eine andere deutsche Auswanderin angewiesen: Die Schneiderin Weiner, die aus dem pfälzischen Boppard stammte und in einem Pariser Arbeiterviertel wohnte, gewährte ihr einige Tage Obdach und Nahrung. Daraufhin bat Boyer ihre Eltern, die im Scheunenviertel in Berlin lebten, vergeblich um Geld. Die Schneiderin gab bei der Befragung durch das Konsulat in Paris an, dass die kleine und recht schmächtige Boyer „zuletzt große Nahrungsnot" gelitten und krank gewirkt habe.[70] Anfang Oktober 1903 lernte Gertrud Boyer einen Italiener kennen, der mit seinem Bruder am Boulevard Haussmann wohnte und ihr „von einer guten Stelle in Montpellier gesprochen" habe.[71] Sie wurde also in einer Notlage von diesem Mann in das Bordell in Cannes gebracht. Ob es sich

---

64 Barbara Henkes, Heimat in Holland. Deutsche Dienstmädchen 1920–1950, Straelen 1998.

65 Mareike König, Konfliktbeladene Kulturvermittlung. Deutsche Dienstmädchen und Erzieherinnen in Paris um 1900, in: Wolfgang Gippert/Petra Götte/Elke Kleinau (Hg.), Transkulturalität. Gender- und bildungshistorische Perspektiven, Bielefeld 2015, 237–256, 237.

66 Gunilla Budde, Das Dienstmädchen, in: Ute Frevert/Heinz-Gerhard Haupt (Hg.), Der Mensch des 19. Jahrhunderts, Frankfurt am Main 1999, 148–175, 154; Mareike König, „Bonnes à tout faire". Deutsche Dienstmädchen in Paris um 1900, in: dies. (Hg.), Deutsche Handwerker, Arbeiter und Dienstmädchen in Paris. Eine vergessene Migration im 19. Jahrhundert, Paris 2003, 69–92, 77.

67 König, „Bonnes", 2003, 73.

68 PA/AA RAV 191/57, 14.10.1903, Deutsches Konsulat Paris an das Deutsche Konsulat Nizza.

69 PA/AA RAV 191/57, 14.10.1903, Deutsches Konsulat Paris an das Deutsche Konsulat Nizza, Aussage Weiner beim Konsulat, ergänzend zur Übergabe des Briefes von Boyer an die Behörden.

70 Ebd.

71 Ebd.

um den Bordellbesitzer oder einen Zuhälter handelte oder er auf andere Weise von Boyers Situation profitieren konnte, muss offen bleiben. Es ist möglich, dass hier tatsächlich eine Täuschung oder falsche Versprechungen eine Rolle spielten, aber auch eine wissentliche Entscheidung angesichts limitierter Handlungsoptionen ist denkbar, die Boyer den Behörden gegenüber anders darstellte. So oder so zeigt sich, dass „Mädchenhandel" nicht in einer Entführung bestand, sondern vielmehr eine Interaktion mit einem Vermittler in einer bestimmten Situation ausschlaggebend war.

Über die konkreten Arbeitsbedingungen im Haus des deutschen Journalisten, in dem Gertrud Boyer gearbeitet hatte, ist nichts bekannt, doch der Beruf des Kinder- oder Dienstmädchens war im Allgemeinen hart: Die Arbeitstage waren lang und es wurde eine permanente Abrufbereitschaft erwartet, sodass die Frauen kaum Privatleben hatten, zugleich aber in sozialer Isoliertheit lebten. Gelegenheiten, auf dem Jahrmarkt, bei Spaziergängen oder bei Tanzveranstaltungen Freund*innen zu treffen und Bekanntschaften zu knüpfen, blieben beschränkt.[72] Vor allem aber gab es keine gesetzliche Regelung für den Krankheitsfall oder gar einen Kündigungsschutz. Wenn Frauen – zumal in großer Distanz zu ihrem Herkunftsort – ihre Stellung verloren, stellte die Praxis temporärer Sexarbeit daher mitunter eine Option dar, die Zeit zwischen zwei Anstellungen zu überbrücken. Hausbedienstete wechselten oftmals ihre Posten und griffen unterdessen auf andere Erwerbstätigkeiten und Unterhaltsmöglichkeiten zurück.[73] Tatsächlich waren etwa die Hälfte der registrierten Prostituierten in Paris und Berlin ehemalige Dienstmädchen.[74]

Während es in den Diskursen über den „Mädchenhandel" um dubiose Händler sowie die Gefahr der „Verlockung" und des „Hinabgleitens" ging, sprachen Dienstmädchen selbst von ihren prekären Arbeitsbedingungen. Dies umfasste die ökonomische Ausbeutung durch die Familien, bei denen sie angestellt waren, und führte zu Forderungen nach sozialer und juristischer Absicherung. In einer Studie des Berliner Nationalökonomen Oscar Stillich von 1902 kritisierten die befragten Frauen auch sexuelle Übergriffe durch Dienstherren und Söhne, die „mit Geld und anderen Versprechungen die Mädchen selbst zu Schlechtigkeiten verleiten".[75] Demgegenüber wurden in der öffentlichen Debatte Dienstmädchen zumeist selbst für sexualisierte Übergriffe, Vergewaltigungen und Verführungen durch die Dienstherren verantwortlich gemacht.[76] In der Befragung verstanden die Hausangestellten die unzureichende Behandlung innerhalb der Haushalte als

72 Budde, Das Dienstmädchen, 1999, 160 f.; König, „Bonnes", 2003, 82.

73 Richter, Produktion besonderer Arbeitskräfte, 2024, 22.

74 König, „Bonnes", 2003, 83–85.

75 Oscar Stillich, Die Lage der weiblichen Dienstboten in Berlin, Berlin 1902, 255. Vgl. Budde, Das Dienstmädchen, 1999, 166–168.

76 Richter, Produktion besonderer Arbeitskräfte, 2024, 58.

Ursache für die Prostitution. So formulierte eine Befragte: „Wegen schlechtem Essen, schlechten Schlafstellen, groben Beleidigungen, darum gehen die Mädchen auf den Strich".[77] Schlechte Arbeitsbedingungen, ungerechte Zeugnisse und die mangelnde Absicherung legten den Ausweg in die (temporäre) Sexarbeit im Sinne einer Notbehelfsökonomie nahe.[78] Eine der befragten Frauen forderte: „Ehe nicht ein Gesetz aufkommt, das auch den Mädchen ihre Rechte sichert, und ehe nicht die Herrschaften daran denken ihre Leute auch human, mit ein klein wenig Freundlichkeit und Rücksicht zu behandeln, wird das nicht anders".[79] So kam Stillich selbst zu dem Schluss, dass es die „ökonomischen, socialen und rechtlichen Zustände des Dienstes in den bürgerlichen Haushaltungen" seien, „die die Mädchen in sittlicher Beziehung ungünstig beeinflussen".[80]

Durch die Auswanderung in ein fremdes Land und die ungewohnte Umgebung wurde diese Situation noch verschärft. Junge Frauen migrierten aus unterschiedlichen Gründen nach Frankreich und vor allem nach Paris, in der Absicht, dort eine Anstellung als Dienst- oder Kindermädchen zu finden. Gerade für Frauen ländlicher Herkunft konnte dies bedeuten, Armut und Enge zu entkommen. Zudem ermöglichte ein Aufenthalt in Paris, die französische Sprache zu lernen, aber auch Freiheit, Abenteuer und Unabhängigkeit zu erfahren und etwas von der Welt zu sehen. Einige erhofften sich auch, einen Ehemann kennenzulernen.[81] Wenn die Frauen jedoch ihre Stelle verloren, konnten sie in der ungewohnten städtischen Umgebung, mit geringen Sprachkenntnissen und durch die Isoliertheit der Stellung als Dienstpersonal auch in andere ausbeuterische Verhältnisse geraten[82] – wie im Fall von Gertrud Boyer.

Bei Margarethe Feindler führte ebenfalls eine Begegnung mit einem Mann zu ihrem Aufenthalt in dem Bordell in Cannes. Sie war zu dem Zeitpunkt 24 Jahre alt, stammte aus der Nähe von Berlin und hatte zunächst als Dienstmädchen gearbeitet. Dass Feindler diesen Mann in einem Café nahe des Pariser Rotlichtviertels Pigalle

---

77 Stillich, Die Lage der weiblichen Dienstboten, 1902, 255.

78 Zum Begriff Notbehelfsökonomie vgl. Sabine Kienitz, Geschäfte mit dem Körper. Sexualmoral und Überlebensstrategien von Frauen aus der Unterschicht Anfang des 19. Jahrhunderts in Württemberg, in: Historische Anthropologie 3/3 (1995), 433–459. Ursprünglich als „economy of makeshifts" bei Olwen Hufton, The Poor of Eighteenth Century France 1750–1789, Oxford 1974; vgl. auch Marion Pluskota, „We Use our Bodies to Work Hard, So We Need to Get Legitimate Workers' Rights". Labour Relations in Prostitution, 1600–2010, in: Rodríguez García/Heerma van Voss/van Nederveen Meerkerk (Hg.), Selling Sex, 2017, 653–675, und Harris, Selling Sex in the Reich, 2012, 46 f., 54, sowie den Beitrag von Nora Lehner in diesem Band.

79 Stillich, Die Lage der weiblichen Dienstboten, 1902, 257.

80 Ebd., 262.

81 König, „Bonnes", 2003, 74; Budde, Das Dienstmädchen, 1999, 154.

82 Nicole Keusch, Migration and Prostitution, in: Rodríguez García/Heerma van Voss/van Nederveen Meerkerk (Hg.), Selling Sex, 2017, 707–728, 714–716.

kennengelernt hatte, deutet auf eine weitere Facette hin, die sich in der öffentlichen Rede vom „Mädchenhandel“ nicht abbildete: die pragmatische Entscheidung für die Sexarbeit. Denn Margarethe Feindler war bereits in mehreren Städten – Brüssel, Antwerpen und Paris – der Sexarbeit nachgegangen.[83] Für Frauen in der kommerziellen Sexualität war es durchaus nicht ungewöhnlich, den Ort zu wechseln.[84] Feindler gab im Polizeiverhör an, dass sie vor ihrer Abreise aus Paris gewusst habe, „dass sie in ein unzüchtiges Haus komme, um dort der Prostitution nachzugehen“ („qu'elle venait dans une maison de débauche pour s'y livrer à la prostitution“), obwohl der Mann den Charakter des Hauses nicht klar benannt hatte.[85] Auch war sie dagegen, dass der Bordellbesitzer behelligt würde, um nicht in einen juristischen Prozess involviert zu werden. Hingegen äußerte sie gegenüber dem Deutschen Konsulat in Nizza, dass sie nach Cannes unter dem Vorwand vermittelt worden sei, dort eine Anstellung als Kellnerin zu finden.[86] Feindler erzählte also zwei Versionen ihrer Geschichte. Es ist möglich, dass sie mit dieser Aussage ihre Handlungsfähigkeit betonen wollte,[87] doch auch darüber hinaus agierte sie teils uneindeutig, vermutlich aus Misstrauen den Behörden gegenüber: Auf dem Weg von Cannes nach Nizza (mit grauem Kostüm, Strohhut, Umhängetasche, großem Koffer und Korb – so gab es ein Signalement an) entzog sie sich der Polizei, und das Konsulat in Nizza befürchtete, sie sei wieder „in schlechte Hände gefallen“.[88] Die Polizei suchte sie in Nizza vergeblich in den Hotelregistern und in den sittenpolizeilichen Verzeichnissen.[89]

Für einzelne Frauen, die der Sexarbeit nachgingen, konnte Mobilität zur Abwägung der eigenen Lage gehören und eine Strategie zur Verbesserung der Lebensbedingungen darstellen: Sie profitierten von freundschaftlichen Netzwerken und strebten bessere Verdienstmöglichkeiten im Vergleich zur Arbeit als Näherin,

---

83 PA/AA RAV 191/57, 29.10.1903, Pastor Frick aus Elberfeld an das Deutsche Konsulat Nizza.

84 Keusch, Migration and Prostitution, 2017, 727.

85 PA/AA RAV 191/57, 3.11.1903, Commissaire Central, Ville de Nice an den deutschen Konsul in Nizza. Übersetzung durch die Autorin.

86 PA/AA RAV 191/57, 2.11.1903, Konzept eines Schreibens des Deutschen Konsulats Nizza an Commissaire Central, Ville de Nice.

87 Hearne, Prosecuting Procurement, 2020, 185–209, 196: Hearne unterstreicht, dass in zahlreichen Fällen junge Frauen betonten, sich für den Verkauf sexueller Dienstleistungen entschieden zu haben und damit eine Einordnung als passiv zurückweisen, vgl. auch Stauter-Halsted, „A Generation of Monsters“, 2007, 30.

88 PA/AA RAV 191/57, 24.10.1903, Konzept eines Schreibens des Deutschen Konsulats Nizza an Commissaire Central, Ville de Nice.

89 PA/AA RAV 191/57, 2.11.1903, Commissaire Central, Ville de Nice, an den deutschen Konsul in Nizza.

Verkäuferin oder Stenografin an.[90] Meistens war das Einkommen durch die Sexarbeit höher als das durch andere Berufe. Teils mussten Eltern, Geschwister, Kinder oder Ehemänner mitversorgt werden, zudem erschien die Tätigkeit ein flexibleres und unabhängigeres Leben zu ermöglichen als die Arbeit in der Fabrik oder als Dienstmädchen.[91] Bei Margarethe Feindler scheinen derartige Abwägungen eine Rolle gespielt und ihr einen weiten geografischen Radius ermöglicht zu haben. Ihr Fall macht deutlich, wie sehr die Vorstellung von Frauen als „Waren" fehlging und es sich hier vielmehr um die Verkäuferin einer Ware handelte.[92] Denkbar ist, dass sie – ähnlich wie viele andere Arbeiterinnen in diesem Zeitraum – ihren geringen Lohn zeitweise aufstockte,[93] aber auch, dass sie hauptsächlich der Sexarbeit nachging.

Es lässt sich nicht eindeutig schlussfolgern, welche Überlegungen den Handlungen von Gertrud Boyer und Margarethe Feindler zugrunde lagen, ob sie unter falschen Versprechungen in das Bordell kamen, ob sie in der Sexarbeit ein legitimes Tauschgeschäft sahen oder ob sie sich in einer Zwangslage befanden, die diese Option angesichts ihrer Situation plausibel erscheinen ließ. Gertrud Boyer betonte in ihrem Brief ihre Unschuld und dass sie „bisher noch mit keinem Herrn zusammengewesen" sei. Sie schrieb, sie sei unglücklich, krank, wolle aus dem Bordell fort, und wenn ihr der deutsche Konsul nicht helfe, werde sie „in das Wasser [...] springen, was dicht an unserem Hause fließt". Der Brief endete mit der eindrücklichen Formulierung: „Ich muß nun enden, ich bin beobachtet, niemand darf sehen, daß ich an Sie schreibe. Haben Sie vielen Dank im Voraus, thun sie Ihr Möglichstes, ich bin so unglücklich".[94] Wie im Folgenden deutlich werden wird, reichte selbst dies jedoch nicht aus, um die Behörden vollständig davon zu überzeugen, dass hier ein Fall von „Mädchenhandel" vorlag.

Bei Gertrud Boyer und Margarethe Feindler zeigen sich deutlich die Ambivalenzen und Uneindeutigkeiten sowie die Spannbreite dessen, was dem Phänomen „Mädchenhandel" zugrunde liegen konnte: Es handelte sich um eine Frage engerer oder weiterer Handlungsspielräume angesichts ökonomischer Zwangslagen oder um eine Absicht, die eigenen Lebensbedingungen zu verbessern. Einige Frauen

---

90 Jean-Michel Chaumont/Magaly Rodríguez García/Paul Servais (Hg.), Trafficking in Women (1924–1926). The Paul Kinsie Reports for the League of Nations, Bd. 1, United Nations, Geneva 2017, 197, 359, https://www.un-ilibrary.org/content/books/9789210601559/read (25.7.2024).

91 Magaly Rodriguez Garcia, Ideas and Practices of Prostitution Around the World, in: Paul Knepper/Anja Johansen (Hg.), The Oxford Handbook of the History of Crime and Criminal Justice, Oxford 2016, 132–153, 147.

92 Vgl. auch Sabine Grenz, (Un)heimliche Lust. Über den Konsum sexueller Dienstleistungen, Wiesbaden 2007, 157.

93 Stauter-Halsted, „A Generation of Monsters", 2007, 29 f.

94 PA/AA RAV 191/57, 10.10.1903, Brief von Gertrud Boyer an R. Weiner, 172, rue Faubourg St. Martin, Paris.

migrierten, um Arbeit in einem anderen Land oder Bereich zu finden, und gingen zunächst unter widrigen Umständen der Sexarbeit nach oder wurden dazu von Menschen oder Verhältnissen gezwungen, andere verkauften bereits Sex und migrierten zugleich.[95] Während in Feindlers Fall die Mobilität von Frauen, die der Sexarbeit nachgingen, im Vordergrund steht, vermutlich die Entscheidung für einen Lebensentwurf, der einen gewissen Standard und einen großen Bewegungsradius ermöglichte, zeigt sich bei Boyer stärker die Verzahnung ihrer ökonomisch vulnerablen Situation mit anderer ausbeuterischer Arbeit und damit einhergehender Prekarität.[96] Wenn man die Fälle beider Frauen vergleicht, wird deutlich, dass ihre Situation nicht allein als Frage von aktiv oder passiv, freier Entscheidung oder Zwang verstanden werden darf: In diesem Sinne hat zuletzt Elisa Camiscioli argumentiert, Ausbeutung und Agency nicht als sich ausschließende binäre Möglichkeiten zu sehen, sondern vielmehr als (beschränkte) ökonomische Optionen zu beleuchten.[97]

Die Moralisierung transnationaler Arbeitsmigration in der praktischen Bekämpfung des „Mädchenhandels“

Die Fälle von Gertrud Boyer und Margarethe Feindler zeigen, unter welch prekären Bedingungen Frauen nach Paris migrieren und dort der bezahlten Hausarbeit und der Sexarbeit nachgehen konnten. Wie gingen die Vereine gegen den „Mädchenhandel“ und die Behörden damit um? Tatsächlich kamen sie jenseits der politischen Rhetorik eines „Handels“ mit der „Ware Frau“ und der Annahme eines „Luxusstrebens“ in den *praktischen* Hilfs- und Regulierungsbemühungen nicht umhin, über Löhne für Frauen und transnationale Arbeitsverhältnisse zu sprechen. Vor allem Sozialdemokrat*innen wie August Bebel machten für das steigende „Angebot von Frauen zu Lustzwecken“ die „immer mißlicher werdenden sozialen Verhältnisse“ und die hohe Zahl an Arbeiterinnen in der Industrie verantwortlich, die „oft mit Löhnen abgefunden werden, die zum Sterben zu hoch, zum Leben zu niedrig“ seien.[98] Innerhalb der bürgerlichen Frauenbewegung wurden die Ursachen der Prostitution nicht nur in der „Geringschätzung des Weibes überhaupt“, sondern auch in der schlechten wirtschaftlichen Stellung der Frau ausgemacht: Es seien „ungenügend genährte, ausgebeutete, unbeschützte und verführte Mädchen, die

95 Keusch, Migration and Prostitution, 2017, 719.
96 Yarfitz, Impure Migration, 2019.
97 Camiscioli, Selling French Sex, 2024, 92 f.
98 Bebel, Die Frau und der Sozialismus, 1897/1994, 229.

jährlich zu Tausenden auf die Bahn des Lasters getrieben werden".[99] Ähnlich hob etwa die französische Frauenrechtlerin Ghénia Avril de Sainte-Croix hervor, dass arme Arbeiterinnen und vor allem Dienstmädchen besonders gefährdet seien, weil ihre Löhne zu gering waren und sie, um nicht zu verhungern, der Prostitution nachgingen; damit unterschied sie sie von „Professionellen".[100]

Doch obwohl die Lebens- und Arbeitsbedingungen Erwähnung fanden, blieben sie eng mit einer moralischen Rhetorik der Verlockung und des Verfallens verknüpft: So wurden in der Reichstagsdebatte von 1912 über das Ausführungsgesetz zum internationalen Übereinkommen zur Bekämpfung des „Mädchenhandels" die „Mädchen" als „moralisch schon ziemlich minderwertig" dargestellt, sodass sie „keine klare Verfügungsfreiheit über sich mehr haben können".[101] Nur die Sozialdemokratie forderte eine radikale Politik gegen Not und Mangel, denn die „Mädchen, die durch den weißen Handel bordelliert werden, rekrutieren sich gerade aus Kreisen, die den niedrigsten Arbeitsverdienst und die niedrigsten Lebensverhältnisse haben".[102] Eine solche Politik helfe auch gegen Übergriffe von Dienstherren auf Dienstmädchen. Währenddessen betonten jedoch alle anderen Abgeordneten die Notwendigkeit, „Unerfahrenheit" und „Leichtsinnigkeit" durch Aufklärung und (religiöse) Erziehung zu begegnen.

In der praktischen Bekämpfung des „Mädchenhandels" ging es somit vor allem um Versuche der Regulierung und Überwachung der Mobilität sowie um Ratschläge und Warnungen. 1904 und 1910 kamen erstmals internationale Konventionen gegen den „Mädchenhandel" zwischen mehreren Staaten zustande.[103] Zuvor hatten lediglich einzelne bilaterale Abkommen bestanden, etwa zwischen dem Deutschen

---

99 Anna Pappritz, Die Teilnahme der Frauen an der Sittlichkeitsbewegung, in: Helene Lange/Gertrud Bäumer (Hg.), Handbuch der Frauenbewegung, Bd. 2: Frauenbewegung und soziale Frauenthätigkeit in Deutschland nach Einzelgebieten, Berlin 1901, 154–193, 156.

100 Archives Départementales des Bouches-du-Rhône, 4 M 891, Rede von Ghénia Avril de Sainte-Croix, 30.4.1909, Marseille. Avril de Sainte-Croix richtete sich gegen Sittenpolizei und Reglementierung, die aus einer „Frau, die sich nur vorübergehend der Ausschweifung hingegeben hatte und um nicht zu verhungern, eine Professionelle" mache.

101 Reichstagsprotokolle, Diskussion eines Entwurfs eines Ausführungsgesetzes zu dem internationalen Uebereinkommen zur Bekämpfung des Mädchenhandels vom 4. Mai 1910, Verhandlungen des Reichstages, Bd. 283, 13. Sitzung am 23.2.1912, Berlin 1912, 239.

102 Ebd., 241.

103 Der Kampf gegen den „Mädchenhandel" war das erste frauenspezifische Thema, das die Form internationaler Konventionen annahm, vgl. Limoncelli, Politics of Trafficking, 2010, 2, und eine der frühesten Formen polizeilicher Kooperation, vgl. Jens Jäger, International Police Co-operation and the Associations for the Fight Against White Slavery, in: Paedagogica Historica. International Journal of the History of Education 38 (2002), 565–579. 1904 und 1910 unterzeichneten zahlreiche Staaten Vereinbarungen zur Bekämpfung des „White Slave Traffic", vgl. Jean Allain, The White Slave Traffic in International Law, in: Journal of Trafficking and Human Exploitation 1/1 (2017), 1–31, 20–23; Lauben, Weißer Markt, 2014, 8.

Reich und den Niederlanden sowie Belgien. Die neuen multilateralen Abkommen waren von den im *International Bureau for the Suppression of the White Slave Traffic* organisierten Vereinen initiiert worden. Darin wurde zunächst versucht, das Delikt rechtlich zu definieren, und die Frage verhandelt, ob es um den Schutz der einzelnen Frauen oder den Schutz der Öffentlichkeit ging.[104] Die Abkommen sahen vor, Häfen und Bahnhöfe zu überwachen und Opfer von „Mädchenhandel" heimzuschaffen. So stand etwa das *Nationalkomitee* im Kontakt mit Schifffahrtslinien, beteiligte sich an der Revision von Passagierschiffen oder überwachte Herbergen von Auswanderer*innen. Darüber hinaus wurde eine internationale Polizeikooperation etabliert, die vorrangig in Informationsaustausch bestand, und es wurden spezielle Abteilungen eingerichtet, die als „Mädchenhändler" Verdächtige verhafteten und überprüften, ob es sich bei Frauen, die Pässe beantragten, um Prostituierte handelte.[105]

Die Polizei beobachtete auch Stellenvermittlungsagenturen, die seit längerem einen schlechten Ruf hatten. Ob Margarethe Feindler oder Gertrud Boyer eine derartige Agentur in Anspruch genommen hatten, lässt sich nicht sagen. Es ist auch denkbar, dass sie durch Bekannte Informationen über ihre Anstellung in Paris erhalten hatten, wie es bei vielen Frauen der Fall war.[106] Daneben könnten sie auch von Zeitungsanzeigen Aussicht auf eine Stelle bekommen haben. Dies war etwa 1905 bei einer jungen Frau aus Reutlingen der Fall, die sich beim Deutschen Konsulat in Nizza beschwerte: Sie hatte sich auf eine Annonce im *Stuttgarter Tageblatt* als „Büffetfräulein" in einem Hotel in Nizza beworben, Geld bezahlt, dann aber nichts mehr vom Stellenvermittler gehört.[107] Tatsächlich wurden die gewerbsmäßigen Stellenvermittlungen sukzessive verboten, doch erst mit dem Gesetz über die Arbeitsvermittlung und Arbeitslosenversicherung von 1927 übernahmen die gleichnamige Reichsanstalt und lokale Arbeitsämter die Vermittlung.

Um zu verhindern, dass junge Frauen unseriöse Stellen im Ausland annahmen, sprachen die Vereine und Behörden um 1900 jedoch lediglich Empfehlungen und Mahnungen aus, etwa dass Frauen im Vorfeld Erkundigungen über die Arbeitsstelle einholen sollten. Arbeitsverhältnisse im Ausland wurden zwar sporadisch durch das Auswärtige Amt überprüft; dabei wurde festgestellt, dass „sittliche Gefahren" für Dienstmädchen herrschten oder sie „häufig dem moralischen Elend" preisgegeben würden.[108] Doch blieb die Informationsbeschaffung eine Angelegenheit

104 Allain, White Slave Traffic, 2017, 3.

105 Limoncelli, Politics of Trafficking, 2010, 120.

106 König, „Bonnes", 2003, 71.

107 PA/AA RAV 191/57, 20.3.1905, Schreiben Lina Lindenberg an das Deutsche Konsulat Nizza.

108 Bundesarchiv (BArch) R 901 30199, Fragebogen Auswärtiges Amt an deutsche Gesandtschaften in Algier, Tunis und Marokko, 1902.

der Einzelnen. Eine Broschüre des protestantischen *Vereins der Freundinnen junger Mädchen*[109] *(Freundinnenverein)* mahnte 1912, dass es für die auswandernden Frauen wichtig sei, für Amerika, Asien, Australien und Afrika Erkundigungen etwa über die anstellende Familie, die Reise, die Art der Ausstattung und das Verhalten auf dem Schiff einzuholen.[110] In Bezug auf die Verhältnisse in Frankreich registrierten die Behörden aufmerksam die Beschwerden von „deutschen Erzieherinnen, Kinderfräulein und weibliche[n] Dienstboten“ über „ungerechte Behandlung seitens ihrer französischen Dienstherrschaft“ bei den deutschen Konsulaten.[111] Sie empfahlen, dass migrierende Frauen über genügend Geldbeträge und einen Reisepass verfügen sowie die Notadressen des *Freundinnenvereins* kennen sollten und gaben den praktischen Hinweis, einen zweisprachigen Vertrag abzuschließen, der Informationen über etwaige Deutschkenntnisse der Arbeitgeber*innen, Datum des Diensteintritts, Reiseweg und die „Angabe, ob und wo das junge Mädchen unterwegs von jemand in Empfang genommen wird“, enthalten sollte. Die Reisekosten sollten ebenso geklärt werden wie die Kündigungsfrist, die genauen Tätigkeiten und die Art des Schlafraumes.[112] Doch es blieb bei derartigen Ratschlägen – eine rechtliche Absicherung gab es nicht. Auch für die Reise selbst existierten zahlreiche Warnungen, und das *Nationalkomitee* stattete Bahnhöfe und Häfen, die als „Transit- und Umschlagsplätze“ des „Mädchenhandels“ galten, mit Warnplakaten aus.[113] Gerade an diesen Orten drohten, so die Annahme, reisenden jungen Frauen Gefahren in Form von dubiosen Stellenvermittlern und „Kupplerinnen“.

Während so zwar die profitorientierten „Händler“ im Fokus standen, verorteten Behörden und Vereine die Verantwortung für die Gefahren sexueller Ausbeutung zugleich deutlich bei den Frauen selbst, wie etwa in der 1912 publizierten Broschüre des *Freundinnenvereins*. Ausschweifendes Konsumverhalten von Frauen und Luxusbedürfnisse, insbesondere was Kleidung und Schmuck anging, wurden für Belästigungen oder einen devianten Lebensstil verantwortlich gemacht: Es hieß, dass viele junge Frauen „Träume von Glanz und Glück“ verwirklicht sehen wollten, doch vielmehr Arbeit ihre „natürliche Bestimmung“ und ein „Gnaden-

---

109 HHStAW 425 Nr. 627, Internationaler Verein der Freundinnen junger Mädchen (Hg.), Ratgeber des Deutschen Nationalvereins der Freundinnen junger Mädchen. Christlicher Ratgeber für junge Mädchen und Frauen, welche sich in der Fremde ihr Brot verdienen, Darmstadt 1912.

110 Dieser protestantische Verein, 1877 in der Schweiz gegründet, war an den regionalen Komitees des Nationalkomitees gegen den Mädchenhandel ebenso beteiligt wie auf der nationalen Ebene und ab 1921 im *Advisory Committee Against the Traffic in Women and Children* im Völkerbund vertreten.

111 HHStAW 425 Nr. 627, Verlockung weiblicher Personen in das Ausland, Berlin, 20.11.1911, Minister Handel und Gewerbe und Innenminister an Oberpräsidenten.

112 Ebd.

113 StA FfM, R.1444 Bd. 1 R 27 Nr. 5, Burckhardt, „Die Aufgaben des Nationalkomitees“, 1902, 3.

geschenk Gottes" sei.[114] Bibelverse mahnten „zierliches Kleid, Scham und Zucht" an und verurteilten „Gold, oder Perlen oder köstliche[s] Gewand".[115] Konsum führe in die Prostitution, denn „[w]ie oft ist ein ernstes Missverständnis aus der Kleidung entsprungen und auf die sittliche Haltung derjenigen übergegangen, die sie trug!".[116] Dabei war für viele Frauen, die nach Paris migrierten, um dort der bezahlten Hausarbeit nachzugehen, tatsächlich Mode und auch ein verändertes Konsumverhalten wichtig: Paris, das als Stadt der Mode, Liebe, Freiheit und Kultur galt, war für sie mit Weltläufigkeit verbunden, insbesondere wenn sie aus ländlichen Regionen stammten.[117] Doch die Ratschläge und Warnungen der Vereine gegen den „Mädchenhandel" verknüpften die Ambitionen junger Frauen aus Arbeitervierteln, durch eine Mobilität ins Ausland einen neuen sozialen Status zu erlangen, mit einem Prostitutionsverdacht.

Frankreich nahm in all diesen Warnungen eine prominente Stelle ein: Lokale Behörden und das Deutsche Konsulat diskutierten intensiv die Situation von Dienstmädchen vor Ort.[118] Frauenrechtlerinnen, kirchliche Einrichtungen und Vereine gegen den „Mädchenhandel" rieten in Broschüren oder in der Presse insbesondere vor einer Arbeitsmigration nach Paris ab. Es sei „übermütig, leichtsinnig und dumm",[119] dorthin zu gehen, schrieb etwa die Frauenrechtlerin Gertrud Bäumer. Diese Aussagen bezogen sich auf einen sittlichen Verfall, der nicht nur in der Stadt allgemein, sondern vor allem auch als Hausangestellte dort drohe: So beklagte der evangelische Pfarrer Friedrich von Bodelschwingh, prominenter Vertreter der Inneren Mission, dass weibliche und männliche Dienstbot*innen in Paris gemeinsam die Schlafkammern unter dem Dach bezögen.[120] Und die bereits erwähnte Schriftstellerin Marie Luise Becker betonte, dass zwar deutsche Dienstmädchen in Paris stark nachgefragt seien, doch dort eine „andere Sitte" vorherrsche: Junge deutsche Arbeitsmigrantinnen seien den „Verführungen" in der „luxuriösen Weltstadt" ausgesetzt und könnten einem „hysterischen Rausch" verfallen, der

---

114 HHStAW 425 Nr. 627, Verein der Freundinnen junger Mädchen (Hg.), Ratgeber des Deutschen Nationalvereins der Freundinnen junger Mädchen, 1912, 9.

115 Ebd., 18.

116 Ebd., 11.

117 König, Konfliktbeladene Kulturvermittlung, 2015, 251 f.; König, „Bonnes", 2003, 74.

118 Vgl. HHStAW 425 Nr. 627, Korrespondenzen hessischer Behörden sowie deutscher diplomatischer Vertretungen in Frankreich über Dienstverträge und Beschwerden von deutschen Hausangestellten. Die Behörden hoben insbesondere die Notwendigkeit hervor, vor Annahme einer Stelle Erkundigungen beim *Freundinnenverein* einzuholen.

119 Gertrud Bäumer, Die Geschichte der englischen Frauenbewegung, in: Lange/Bäumer, Handbuch der Frauenbewegung, Berlin 1901, 223–288, 241.

120 König, „Bonnes", 2003, 83.

besinnungslos mache.[121] Die Warnungen richteten sich also nicht nur gegen Gefahren und Verlockungen auf der Reise und in der Großstadt allgemein, sondern hefteten sich insbesondere an Paris als Sinnbild für Sexualität, Unsittlichkeit und Ausschweifungen.

Der Effekt der internationalen Regulierungsversuche und des praktischen Vorgehens der Vereine gegen den „Mädchenhandel", die weniger auf die prekären Bedingungen als die Verantwortlichkeit der Einzelnen abhoben, zeigt sich deutlich im Fall von Boyer und Feindler. Denn obwohl die deutschen Konsulate in Paris und Nizza einen engen Zusammenhang mit dem „Mädchenhandel" herstellten und beabsichtigten, „bei der hiesigen Polizei die Verfolgung der Schuldigen zu beantragen",[122] richtete sich der Verdacht schließlich gegen die beiden Frauen selbst. Und obwohl Boyers Schreiben von großer Verzweiflung, Not und Zwang zeugte und sie gar davon sprach, verkauft worden zu sein, blieben die Behörden skeptisch und formulierten in den Akten „In Sachen der *angeblich* gegen ihren Willen in ein Bordell in Cannes verschleppten deutschen Reichsangehörigen Gertrud Boyer".[123] Es ist zwar nicht undenkbar, dass Boyer die Aufmerksamkeit für das Phänomen „Mädchenhandel" vonseiten der Behörden für sich nutzte. So gab sie, die sich ja nach eigenen Angaben in einer isolierten Gefangenschaft befand, in ihrem Schreiben die genauen Öffnungszeiten des Deutschen Konsulats in Paris an und betonte, die Schneiderin Weiner solle sie als „ordentliches Mädchen" darstellen. Es könnte sich also durchaus um einen eigensinnigen Versuch gehandelt haben, sich unter Verwendung von Formulierungen, die den gängigen Narrativen über den „Mädchenhandel" entsprachen, aus einer misslichen Lage helfen zu lassen und die Unterstützungsbereitschaft der Behörden zu beanspruchen. Dennoch ist eine Zwangslage hier wahrscheinlich: Gertrud Boyer schilderte, man habe ihr bereits für Essen, Wasser und einen Arzt 100 Francs in Rechnung gestellt.[124] Dies verweist auf einen der gravierendsten Aspekte von Formen unfreier Arbeit, nicht nur im Bereich der Sexarbeit:[125] Verschuldung. Selbst im Fall von Gertrud Boyer wurde dem *Nationalkomitee zur Bekämpfung des Mädchenhandels* keine Mitteilung ge-

121 HHStAW 425 Nr. 627, Au Pair, in: Münchener Neueste Nachrichten, Abschrift des Deutschen Konsulats Paris, 30.10.1912.

122 PA/AA RAV 191/57, 14.10.1903, Deutscher Konsul in Paris an den deutschen Konsul in Nizza

123 PA/AA RAV 191/57, 20.10.1903, Verfügung des Deutschen Konsulats in Nizza an das Deutsche Konsulat in Paris, Hervorhebung durch die Autorin.

124 Zur Bedeutung von Schulden vgl. Laite, Disappearance of Lydia Harvey, 2021.

125 Pluskota, „We Use our Bodies", 2017, 662: Marion Pluskota spricht von „indentured work" und „debt bondage".

macht, und die von der Staatsanwaltschaft eingeleitete Untersuchung wurde drei Monate später fallengelassen.[126]

Im Fall von Margarethe Feindler waren die Einschätzungen noch skeptischer. Der Pastor aus Elberfeld hegte den Verdacht, es könnte sich bei ihrem Hilfsgesuch um eine „wohlberechnete Bettelei" handeln und riet dem Konsulat, die deutschen Hilfsvereine vor ihr zu warnen.[127] Er hegte keinen Zweifel, dass es sich bei Feindler um eine „Dirne" handle, räumte aber ein, dass man ihr dennoch helfen müsse, wenn sie „wieder ihren Willen in Cannes und Umgegend festgehalten wird".[128]

In der Frage der Heimschaffung von Opfern des „Mädchenhandels" existierte also eine Doppelmoral: Ein Vertreter des Auswärtigen Amts bekräftigte 1912 in der Reichstagsdebatte die Rolle deutscher Diplomaten im Ausland, die Opfer des „Mädchenhandels" Institutionen zuführen sollten, die sich mit „Werken der Liebe befassen", und betonte die Verantwortung, die Frauen auf Staatskosten nach Hause zu schaffen.[129] Doch schon anlässlich des Entwurfs zum internationalen Abkommen von 1904 empfahl das Auswärtige Amt der Deutschen Botschaft in Frankreich, dass die Behörden prüfen sollten, ob „eine Heimzuschaffende in der Tat ein Opfer des Mädchenhandels" war. Denn es „würde damit verhindert werden, daß gewöhnliche Prostituierte, die in der Welt umherziehen, um ihr verwerfliches Gewerbe zu betreiben, die Bestimmungen des Abkommens mißbrauchen, indem sie sich fälschlich für Opfer des Mädchenhandels ausgeben".[130]

Genau dies war also der Gradmesser für die Hilfsbereitschaft der Behörden: Handelte es sich tatsächlich um Opfer oder um „der Prostitution nicht mehr fernstehende weibliche Personen, [...] die unter irgend einem Vorwande ausreisen, um im Auslande der Unzucht nachzugehen", die wissen, „was sie drüben erwartet", und sich einen „größeren Verdienst aus der Unzucht erhoffen"?[131] Der öffentlichen Sorge um „deutsche Mädchen im Auslande [, die] in unsittlichen Häusern sich aufhielten" und dort einer „traurigen Sklaverei zum Opfer fielen",[132] stand in der behördlichen Praxis ein großes Misstrauen gegenüber den Frauen entgegen. Weil die soziale Realität kaum den klaren Bildern von Entführung und Handelsströmen

126 PA/AA RAV 191/57, 17.10.1903, Deutsches Konsulat Nizza an das Deutsche Konsulat Paris; 16.1.1904, Procureur de la République an das Deutsche Konsulat Nizza.

127 PA/AA RAV 191/57, 29.10.1903, Pastor Frick aus Elberfeld an das Deutsche Konsulat in Nizza.

128 Ebd.

129 Reichstagsprotokolle, Diskussion des Entwurfs eines Ausführungsgesetzes zu dem internationalen Uebereinkommen zur Bekämpfung des Mädchenhandels vom 4. Mai 1910, Verhandlungen des Reichstages, Bd. 283, 13. Sitzung am 23.2.1912, Berlin 1912, 248.

130 PA/AA RAV 204 1/1666, 22.12.1903, Auswärtiges Amt an die Deutsche Botschaft in Paris.

131 BArch R 1501/113738-113742, Hamburg, 7.9.1927, Senatskommission für die Auswärtigen Angelegenheiten an das Reichsinnenministerium Berlin.

132 Reichstagsprotokolle, Debatte Ressort des Reichsamts des Innern, Verhandlungen des Reichstages, Bd. 203, 161. Sitzung am 11.3.1905, Berlin 1905, 5163.

entsprach, war der feine Unterschied zwischen „unschuldigem Opfer“ und „devianter Prostituierter“ in der polizeilichen und behördlichen Praxis kaum erkennbar. Somit ging es im Kampf gegen den „Mädchenhandel“ zwar um einen transnationalen Arbeitsmarkt, auf dem sich seit Ende des 19. Jahrhunderts allein reisende Frauen vermehrt bewegten. Niedrige Löhne, von denen Frauen in Industrie- und Hausarbeit kaum leben konnten, wurden dabei durchaus thematisiert. Doch die *praktische* Bekämpfung des „Mädchenhandels“ durch die Vereine und Behörden basierte lediglich auf der Überwachung von Mobilität und der Verhaftung von „Mädchenhändlern“, vor allem aber auf Warnungen und Ratschlägen an Frauen, die wegen eines Dienstverhältnisses migrierten. Es herrschte die moralische Annahme vor, Frauen könnten der Prostitution „verfallen“.[133] Durch die Vorstellung einer Gefahr des „Hinabgleitens“ blieb das Augenmerk auf einer „Verführung“ – ökonomische Zwänge oder pragmatische Entscheidungen, Vorstellungen von Legitimität der Prostitution oder Abwägungen innerhalb eines engen oder weiteren Handlungsspielraums hatten darin ebenso wenig Platz wie praktische Versuche zur Abschaffung von ausbeuterischen Bedingungen in verschiedenen Sektoren von Arbeit, die Frauen ausübten.

Fazit: Prostitution, Mobilität und die widersprüchlichen Verschränkungen von Ökonomie und Moral

Gertrud Boyer und Margarethe Feindler wurden Ende Oktober 1903 in einem Heim in Paris aufgenommen: Es handelte sich um eine protestantische Herberge für Erzieherinnen und Dienstmädchen im 18. Arrondissement.[134] Obwohl die Satzung vorsah, dass nur „alle unbescholtenen deutschen Bonnen und Dienstmädchen jeder Confession, die sich durch gestempelte Papiere ausweisen können“, aufgenommen werden sollten, kamen Boyer und Feindler, die zuvor im Bordell gewesen waren, hier unter.[135] Zwar mussten zu Beginn des Ersten Weltkrieges alle deutschen Staatsangehörigen, darunter auch die Dienstmädchen und andere Hausangestellte, Paris verlassen, und allgemein ging die Zahl der Dienstmädchen

133 Julia Laite hat für die Zwischenkriegszeit überzeugend dargelegt, wie die Grenzen zwischen Sexarbeit, anderen Formen von Arbeit, sexueller Ausbeutung und Ausbeutung von Arbeiter*innen erst gezogen wurden, vgl. Julia Laite, Between Scylla and Charybdis. Women's Labour Migration and Sex Trafficking in the Early Twentieth Century, in: International Review of Social History 62/1 (2017), 37–65.

134 König, Kulturvermittlung, 2015, 245.

135 Ähnliche Heime, in denen Frauen Zuflucht fanden und auch Arbeitsstellen vermittelt wurden, gab es etwa in den Niederlanden, vgl. Henkes, Heimat in Holland, 1998, 96.

während und nach dem Ersten Weltkrieg zunehmend zurück.[136] Dennoch verlor das Thema „Mädchenhandel" nicht an Bedeutung: 1933 suchte etwa ein Vater aus Süddeutschland seine 21-jährige Tochter, die als Dienstmädchen in Basel gearbeitet hatte, in Paris, Marseille und Nizza. Weil auch eine andere junge Deutsche plötzlich verschwunden sei, ergab sich für ihn ein „starker Verdacht auf Mädchenhandel".[137]

Drei wichtige Punkte lassen sich für die Analyse des „Mädchenhandels" aufzeigen: Es reicht erstens nicht, „Mädchenhandel" nur als Diskursphänomen in den Blick zu nehmen, da durch seine einfachen Bilder der „Entführung" und „Verschleppung" nie eindeutig ist, was damit bezeichnet wird.[138] Einerseits ermöglichte es die Figur des raffinierten Händlers, der Frauen wie andere Güter in einer zunehmend globalisierten Welt handelte, aus einer sozialen Thematik ein Problem der Kriminalität im Sinne einer „Unterweltökonomie" und dafür mitunter auf antisemitische Weise Juden verantwortlich zu machen. So wurde aus einer Frage ökonomischer Vulnerabilität eine moralische Angelegenheit, und aus handelnden Frauen wurden zu Waren verdinglichte Opfer. Andererseits sollten Konsum und ökonomisches Begehren eine Erklärung liefern, wenn Frauen sich für die Sexarbeit entschieden: Aus diesem Grund wurden sie angehalten, Konsumbedürfnissen zu entsagen – ansonsten trugen sie selbst die Verantwortung für das „Hinabgleiten" in die Prostitution in der Fremde. Thematisierungen von Vergnügungen und sexuellen Ausschweifungen von Dienstmädchen waren dabei durchaus auch mit Faszination verbunden. Auf die gleiche Weise lässt sich auch die Wahrnehmung der Mobilität dieser Frauen aus bescheidenen Verhältnissen verstehen, die sich allein auf den Weg nach Paris machten, um sich die Welt anzueignen und ihr Glück zu suchen. Gesellschaftliche Ängste, die sich ohnehin an weibliche Hausangestellte hefteten, verschärften sich angesichts ihrer transnationalen Mobilität. Zudem stellten sowohl Prostituierte als auch Dienstmädchen vermeintlich ihren Körper in den Dienst eines Herrn, sodass die Grenze zwischen Person und Arbeitskraft schwerer zu ziehen war als bei anderen Arbeitsverhältnissen.[139] Über diese „begehrenswerte Ware" konnten der Vorstellung nach dubiose „Mädchenhändler" in weit verzweigten Netzwerken verfügen, indem sie sich die modernen Infrastrukturen des Waren- und Personenverkehrs zu Nutze machten und so die „Unterwelt" mit der respektablen Welt verschränkten.

---

136 König, „Bonnes", 2003, 91; Budde, Das Dienstmädchen, 1999, 175.

137 BArch R 8075 1, 28.6.1933, Leonhard Schneider an das Internationale Büro für Auswandererfürsorge in Genf; 15.9.1933, Internationale Auswandererhilfe an das Deutsche Nationalkomitee zur Bekämpfung des Mädchenhandels.

138 Philippa Hetherington/Julia Laite, Editorial Note. Migration, Sex, and Intimate Labor, in: Journal of Women's History 33/4 (2021): Migration, Sex, and Intimate Labor, hg. von Philippa Hetherington u. Julia Laite, 7–39.

139 Vgl. Walser, Prostitutionsverdacht, 1985, 107.

Zweitens müssen, um den Lebensrealitäten und Erfahrungen von Frauen, die in den Akten zu „Mädchenhandel" zu finden sind, gerecht zu werden, Einzelfälle immer auf ihre Bedingungen hin befragt werden: Beziehungen, Umstände und Dauer der Sexarbeit waren mit der ökonomischen Lage verschränkt.[140] So zeigt sich, dass die Handlungsoptionen, Motivlagen und Erfahrungen der Frauen selbst komplex waren und sich innerhalb eines breiten Spektrums und nicht einer Binarität von Zwang und freier Entscheidung abspielten. Boyer und Feindler hatten sich dazu entschieden, ihre Heimat zu verlassen und nach Paris zu gehen, das höhere Löhne, neue Erfahrungen und Abenteuer versprach. Während Margarethe Feindler ihren Lebensunterhalt schon seit Längerem mit Sexarbeit zu bestreiten schien, verweist der Fall von Gertrud Boyer auf schwierige Arbeitsbedingungen. Die Anstellung in der bezahlten Hausarbeit konnte mit großen Schwierigkeiten (bis hin zur sexuellen Ausbeutung innerhalb der Arbeitgeberfamilie) einhergehen und der jederzeit mögliche Verlust der Stelle schnell zu einer Notlage führen, die zahlreiche Frauen mit (temporärer) Sexarbeit zu überbrücken versuchten. In dieser Lage waren es keine Entführungen, sondern Begegnungen mit Männern, bei denen vermutlich Versprechungen, Druck oder Verhandlungen eine Rolle spielten, die beide Frauen in ein Bordell in Cannes führten. Weder Boyers noch Feindlers Lebenslagen können mit „tiefem Fall", „Hinabgleiten" oder „Entführung durch einen Händler" beschrieben werden – es gab hier vielmehr ein Kontinuum von Vulnerabilitäten, Notwendigkeiten, Zwängen, Entscheidungen und Handlungen.

Drittens war Sexarbeit durch diverse Faktoren und Bedingungen strukturiert, die eng mit anderen Arbeitsverhältnissen und transnationalen Ökonomien zusammenhingen. So verfehlten die praktischen Versuche von Vereinen und staatlichen Behörden, den „Mädchenhandel" zu bekämpfen, immer wieder das Problem der prekären Arbeitsbedingungen von migrierenden Dienstmädchen, Hausangestellten und anderen Arbeiterinnen und damit den Zusammenhang von ökonomischer und sexueller Ausbeutung. Zwar wurden die geringen Löhne sowie die unregulierte Stellenvermittlung thematisiert, doch die praktischen Maßnahmen bestanden in der Überwachung der Mobilität, der Verhaftung von verdächtigen „Mädchenhändlern" und insbesondere der Verbreitung von moralisierenden Warnungen, Ratschlägen und Appellen an die Frauen. Damit ging es zentral um persönliche Verfehlungen, die mit Metaphern des „Hinabgleitens" und der Rede von den moralischen „Tiefen" angereichert wurden, die sich mit antifranzösischen Stereotypen und einem Bild von Paris verschränkten, in dem Sexualität und „Unsittlichkeit" zentral waren. Die Rhetorik des Prostitutionsverdachts, gegen den sich laut Broschüren und anderen Ratschlägen die migrierenden Frauen abzugrenzen hatten, lenkte von den schlechten Arbeitsbedingungen und Problemen der Arbeitsmigration ab und betonte die

140 Vgl. Pluskota, „We Use our Bodies", 2017, 653, 657.

Verantwortung der Einzelnen – und konnte dementsprechend leicht dazu führen, dass für die Behörden aus vermeintlichen Opfern des „Mädchenhandels" deviante Frauen wurden. Somit lässt sich der Prostitutionsverdacht nicht nur als ein Misstrauen gegenüber der autonomen Lohnarbeit von Frauen verstehen,[141] sondern bei den nach Paris oder in andere Städte reisenden Frauen auch gegenüber ihrer selbstständigen Mobilität. Auf diese Weise überdeckte die Rede vom „Mädchenhandel" letztlich, dass bürgerliche Haushalte um 1900 auch über Ländergrenzen hinweg auf die bezahlte Hausarbeit von Frauen zu prekären Bedingungen angewiesen waren.

141 Vgl. Walser, Prostitutionsverdacht, 1985, 104 f.

Daniel Gunz

Männlichkeit und sexuelle Dienstleistungen innerhalb der Streitkräfte Österreich-Ungarns vor dem Ersten Weltkrieg*

Abstract

Masculinity and Sexual Services in the Austro-Hungarian Armed Forces before the First World War. Sexuality and masculinity were closely linked in the military. In the Habsburg army, this relationship was evident in the context of sexual services, which soldiers both demanded and offered. Using military court records, regulations, and personal testimonies, this contribution examines the intersection of prostitution, the military, and masculinity that has been underexplored in historical scholarship. Comparing the use of female prostitution with the offer of male-to-male prostitution shows that the military itself determined what constituted or jeopardized military masculinity. Female prostitution was perceived as a threat to the military's reputation and combat effectiveness, often linked to the spread of sexually transmitted diseases and concerns about violent excesses in brothels. Despite these issues, engaging in sexual services was essential to the construction of military masculinity and the integration of individual soldiers into their peer groups. Conversely, military masculinity was not seen to be compromised by male-to-male prostitution offered by soldiers. The issue of masculinity was largely absent from court proceedings. Military courts viewed sexual services as individual misconduct, a result of low pay, and the influence of "homosexual aggressors".

Keywords

queer history | Austria-Hungary | Habsburg Empire | military | soldiers | gender | sexuality | prostitution | same-sex sexuality | military masculinity

---

* Accepted for publication after external and internal peer review (double blind)
Daniel Gunz, Institut für Geschichte, Universität Wien, Universitätsring 1, 1010 Wien, Österreich; daniel.gunz@univie.ac.at

> „An Vergnügen gab es nur ein Stummfilmkino, Spaziergänge in die Umgebung, Osterien und zwei Bordelle. Für eine Krone standen die Frauen des Bordells zur Verfügung. Sie waren bestens besucht. Für mich gab es allerdings keine solchen Vergnügungen, […] ich hatte kein Geld."[1]

Wie eine Banalität führt der österreichisch-ungarische Unteroffizier Leo Schuster in dieser Passage seiner Lebensaufzeichnung Prostitution als Freizeitaktivität im Soldatenalltag während seiner Stationierung in Trient ab etwa Ende 1910 an. Darin beschreibt er die wohl offensichtlichste Form sexueller Dienstleistungen innerhalb der Armee, die im Zitat in der institutionalisierten Form des Bordells auftritt. Prostitution beschränkte sich allerdings nicht zwangsläufig auf spezifische Örtlichkeiten, sondern konnte in Privatwohnungen, in Hinterhöfen oder Parks stattfinden. Abgesehen von der monetären Bezahlung konnte sie auch für materielle Gegenleistungen wie Essen oder alkoholische Getränke angeboten werden. Dabei waren Soldaten nicht ausschließlich als Freier anzutreffen. Zahlreiche Quellen belegen, dass etliche von ihnen gleichgeschlechtliche sexuelle Dienstleistungen anboten.[2]

Dieser Beitrag beleuchtet die zeitgenössische Beurteilung verschieden- und gleichgeschlechtlicher Prostitution im Militär in der Zeit von etwa Mitte der 1880er Jahre bis zum Ersten Weltkrieg. Er hat zum Ziel, die Bedeutung weiblicher und männlicher Prostitution für die Konstruktion militärischer und soldatischer Männlichkeit innerhalb der k. u. k. Armee zu untersuchen.[3] Dies geschieht entlang dreier spezifischer Fragestellungen: Erstens, welchen Nutzen zogen die beteiligten Personen, neben den offensichtlichen finanziellen Anreizen und sexueller Befriedigung,

---

1 Leo Schuster, „... und immer wieder mußten wir einschreiten!" Ein Leben „im Dienste der Ordnung", bearb. mit Unterstützung Ernestine Schusters – und mit einer Einleitung versehen von Peter Paul Kloß, Wien/Köln/Graz 1986, 65 f.

2 Frauen und Männer, die sexuelle Dienstleistungen anbieten, waren und sind bis in die Gegenwart intersektionalen Stigmen unterworfen, die implizit mit dem Prostitutionsbegriff verflochten sind. Prostitution wird in diesem Beitrag als historisch-analytischer Quellenbegriff verwendet. Dies geschieht nicht aufgrund einer abwertenden Haltung gegenüber Sexarbeiter*innen. Die gegenwärtig geläufigen Bezeichnungen und ihre Implikationen würden den Blick auf die um 1900 geläufigen Vorurteile, Ausgrenzungen und Unterdrückungen trüben. Die Historikerin Magaly Rodríguez García betont, dass kein Begriff zur Verfügung steht, der die Komplexität kommerzieller Sexualität eindeutig benennen kann. Vgl. Magaly Rodríguez García, Defining Commercial Sexualities, Past and Present, in: Gavin Brown/Kath Browne (Hg.), The Routledge Research Companion to Geographies of Sex and Sexualities, London 2016, 321–329, 329.

3 Der Historiker Wayne E. Lee hat mit Blick auf militärische Kultur ebenfalls eine Unterscheidung von verschiedenen kulturellen Ebenen vorgeschlagen. Soldatische und militärische Kultur stellen zwei dieser Ebenen dar. Vgl. Wayne E. Lee, Warfare and Culture, in: ders. (Hg.), Warfare and Culture in World History, New York/London 2011, 1–11, 3.

aus den sexuellen Dienstleistungen? Zweitens, wie positionierte sich die Militäradministration gegenüber verschieden- und gleichgeschlechtlicher Prostitution? Und drittens frage ich danach, welche positiven und negativen Konsequenzen sexuelle Dienstleistungen für die militärischen und soldatischen Männlichkeiten hatten.

Sexualität und die Kategorie Geschlecht sind eng miteinander verknüpft, unabhängig davon, ob es sich um akzeptierte oder deviante Sexualitäten handelt.[4] Militärische Männlichkeit definiere ich im Folgenden als Männlichkeitsideal der Institution Militär, das aus Selbstdefinitionen und Zuschreibungen von außen konstruiert wurde. Soldatische Männlichkeit hingegen ist vielschichtiger. Sie kann sich auf die subjektive und objektive Wahrnehmung eines einzelnen Soldaten oder einer Gruppe beziehen und Unterschiede je nach sozialer oder regionaler Herkunft, Waffengattung oder Regimentszugehörigkeit aufweisen.[5] Beide Männlichkeiten haben fluide Grenzen und können sich reziprok beeinflussen. Dabei besteht ferner die Möglichkeit, dass sie gleichzeitig wirken.

Die Historikerin Ute Frevert kommt in ihrem Standardwerk zur allgemeinen Wehrpflicht in Deutschland für das Wilhelminische Kaiserreich zu folgendem Schluss: Die „Männlichkeit der Soldaten bedurfte […] der Bestätigung der Frauen. Sie wurde in einem reinen Männerraum geformt, mußte aber außerhalb dieses Raums bewiesen und verteidigt werden."[6] Für das frühe 19. Jahrhundert präzisiert der französische Historiker Alain Corbin, was er als entscheidend für die Herausbildung von Männlichkeiten sieht: „The need to fuck is considered, within masculine quarters, an essential constituent of virility."[7] Sexuelle Dienstleistungen erscheinen dabei als unkompliziertes Mittel, sich diese Bestätigung zu sichern.

Dieser Aufsatz verortet sich durch die parallele Auseinandersetzung mit gleich- und verschiedengeschlechtlichen sexuellen Dienstleistungen zwischen den Feldern der Militär- und Prostitutionsgeschichte sowie der *queer History.* Es besteht Konsens in den Geschichtswissenschaften, dass Prostitution in vielen Armeen von großer

4 Vgl. Jürgen Martschukat/Olaf Stieglitz, Geschichte der Männlichkeiten, Frankfurt am Main 2018, 138–162.

5 Christa Hämmerle weist auf die multiethnische Zusammensetzung der k. u. k. Armee hin und betont, dass die Rekruten zwar mit spezifischen Männlichkeitsbildern diverser Herkunftsregionen sozialisiert waren, sie innerhalb ihres Wehrdienstes jedoch durch einheitliche militärische Prinzipien einer ‚Gleichmachung', auch in geschlechterpolitischen Dimensionen, unterworfen waren. Vgl. Christa Hämmerle, Zur Relevanz des Connell'schen Konzepts hegemonialer Männlichkeit für Militär und Männlichkeit/en in der Habsburgermonarchie (1868–1914/18), in: Martin Dinges (Hg.), Männer – Macht – Körper. Hegemoniale Männlichkeiten vom Mittelalter bis heute, Frankfurt am Main/New York 2005, 103–121, 107–110.

6 Ute Frevert, Die kasernierte Nation. Militärdienst und Zivilgesellschaft in Deutschland, München 2001, 237.

7 Alain Corbin, The Necessary Manifestation of Sexual Energy, in: Alain Corbin/Jean-Jacques Courtine/Georges Vigarello (Hg.), A History of Virility, New York 2016, 276–302, 277.

Bedeutung für die Sexualität von Soldaten war. Seit dem frühen 17. Jahrhundert steigerte sich die Größe von Heeren zusehends. Dies zog Prostituierte vermehrt in Garnisonsstädte, um dort Soldaten ihre Dienstleistungen anzubieten. Damit einher gingen Debatten um die den Frauen angelastete Infektionsgefahr sexuell übertragbarer Krankheiten.[8] Nicht übersehen werden darf, dass Soldaten sexuelle Dienstleistungen nicht nur in Anspruch nahmen, sondern auch anboten.[9] Mein Fokus liegt auf dem aus Soldaten und Unteroffizieren bestehenden Mannschaftsstand der Habsburger Armee. Eine Vielzahl von Arbeiten beschäftigt sich mit der Sexualität von Offizieren, die sich infolge unterschiedlicher Voraussetzungen grundlegend von der ‚einfacher' Soldaten unterschied.[10] Eine Auseinandersetzung mit der Sexualität *aller* militärischen Dienstränge in einem Beitrag würde riskieren, realiter existierende Grenzen zwischen Offiziers- und Mannschaftsstand verschwimmen zu lassen.

---

8 Vgl. Ute Frevert, Das Militär als Schule der Männlichkeiten, in: Ulrike Brunotte/Rainer Herrn (Hg.), Männlichkeiten und Moderne. Geschlecht in den Wissenskulturen um 1900, Bielefeld 2008, 57–75, 66; Julia Laite, Common Prostitutes and Ordinary Citizens. Commercial Sex in London, 1885–1960, Houndmills 2012, 44 f.; Andrew Byers, The U.S. Army's Management of Sexuality at Home and Abroad, 1898–1940, in: Beth Bailey/Alesha E. Doan/Shannon Portillo/Kara Dixon Vuic (Hg.), Managing Sex in the U.S. Military. Gender, Identity and Behavior, Lincoln 2022, 19–41, 22–28; Magaly Rodríguez García, Ideas and Practices of Prostitution around the World, in: Paul Knepper/Anja Johansen (Hg.), The Oxford Handbook of the History of Crime and Criminal Justice, Oxford 2016, 132–154, 143; Christa Hämmerle, Ganze Männer? Gesellschaft, Geschlecht und Allgemeine Wehrpflicht in Österreich-Ungarn (1868–1914), Frankfurt am Main/New York 2022, 489–502; Judith R. Walkowitz, Prostitution and Victorian Society. Women, Class, and the State, Cambridge 1982, 22 f.

9 Vgl. Anita Kurimay, Queer Budapest, 1873–1961, Chicago/London 2020, 78; Matt Houlbrook, Soldier Heroes and Rent Boys. Homosex, Masculinities, and Britishness in the Brigade of Guards, circa 1900–1960, in: Journal of British Studies 42/3 (2003), 351–388. Allgemeiner zur Geschichte mann-männlicher Prostitution bzw. eine Fallstudie zu trans*Prostitution siehe Martin Lücke, Männlichkeit in Unordnung. Homosexualität und männliche Prostitution in Kaiserreich und Weimarer Republik, Frankfurt am Main/New York 2008; Javier Fernández-Galeano/Mir Yarfitz, Serious Maricas and Their Male Concubines. Seeking Trans History and Intimacy in Argentine Police and Prison Records, 1921–1945, in: Hispanic American Historical Review 103/4 (2023), 651–678.

10 Unterschiede in der Auslebung der Sexualität von Offizieren und Soldaten ergaben sich beispielsweise aus der Standesehre und den -pflichten, die bei Offizieren sehr viel rigider ausgelegt wurden. Auch das Einkommen und Ehelimitierungen sind hier von Bedeutung. Vgl. u. a. Sabina Brändli, Von „schneidigen Offizieren" und „Militärcrinolinen". Aspekte symbolischer Männlichkeit am Beispiel preußischer und schweizerischer Uniformen des 19. Jahrhunderts, in: Ute Frevert (Hg.), Militär und Gesellschaft im 19. und 20. Jahrhundert, Stuttgart 1997, 201–228; István Deák, Der K.(u.)K. Offizier: 1848–1918, Wien/Köln/Weimar 1991, 169–176; Angelika Tramitz, Nach dem Zapfenstreich. Anmerkungen zur Sexualität des Offiziers, in: Bernd Ulrich/Karin Wieland (Hg.), Willensmenschen. Über deutsche Offiziere, Frankfurt am Main 1999, 211–226.

Das Ideal militärischer Männlichkeit wird innerhalb der Geschichtswissenschaften als heterosexuell definiert.[11] Daher interessiert mich, ob und inwiefern sich gleichgeschlechtliche Prostitution überhaupt auf die soldatische und militärische Männlichkeit auswirkte, denn im Kontext mann-männlicher Prostitution, so der Historiker Martin Lücke, fand ein Prozess des Aushandelns von Männlichkeiten und sexuellen Identitäten statt.[12] Dieser Aushandlungsprozess eröffnet Spielraum für die Deutung gleichgeschlechtlicher sexueller Dienstleistungen und zeigt die Vielschichtigkeit von Männlichkeiten und die gleichzeitige Pluralität sexueller Identitäten.

Der Prostitutionsbegriff bietet aufgrund seiner vielfältigen Deutungsmöglichkeiten den Vorteil, zahlreiche miteinander in Verbindung stehende Formen sexueller Dienstleistungen zu beschreiben. Prostitution, so soll gezeigt werden, ist nicht auf sexuelle Handlungen gegen monetäre Bezahlungen zu reduzieren und konnte eine Reihe sozialer Funktionen wie Zuneigung, Zweisamkeit und Intimität erfüllen.[13] Dabei berücksichtige ich sozioökonomische Aspekte durch das Konzept des sexuellen Kapitals. Es erklärt nicht nur, „wie sexuelle Subjektivitäten, Erfahrungen, Gefühle und Gedanken, von sozialen Akteur:innen in ökonomischen Märkten, Heiratsmärkten oder sexuellen Beziehungen zu ihrem Vorteil genutzt werden", sondern versucht auch, „sexuelles Kapital mit Klassen- und Geschlechterverhältnissen zusammenzudenken".[14] Sexuelles Kapital beschreibt Prozesse des Statuserwerbs und des Erzielens wirtschaftlicher Gewinne.[15] Soldatische Männlichkeit, so werde ich zeigen, kann als ein Aspekt des sexuellen Kapitals der Soldaten verstanden werden.

Als Quellengrundlage dieser Untersuchung dienen mir vorwiegend Militärgerichtsakten, (Militär-)Publikationen sowie Zeitungsartikel. Die meisten dieser Unterlagen beschreiben Prostitution aus einer moralisch-obrigkeitlichen Perspektive, die eine von Stereotypen beladene Lebenswelt der Betroffenen zeichnet und daher kritisch hinterfragt werden muss. Auch Militärgerichtsakten sind Dokumente, die stark institutionell und obrigkeitlich geprägt sind.[16] Die Gerichtsschreiber

11 Vgl. Thomas Kühne, States, Military Masculinities, and Combat in the Age of World Wars, in: Karen Hagemann/Stefan Dudink/Sonya O. Rose (Hg.), The Oxford Handbook of Gender, War, and the Western World Since 1600, Oxford 2020, 498–518, 509; Jason Crouthamel, Homosexuality and Comradeship. Destabilizing the Hegemonic Masculine Ideal in Nazi Germany, in: Central European History 51/3 (2018), 419–439, 422.

12 Vgl. Lücke, Männlichkeit in Unordnung, 2008, 22.

13 Vgl. Rodríguez García, Defining Commercial Sexualities, 2016, 327.

14 Dana Kaplan/Eva Illouz, Was ist sexuelles Kapital?, Berlin 2021, 33.

15 Vgl. ebd.

16 Vgl. Christa Hämmerle, Desertion vor Gericht. Zur Quellenproblematik von Militärgerichtsakten am Beispiel der k. (u.) k. Armee 1868–1914/18, in: Wiener Zeitschrift zur Geschichte der Neuzeit 8/2 (2008): Deserteure, hg. von Maria Fritsche u. Christa Hämmerle, 33–52, 39.

protokollierten nur das für den Tatbestand Relevante. Darüber hinaus finden sich nur wenige Informationen über das Leben der involvierten Personen.[17] Verhörprotokolle wurden in den seltensten Fällen im tatsächlichen Wortlaut der Befragten verfasst. Gleichzeitig enthalten Zeugen- bzw. Beschuldigtenaussagen Verteidigungsstrategien und sind geprägt von Erinnerungslücken oder widersprüchlichen Wahrnehmungen einzelner Ereignisse, die ihre Deutung verkomplizieren. Allen Widrigkeiten zum Trotz eröffnen die Vernehmungsprotokolle den Blick auf die befragten Menschen und ihr soziales Handeln.[18]

Dieser Beitrag gliedert sich in drei Abschnitte. Zuerst beschäftigt er sich mit heterosexueller Prostitution. Das zweite Kapitel widmet sich mann-männlicher Prostitution durch Militärangehörige mit Zivilisten. In beiden Teilen werden die Positionen der Militärverwaltung und -medizin sowie die Erfahrungsebenen der Beteiligten und die Bedeutung von Prostitution für Soldaten behandelt. Der dritte Teil führt die beiden vorangegangenen Abschnitte zusammen, indem er sich mit der Uniform und ihrer Bedeutung für Prostitution, Attraktivität, Männlichkeiten sowie sexuelles Kapital auseinandersetzt.

Militär und Prostitution: ein zweideutiges Verhältnis?

An der Wende zum 20. Jahrhundert beteiligte sich das Militär Österreich-Ungarns am Prostitutionsdiskurs mit dem Fokus auf hauptsächlich zwei Themen: sexuell übertragbare Krankheiten als Gefahr für die Kampfkraft der Soldaten sowie die Vermeidung öffentlicher Ärgernisse und Exzesse.

In erster Linie wurden Prostituierte für die hohen Infektionszahlen sexuell übertragbarer Krankheiten im Militär verantwortlich gemacht.[19] „Die Angst vor einer Degeneration künftigen männlichen Kampfpotentials bildete den Motor militärpolitischen Engagements“, konstatiert der Historiker Oswald Überegger in diesem Zusammenhang.[20] Dies wird einerseits durch die Mitgliedschaft österreichisch-

---

17 Vgl. Elisabeth Schöggl-Ernst, Gerichtsakten als Quellen für die Forschung, in: Claudia Kuretsidis-Haider/Christine Schindler (Hg.), Zeithistoriker, Archivar, Aufklärer. Festschrift für Winfried R. Garscha, Wien 2017, 361–374, 369.

18 Vgl. Martin Scheutz, Gerichtsakten, in: Josef Pauser/Martin Scheutz/Thomas Winkelbauer (Hg.), Quellenkunde der Habsburgermonarchie (16.–18. Jahrhundert), München 2004, 561–571, 564.

19 Vgl. Franz X. Eder, Prostitution in Wien um 1900. Der sozial- und kulturgeschichtliche Kontext, in: Clemens Ruthner/Matthias Schmidt (Hg.), Die Mutzenbacher. Lektüren und Kontexte eines Skandalromans, Wien 2019, 61–79, 76 f.; Nancy M. Wingfield, The Enemy Within. Regulating Prostitution and Controlling Venereal Disease in Cisleithanian Austria during the Great War, in: Central European History 46/3 (2013), 568–598, 569.

20 Oswald Überegger, Krieg als sexuelle Zäsur? Sexualmoral und Geschlechterstereotypen im kriegsgesellschaftlichen Diskurs über die Geschlechtskrankheiten. Kulturgeschichtliche Annäherungen,

ungarischer Militärärzte im Organisationskomitee der 1907 gegründeten Österreichischen Gesellschaft zur Bekämpfung der Geschlechtskrankheiten unterstrichen.[21] Andererseits belegen zahlreiche Beiträge in Fachzeitschriften das besondere Interesse der Militärärzte, die sich mit den Auswirkungen und der Prophylaxe dieser Infektionskrankheiten beschäftigten.[22] 1911 erließ das k. u. k. Kriegsministerium die *Vorschrift über die Verhütung und Bekämpfung der Infektionskrankheiten im k. u. k. Heere*, die umfassend auf die sexuell übertragbaren Krankheiten Tripper, weicher Schanker und Syphilis einging. Soldaten waren laut der Verordnung angehalten, spätestens drei Stunden nach jedem Geschlechtsverkehr ihr Glied und die Harnröhre zu desinfizieren. Jährliche Instruktionen sollten die korrekte Ausführung dieses Vorgangs in Erinnerung rufen. Erkrankte Soldaten mussten sich in einem Spital behandeln lassen, das Verheimlichen der Infektion war mit Strafandrohungen verbunden. Militärärzte waren angehalten, mögliche Symptome bei jeder medizinischen Untersuchung zu beobachten.[23] Das Militär beanspruchte demnach die umfassende Kontrolle über soldatische Körper. Sogar die intimsten Stellen waren davon nicht ausgenommen.

Eine Kausalität zwischen Prostitution und Geschlechtskrankheiten wurde unter Punkt 209 der genannten Verordnung betont: „Zur tunlichsten Hintanhaltung der Geschlechtskrankheiten sollen die Militärbehörden dort, wo es in ihrem Machtbereiche liegt, die Prostitution strenge überwachen, sonst aber hiezu die Zivilbehörde veranlassen."[24] Der genannte Machtbereich des Militärs war auf die soldatischen Freier beschränkt. Die Kontrolle der Frauen oblag hingegen lokalen Behörden. In Wien konnten sie sich beispielsweise bei der Polizei als Prostituierte registrieren, um ihren Beruf ausüben zu dürfen. Für diese Toleranz mussten sie sich im Gegenzug mehrmals wöchentlich auf sexuell übertragbare Krankheiten untersuchen lassen. Die Diagnose einer sexuellen Infektionskrankheit bedeutete für die Frauen die verpflichtende Behandlung im Krankenhaus und somit einen Einkommensausfall.[25] Zeitgenössische Schätzungen gehen davon aus, dass sich neun von zehn Prostituierten nicht registrieren ließen, um der strengen Überwachung zu entgehen.[26] Diese

---

in: Hermann J. W. Kuprian/Oswald Überegger (Hg.), Der Erste Weltkrieg im Alpenraum. Erfahrung, Deutung, Erinnerung, Innsbruck 2006, 351–366, 353.

21 Vgl. Nancy M. Wingfield, The World of Prostitution in Late Imperial Austria, Oxford 2017, 71.

22 Vgl. Hämmerle, Ganze Männer?, 2022, 491–494.

23 Vgl. Vorschrift über die Verhütung und Bekämpfung der Infektionskrankheiten im k. u. k. Heere, Wien 1911, 88–95.

24 Ebd., 94.

25 Für einen Überblick über die rechtlichen Bestimmungen und die behördliche Vorgehensweise siehe Karin J. Jušek, Auf der Suche nach der Verlorenen. Die Prostitutionsdebatten im Wien der Jahrhundertwende, Wien 1994, 101–129; Wingfield, World of Prostituion, 2017, 49–58, 111–122.

26 Vgl. Jušek, Auf der Suche, 1994, 114; Wingfield, World of Prostitution, 2017, 50.

unkontrollierte Form sexueller Dienstleistungen dürfte aufgrund der günstigeren Preise besonders häufig von Soldaten in Anspruch genommen worden sein.[27]

Diesem Umstand Rechnung tragend, forderte ein anonymer Beitrag aus dem Jahr 1905 in *Danzer's Armeezeitung* die Errichtung von Bordellen innerhalb von Kasernen. Einerseits bekäme das Militär dadurch einen direkten Zugriff auf die dort arbeitenden Frauen und könne sie somit zuverlässiger auf Geschlechtskrankheiten untersuchen. Andererseits würden Kasernenbordelle auch Desertionen, Exzessen und öffentlichen Skandalen entgegenwirken, wenn Soldaten ihre sexuelle Befriedigung innerhalb ihrer Unterbringungsstätten finden könnten.[28] Zur Errichtung von offiziellen Kasernenbordellen sollte es vor dem Ersten Weltkrieg nicht kommen.[29]

Die Vermeidung öffentlicher Skandale und Exzesse, ein weiteres Anliegen des Militärs im Umgang mit Prostitution, lässt sich durch zahlreiche Militärgerichtsfälle belegen. So verbrachte etwa der Dragoner Josef Glušič am 19. Jänner 1903 den Abend mit Kameraden in einem Wirtshaus in Wiener Neustadt und wollte anschließend ein Bordell besuchen. Dort traf er vor der Tür auf drei ihm unbekannte Militärangehörige, die ebenfalls in das bereits geschlossene Haus wollten. Als der Sohn des Betreibers zufällig hinzukam, die Tür aufsperrte, die Soldaten aber nicht eintreten ließ, schlugen die Dragoner mit ihren Säbeln gegen dieselbe. Der Mann konnte sich gerade noch ins Innere retten und die Tür verschließen. Nachdem sich die Soldaten kurze Zeit später entfernt hatten, machte sich der Hausbesitzer in Begleitung mehrerer Zivilisten auf, die Täter zu suchen und Schadenersatz für die beschädigte Tür einzufordern. Vor der Kaserne holte einer der Zivilisten den Soldaten Glušič auf offener Straße ein. Dieser zog seinen Säbel und fügte dem Verfolger schwere Verletzungen an Armen und Händen zu. Dazu gerufene Sicherheitswachmänner verhafteten den Soldaten schlussendlich. Glušič wurde vom Militärgericht wegen schwerer körperlicher Beschädigung sowie der Gefahr gegen die Sicherheit des Lebens zu drei Monaten Garnisonsarrest verurteilt.[30] Generell versuchte das Militär zu verhindern, dass solche Vorfälle publik wurden, da sie sich negativ auf das Ansehen der Armee auswirkten und das Zusammenleben von Zivilist*innen

27 Vgl. Josef Schrank, Die Prostitution in Wien in historischer, administrativer und hygienischer Beziehung, Wien 1886, 208.

28 Vgl. Danzer's Armeezeitung, 29.6.1905, 4 f.

29 Vgl. Hämmerle, Ganze Männer?, 2022, 494–496. Während des Ersten Weltkrieges betrieb die Armee Feldbordelle. Dies unterstreicht die Bedeutung, die das Militär der kontrollierten sexuellen Betätigung seiner Soldaten beimaß. Vgl. Michaela Sehorz, Institutionalisierte Sexualität im Ersten Weltkrieg in Österreich-Ungarn. Bordelle der k. u. k. Armee, unveröffentlichte Dissertation, Universität Wien 2021.

30 Vgl. Österreichisches Staatsarchiv (OeStA), Kriegsarchiv (KA), Militärgerichtsarchiv (MGA), Gerichtsstandort Wien (GW), Garnisonsgericht Wien (GG W), Akten, Registraturzahl (Reg.) 279/1903.

und Soldaten in Garnisonsstädten erschwerten.[31] Zwar bestand die Möglichkeit, bei Exzessen Disziplinarstrafen oder militärgerichtliche Strafen zu verhängen, was auch bereits bei kleinsten Verstößen rigoros umgesetzt wurde.[32] Das verhinderte die regelmäßige mediale Berichterstattung über soldatisches Fehlverhalten jedoch nicht.[33]

Bordelle erfüllten über die sexuelle Befriedigung hinaus soziale Funktionen für Militärangehörige. Soldaten berichteten in Militärgerichtsakten häufig von kollektiven Bordellbesuchen mit Kameraden. Es sei dabei nicht zwangsläufig zu sexueller Interaktion gekommen, im Vordergrund stand häufig der Konsum von Alkohol.[34] Die Kollektivität bot einerseits Halt und Schutz, ließ aber gleichzeitig wenig Raum für Sentimentalität oder Gefühle.[35] Außerdem erleichterte die Gruppe die Überwindung vor den ersten Bordellbesuchen, konnte aber auch einen mehr oder weniger subtilen Druck auf die Männer ausüben, sexuell aktiv zu werden.

Ausschreitungen im Inneren oder, wie im Fall des Dragoners Glušič, in unmittelbarer Umgebung eines Bordells wurden oftmals durch die Alkoholisierung der Soldaten befördert. Außerdem begingen Soldaten auch außerhalb von Bordellen gewaltsame Übergriffe oder Diebstähle an Prostituierten. Das zeigt sich an einem weiteren Militärgerichtsfall. Am 29. März 1903 nahm eine als „Freimädchen“ bezeichnete 22-jährige Frau den Vormeister Ignaz Pfandler mit in ihre Wohnung im fünften Wiener Gemeindebezirk. Die zwei hatten sich in einem nahegelegenen Gasthaus kennengelernt. Pfandler bezahlte im Vorhinein eine Krone für die sexuelle Interaktion. Vor dem Untersuchungsrichter gab die Frau zu Protokoll:

> „Da Pfandler ziemlich stark angeheitert war, es währte der Vollzug des Beischlafs bereits schon eine gute viertel Stunde, trachtete ich seiner los zu werden, da er mich sehr ungestüm behandelte. Ich schützte Wadenkrämpfe vor u. ersuchte ihn, er möge mich aufstehen lassen. Vorher von mir zur Rede gestellt wegen seines ungestühmen Benehmens sagte er unwirsch: ‚Goschen halten, sonst kriegst a Watschn‘.“[36]

---

31 Für die Garnisonsstadt Wiener Neustadt finden sich beispielsweise in Zeitungen zahlreiche Klagen über Gewalthandlungen von Soldaten gegen Zivilist*innen. Vgl. Peter Melichar, Ästhetik und Disziplin. Das Militär in Wiener Neustadt 1740–1914, in: Sylvia Hahn/Karl Planner (Hg.), „Die Wienerische Neustadt“. Handwerk, Handel und Militär in der Steinfeldstadt, Wien/Köln/Weimar 1994, 285–336, 330–334.

32 Vgl. Hämmerle, Ganze Männer?, 2022, 435–444.

33 Vgl. Melichar, Ästhetik und Disziplin, 1994, 330–334.

34 Vgl. u. a. OeStA, KA, Marine, Neues Marine Archiv (NMA), Marine Gerichtsarchiv (MarGA), Marinegericht Pola (MarGP), Reg. 529/1909; OeStA, KA, Marine, NMA, MarGA, MarGP, Reg. 330/1911.

35 Vgl. Frevert, Die kasernierte Nation, 2001, 235.

36 OeStA, KA, MGA, GW, GG W, Akten, Reg. 342/1903, Nr. 8.

Aufgrund des Lärms schritt die Quartiergeberin der jungen Frau ein, Vormeister Pfandler wurde rabiat und weitere Hausbewohner riefen die Polizei. Pfandler gab an, sich aufgrund seiner Alkoholisierung nicht an den Vorfall erinnern zu können. Deswegen sah ihm das Militärgericht die Absicht der bewussten Gewalttätigkeit nach und verurteilte ihn stattdessen wegen des milderen Vergehens gegen die öffentliche Sittlichkeit durch Trunkenheit zu drei Wochen Garnisonsarrest.[37]

Das hier exemplarisch dargestellte Verhalten Vormeister Pfandlers und die milde Beurteilung des Militärgerichts finden sich in zahlreichen weiteren Militärgerichtsfällen dokumentiert. Im Regelfall wurden die Soldaten bestraft und mussten auch für die von ihnen verursachten Schäden aufkommen.[38] Die Historikerin Nancy Wingfield betont, dass Prostituierte häufig von Gewalthandlungen betroffen waren, es jedoch ebenso vorkam, dass ihre Kunden über Diebstähle klagten bzw. die Prostituierten zusammen mit Zuhältern ihre Freier unter Gewaltandrohung zur Herausgabe von Wertgegenständen zwangen.[39]

Unverkennbar war Gewalt – zumindest im Kampf – Teil der soldatischen Identität und dadurch der soldatischen Männlichkeit. Soldaten sollten tapfere Krieger sein, die keinen Feind fürchteten, und sie mussten zum Töten bereit sein.[40] Die exemplifizierten Exzesse und Gewalthandlungen einzelner Militärangehöriger waren jedoch keineswegs positiv für das Ansehen der Armee. Fehltritte einzelner Soldaten riskierten, verstärkt durch die mediale Berichterstattung, ein martialisches Bild militärischer Männlichkeit gegenüber der Bevölkerung zu zeichnen, das von Brutalität geprägt war.

Über Gewalterfahrungen hinausgehend wurden Prostituierte, die speziell Soldaten sexuelle Dienstleistungen anboten, von Zeitungen, Ärzten und Militärs besonders stigmatisiert. Der Wiener Polizeiarzt Josef Schrank bezeichnete diese Frauen beispielsweise als „Soldatenmädchen", die eine „Gassenprostitution" im Umfeld der Kasernen betrieben. Er definierte sie als

37 Vgl. OeStA, KA, MGA, GW, GG W, Akten, Reg. 342/1903.

38 Damit die Soldaten den Schaden begleichen konnten, musste ihre Identität bekannt sein, was nicht immer der Fall war. Nachdem beispielsweise ein Marineunteroffizier im September 1910 in einem Bordell in Pola (Pula, heute Kroatien) mit einer Prostituierten geschlafen hatte, habe er der Frau einen Faustschlag versetzt und sie mit seinem Bajonett bedroht. Als sich Sicherheitswachmänner näherten, floh er und konnte nicht ausfindig gemacht werden. Vgl. OeStA, KA, Marine, NMA, MarGA, MarGP, Reg. 140/1910. Im gleichen Jahr und ebenfalls in Pola schlug Matrose Mattias Jenkel laut der Strafanzeige ohne Grund brutal auf eine Prostituierte ein und stahl ihr obendrein ein Taschentuch im Wert von 80 Heller. Vgl. OeStA, KA, Marine, NMA, MarGA, MarGP, Reg. 387/1910.

39 Vgl. Wingfield, World of Prostitution, 2017, 132, 145. Für die Zeit nach dem Zweiten Weltkrieg vgl. den Aufsatz von Nora Lehner in diesem Band.

40 Vgl. Kühne, Military Masculinities, 2020, 501.

> „Mädchen […] [,] die der letzten Classe der Prostitution angehören, welche oft keinen passenden Unterstand haben, in Gräben und anderen Schlupfwinkeln übernachten, gar keine Sorgfalt für die Reinigung ihres Körpers verwenden können und häufiger als andere Prostituierte [mit sexuell übertragbaren Krankheiten, Anm. d. Verf.] angesteckt werden.“[41]

Daran angelehnt skandalisierten Boulevardblätter wie die *Oesterreichische Kriminal-Zeitung*[42] oder die *Wiener Kriminal- und Detektive-Zeitung* in einem systematischen Feldzug die aus ihrer Sicht gefährlichen ‚Auswüchse‘ der Prostitution. Letztgenannte Zeitung veröffentlichte im August 1907 einen Artikel mit dem Titel „Soldatendirnen“. Das Blatt differenzierte zwischen Frauen, die sich aufgrund einer Infektion mit sexuell übertragbaren Krankheiten nicht mehr registrieren konnten und deshalb für wenig Geld mit den einkommensschwachen Soldaten verkehren würden, sowie Frauen, die in Uniformen bzw. die Erscheinung der Soldaten vernarrt seien. Für die Zweitgenannten führt der Autor das Beispiel einer Frau an, die ihren Geliebten, der als Korporal diente, in der Kaserne besuchen wollte:

> „Sie traf ihn jedoch nicht im Zugszimmer an, hingegen aber stieß sie auf eine Schar liebesglühender Krieger. Sie schäkerte und scherzte mit den jungen Soldaten und schließlich hatte sie, sage und schreibe, siebenundzwanzig Mann, ihre Liebesgunst zugewendet. Freilich war ein Teil dieser Gunst mehr gewaltsam genommen als freiwillig gegeben worden, doch beeinträchtigte dieser Umstand nicht den Schlußeffekt, daß im Verlaufe von einigen Tagen sich vierzehn Soldaten mit Infektionen marod meldeten!“[43]

Die misogyne Haltung des Autors sticht besonders hervor. Die sexuelle Gewalt sei provoziert worden, gravierender als die vergewaltigenden Männer erscheint ihm die Ansteckung mit sexuell übertragbaren Krankheiten, an der die Frau schuld sei. Dieses Beispiel verknüpft auf drastische Weise die beiden Ängste des Militärs, Exzesse und Geschlechtskrankheiten. Militärische Männlichkeit, so kann daraus geschlussfolgert werden, bedurfte kontrollierter und gesunder Körper.

Ob sexuelle Aktivität für die Gesundheit der Soldaten vor- oder nachteilig war, wurde vor dem Ersten Weltkrieg intensiv debattiert. Allen Exzessen und vermeintlichen Gesundheitsrisiken zum Trotz betonten Zeitungen herablassend, dass „diese Lustweiber ein notwendiges Uebel sind, das bei genügender ärztlicher und admi-

41 Schrank, Prostitution in Wien, 1886, 207.

42 Vgl. Scott Spector, Where Personal Fate Turns to Public Affair. Homosexual Scandal and Social Order in Vienna, 1900–1910, in: Austrian History Yearbook 38/1 (2007), 15–24, 22.

43 Wiener Kriminal- und Detektive-Zeitung, 10.8.1907, 11.

nistrativer Kontrolle keine allzugroße Gefahr bildet".[44] Immer schon seien „Soldatenweiber" im Umfeld militärischer Einheiten zu finden gewesen und die Frau im Allgemeinen eines der „Haupterfordernisse der Männlichkeit". Geschlechtsverkehr habe eine „natürliche, physiologische Funktion" für Männer.[45] Damit schlossen die Autoren an eine kontroverse medizinische Diskussion an. Einige Ärzte vertraten die Meinung, dass der männliche Sexualtrieb eine regelmäßige Befriedigung benötige, um physiologischen Schäden vorzubeugen. Andere lehnten diese Theorie ab und warnten vor der Ausbreitung sexuell übertragbarer Krankheiten.[46]

Aussagen von Militärangehörigen, unabhängig davon, ob sie als Beschuldigte, Opfer oder Zeugen vor Gericht getätigt wurden, legen nahe, dass viele Soldaten aus diversen Gründen implizit den Druck ihres Umfeldes empfanden, sexuell aktiv zu sein.[47] Dies kann im Allgemeinen von dem um 1900 vorherrschenden Glauben beeinflusst gewesen sein, dass männliche Sexualität aktiv und von einem starken Sexualtrieb geprägt sei.[48] Die Analyse von Militärgerichtsakten zeigt zudem, dass die Inanspruchnahme sexueller Dienstleistungen den Soldaten dazu dienen konnte, Gerüchten über Eigenartigkeiten oder gar homosexuelle Veranlagungen vorzubeugen. In einem Strafverfahren, das wegen gleichgeschlechtlicher sexueller Handlungen 1911 in der k. u. k. Kriegsmarine geführt wurde, gab der beschuldigte Viktor Maljevac zu seiner Verteidigung Auskunft über sein Sexualleben:

> „Ich stelle in abrede, dass ich ein ‚warmer' /: pervers veranlagt […] :/ wäre. Ich verkehre mit den Mädchen[,] so öfters mit einer Prostituierten ‚namens Lola', wie der [Waffenquartiermeister] Kraft von SMS [Seiner Majestät Schiff, Anm. d. Verf.] ‚Adria' der auch den richtigen Namen dieser Prostituierten kennt, angeben kann. Ich besuchte sie zweimal monatlich."[49]

---

44 Illustrierte Oesterreichische Kriminal-Zeitung, 2.9.1907, 6. Auch der zitierte Beitrag in *Danzer's Armeezeitung* nannte Prostitution ein „malum necessarium", ein ‚notwendiges Übel'. Vgl. Danzer's Armeezeitung, 29.6.1905, 4 f. Die Vorstellung, Prostitution sei ein ‚notwendiges Übel', hat eine lange Kontinuität und ist nicht auf Österreich-Ungarn zu beschränken. Vgl. Rodríguez García, Ideas, 2016, 135.

45 Vgl. Danzer's Armeezeitung, 29.6.1905, 4 f.

46 Vgl. Lutz Sauerteig, Krankheit, Sexualität, Gesellschaft. Geschlechtskrankheiten und Gesundheitspolitik in Deutschland im 19. und frühen 20. Jahrhundert, Stuttgart 1999, 270–274.

47 Zum Druck durch Kameraden der angehörenden Subkultur, sexuelle Dienstleistungen in Anspruch zu nehmen, siehe Laite, Common Prostitutes, 2012, 48 f.

48 Frauen galten hingegen als passiv, ihre Sexualität wurde auf die Reproduktion reduziert. Abweichendes Verhalten benannten Mediziner, Psychiater oder Sexologen mehrheitlich als krankhaft. Vgl. Franz X. Eder, Kultur der Begierde. Eine Geschichte der Sexualität, München [2]2009, 140–147.

49 OeStA, KA, Marine, NMA, MarGA, MarGP, Ktn. 145, Reg. 55/1911, Nr. 9.

Kameraden sollten den Geschlechtsverkehr mit Prostituierten bezeugen, um mehr Glaubwürdigkeit vor Gericht zu gewinnen. Die Richter schenkten dieser Argumentation nicht viel Beachtung. Sex mit Frauen zu haben, schließe Sex mit Männern nicht kategorisch aus, wie ein Untersuchungsrichter in einem anderen Fall, ebenfalls aus dem Jahr 1911, bemerkte.[50]

Maljevacs Angabe zur Häufigkeit seiner Besuche bei der erwähnten Lola passt ins Schema seiner Kameraden. Soldaten gaben an, durchschnittlich ein- bis zweimal im Monat sexuellen Kontakt, bevorzugt zu Prostituierten, gesucht zu haben.[51] Sexuelle Enthaltsamkeit führte dazu, dass bewusst keusch lebende Soldaten von ihren Kameraden Anfeindungen erfuhren, wie die Befragung des Seekadetten Oskar Fröhlich verdeutlicht: „[I]ch [habe] hinsichtlich des moralischen Lebenswandels strenge Grundsätze […] und aus dem Grund auch keinen intimeren Verkehr mit Mädchen unterhalten, weshalb ich von den Kameraden häufig gehenselt [sic!] werde.“[52] Sexuelle Aktivität und deren Präsentation war folglich für soldatische Männlichkeiten von großer Bedeutung und spielte bei der Hierarchie der Soldaten untereinander eine nicht zu unterschätzende Rolle. Dies streicht die Bedeutung des sexuellen Kapitals im Zusammenleben von Militärangehörigen hervor, auch wenn sich die Häufigkeit von Sexualkontakten nicht auf Prostitution reduzieren lässt. Allerdings konnte sexuelle Aktivität Ansehen unter den Kameraden produzieren, was wiederum auf das subjektive Selbstbewusstsein und die Wahrnehmung der eigenen Attraktivität positiven Einfluss hatte.

Viele österreichisch-ungarische Wehrpflichtige unterhielten Beziehungen zu Frauen, die nicht der Prostitution nachgingen.[53] Allerdings verkomplizierten zeitgenössische Moral- und Ehrvorstellungen sowie die mit sexuellen Interaktionen oftmals in Verbindung stehenden Eheverpflichtungen[54] das Zustandekommen

50 Vgl. OeStA, KA, Marine, NMA, MarGA, MarGP, Ktn. 158, Reg. 291/1911, Nr. 20.

51 Vgl. u. a. OeStA, KA, Marine, NMA, MarGA, MarGP, Reg. 529/1909; OeStA, KA, Marine, NMA, MarGA, MarGP, Reg. 29/1911; OeStA, KA, Marine, NMA, MarGA, MarGP, Reg. 55/1911.

52 Vgl. OeStA, KA, Marine, NMA, MarGA, MarGP, Reg. 29/1911, Nr. 4. Aus der Sicht vieler Mediziner war der Verzicht auf Geschlechtsverkehr das beste Mittel, um Geschlechtskrankheiten zu verhindern. Diese Meinung wurde nicht unwidersprochen geteilt. Andere Stimmen aus Fachkreisen befürchteten bei Enthaltsamkeit schwere Gesundheitsstörungen für Männer. Vgl. Lutz Sauerteig, Militär, Medizin und Moral. Sexualität im Ersten Weltkrieg, in: Wolfgang U. Eckert/Christoph Gradmann (Hg.), Die Medizin und der Erste Weltkrieg, Pfaffenweiler 1996, 197–226, 204.

53 Vgl. Hämmerle, Ganze Männer?, 2022, 489–490; Frevert, Die kasernierte Nation, 2001, 233.

54 Der Historiker Thomas Rohrkrämer betont, dass das Militär des Deutschen Kaiserreichs den Soldaten Frauenbeziehungen ohne Heiratsabsichten zugestanden hätte. Wie die Masterarbeit von Andrea Rendl für die k. u. k. Armee und viele weitere Militärgerichtsfälle gezeigt haben, kam es immer wieder zu Anzeigen gegen Soldaten, die Frauen unter Zusage der Ehe zu Geschlechtsverkehr überredet hatten, die Beziehung danach jedoch beendeten und wegen Entehrung nach § 779 des Militärstrafgesetzes (MStG) von 1855 vor Gericht zur Verantwortung gezogen wurden. Vgl.

dieser Partnerschaften.[55] Häufig gaben Soldaten aus verschiedenen Gründen vor Gericht zu Protokoll, Beziehungen mit Prostituierten geführt zu haben. Diese beschränkten sich nicht zwangsläufig auf Sex, Spaziergänge wurden ebenso genannt wie gemeinsame Theater- und Wirtshausbesuche.[56] Wie diese Verhältnisse aussahen, ob sie auf Gegenseitigkeit beruhten, welche Rolle Geld oder Eifersucht spielten, spezifizierten die Befragten hingegen nicht.[57] Dauerhafte Beziehungen und sogar Ehen zwischen (ehemaligen) Soldaten und (ehemaligen) Prostituierten gab es wohl aller gesellschaftlicher Stigmen zum Trotz.[58]

Die (Un-)Sichtbarkeit gleichgeschlechtlicher Prostitution

Die bis zum Ende der Habsburgermonarchie gültigen (Militär-)Strafgesetze definierten als Prostitution „die Bezahlung derjenigen, die mit ihrer [sic!] Körper unzüchtiges Gewerbe treiben" und bezogen sich im nächsten Satz mit dem Begriff „Schanddirnen" ausschließlich auf Frauen.[59] Prostitution, so legen die Ausführungen zeitgenössischer Lexika ebenfalls nahe, war: „[D]ie von einem Weib öffentlich gewerbsmäßig betriebene Preisgebung des eigenen Körpers gegen Entgelt an jeden Beliebigen"[60] oder „die gewerbsmäßige Selbstpreisgebung eines Frauenzimmers (ei-

Andrea Rendl, Ehrverletzungen von Frauen durch k. u. k. Armeeangehörige im Zeitraum 1903 bis 1918, unveröffentlichte Masterarbeit, Universität Wien 2021; Thomas Rohrkrämer, Das Militär als Männerbund? Kult der soldatischen Männlichkeit im Deutschen Kaiserreich, in: Westfälische Forschungen 45/1 (1995), 169–187, 181.

55 Vgl. dazu die Ausführungen zu weiblichen und männlichen Ehrvorstellungen um 1900 in: Ute Frevert, „Mann und Weib, und Weib und Mann". Geschlechter-Differenzen in der Moderne, München 1995, 181–218.

56 Formen kommerzieller Sexualität sind nicht ausschließlich auf Geschlechtsverkehr zu reduzieren. Übergänge von Prostitution zu sexuellen Tauschgeschäften im Zusammenhang mit Liebschaften bzw. Beziehungen sind oftmals fließend. Vgl. Elizabeth Alice Clement, Love for Sale. Courting, Treating, and Prostitution in New York City, 1900–1945, Chapel Hill 2006, 3 f.

57 Vgl. u. a. OeStA, KA, MGA, Gerichtsstandort Linz, GarG Linz, Akten, Ktn. 1056, Reg. 75/1903, Journal Nr. 29; OeStA, KA, MGA, GS W, GG W, Ktn. 3913, Reg. 592/1904.

58 Vgl. Wingfield, World of Prostitution, 2017, 121.

59 Vgl. § 509 des Kaiserlichen Patents vom 27. Mai 1852, Strafgesetz über Verbrechen, Vergehen und Uebertretungen (in weiterer Folge StG 1852), Allgemeines Reichs-Gesetz- und Regierungsblatt für das Kaiserthum Österreich (RGBl.) Nr. 117/1852.

60 Stw. „Prostitution", in: Mayers Großes Konversations-Lexikon, Bd. 16, Leipzig/Wien [5]1908, 389.

ner Prostituierten) zur Unzucht".[61] Männer, die sexuelle Dienstleistungen anboten, schienen in diesen Definitionen nicht auf.[62]

Die Historikerin Karin Jušek leitet die Straflosigkeit männlicher Prostitution aus dem österreichischen Strafgesetz von 1852 ab, das diesen spezifischen Tatbestand nicht erwähnte.[63] Ob mann-männliche Prostitution im zivilen und militärischen Strafgesetz genannt oder nicht genannt wurde, war für ihre Strafbarkeit jedoch irrelevant. Denn gleichgeschlechtliche sexuelle Handlungen waren unabhängig von Bezahlungen durch das zivile Strafgesetz von 1852 und das Militärstrafgesetz von 1855 wortgleich als „Unzucht wider die Natur" sanktionierbar;[64] dies galt auch im deutschen Kaiserreich.[65] Auf Basis dieser Gesetze legten Militärgerichte Akten wegen gleichgeschlechtlichen Handlungen von Soldaten an, die dem folgenden Abschnitt als Grundlage dienen. Mein Fokus liegt dabei ausschließlich auf Fällen, bei denen die beschuldigten Soldaten Geldzahlungen erhielten bzw. versprochen bekamen.[66]

---

61 Stw. „Prostitution", in: Brockhaus' Kleines Konversations-Lexikon, Bd. 2, Leipzig 1911, 462.

62 Zu Beginn des 21. Jahrhunderts hat sich an der einseitigen Festschreibung von Wörterbüchern und Lexika, dass Prostituierte ausschließlich Frauen seien und Männer in diesem Zusammenhang unerwähnt bleiben, nichts geändert. Vgl. Lücke, Männlichkeit in Unordnung, 2008, 24 f.

63 Vgl. Jušek, Auf der Suche, 1994, 114.

64 Die Strafe lag bei einem bis zu fünf Jahren schweren Kerker. Vgl. §§ 129 I. b) f StG 1852 bzw. §§ 408 I. b) f des kaiserlichen Patents vom 15. Jänner 1855, Militär-Strafgesetzbuch, RGBl. 19/1855. Für das Königreich Ungarn, das 1878 ein eigenes Strafgesetz erhielt, galt derselbe Straftatbestand: Gleichgeschlechtliche Prostitution musste nicht eigens genannt werden, da das Gesetz sexuelle Praktiken zwischen Männern sowieso bestrafte. Vgl. Kurimay, Queer Budapest, 2020, 78. Die Gesetzgeber Cisleithaniens beabsichtigten spätestens 1913, „gleichgeschlechtliche erwerbsmäßige Unzucht" explizit im zivilen Strafgesetz zu benennen, wohingegen heterosexuelle männliche Prostitution weiterhin keine Erwähnung fand. Der Strafrahmen sollte zwischen sechs Monaten und fünf Jahren Kerker betragen und wäre damit deutlich höher angesetzt gewesen als bei gleichgeschlechtlichen Handlungen, die keine kommerziellen Absichten hatten. Hier sah der Gesetzesentwurf eine Strafe von einer Woche bis zu einem Jahr Gefängnis vor. Zur Umsetzung der Reform und einer Anpassung des zivilen wie des militärischen Strafgesetzes kam es bis zum Ende der Habsburgermonarchie nicht mehr. Vgl. § 269 Abs. 2 und 3, Entwurf eines Strafgesetzes für die im Reichsrate vertretenen Königreiche und Länder, Beilage Nr. 2019, in: Stenographische Protokolle über die Sitzungen des Hauses der Abgeordneten des österreichischen Reichsrates, XXI. Session 1913.

65 Hier kam Paragraf 175 des Strafgesetzes im Falle gleichgeschlechtlicher sexueller Handlungen zu tragen. Vgl. Lücke, Männlichkeit in Unordnung, 2008, 15.

66 Die für den vorliegenden Beitrag analysierten Fälle beschäftigen sich ausschließlich mit Soldaten, die beschuldigt wurden, für gleichgeschlechtliche Handlungen Geld von *Zivilisten* erhalten zu haben. Seltener kam es zur Bezahlung von Getränken oder Essen, aber auch in diesen Fällen stand immer ein Geldangebot im Raum. Zentrales Kriterium ist die Freiwilligkeit der Soldaten; sie wurden nicht mit Gewalt zu den Handlungen gezwungen. Nicht behandelt werden im Folgenden die zahlreichen Fälle, bei denen Militärangehörige anderen Soldaten für sexuelle Handlungen Geld oder Lebensmittel bezahlten bzw. anboten. Dies erfolgte fast ausschließlich innerhalb hierarchi-

Als Zentren gleichgeschlechtlicher Prostitution galten die größeren Städte der Monarchie. 1901 publizierte der Sexualwissenschaftler Magnus Hirschfeld einen kurzen Artikel über die Homosexualität in Wien, dessen Ergebnisse er bei einer ‚Untersuchung' vor Ort gewonnen hatte. Darin berichtet er von Badehäusern sowie von vier bis fünf für männliche Prostitution bekannten öffentlichen Plätzen. Die dort tätigen „Stricher" hätten ihre Kunden häufig mit der Drohung einer Anzeige erpresst und seien daher als Gefahr wahrgenommen worden. Hirschfeld führte dazu aus: „Diese Verhältnisse haben, wie mir Wiener Urninge[67] mittheilten, dazu beigetragen, dass sehr viele den Vorzug Soldaten geben [...]. So finden sich in der That auf allen ‚Strichen' auch Soldaten der verschiedenen Wiener Regimenter, welche sich aus der ihnen wohl bekannten Leidenschaft, [...] eine Nebeneinnahme verschaffen."[68] Laut Hirschfeld wurden Soldaten von ihren Freiern als aufrichtig wahrgenommen und angenommen, dass von ihnen kein – oder zumindest ein geringeres – Risiko einer Erpressung ausgehe.

Die noch vorhandenen Wiener Militärgerichtsakten zeigen tatsächlich ein gutes Dutzend Fälle, in denen Soldaten mit Zivilisten im öffentlichen Raum bei sexuellen Handlungen entdeckt und angezeigt wurden.[69] So ertappte etwa ein Sicherheitswachmann am 4. November 1906 den auf einer Bank stehenden Unterfahrkanonier Leopold Frühstück nachts im Wiener Stadtpark, wie er sich von einem Zivilisten oral befriedigen ließ. In seiner Befragung gab der Artillerist an, von dem ihm unbekannten Mann angesprochen worden zu sein und Geld für die Handlung versprochen bekommen zu haben. Zur Bezahlung sei es aufgrund der Verhaftung nicht gekommen. Aus Angst, dass die ‚unsittliche Handlung' beim Regiment und

---

scher Dienstverhältnisse und lässt oft auf Machtmissbrauch schließen, zumal damit häufig sexuelle Gewalt einherging. Dieser Themenbereich ist zu komplex und eigenständig, um hier behandelt zu werden.

67 Der Kunstbegriff „Urning" geht auf den Juristen Karl Heinrich Ulrichs zurück, der in der zweiten Hälfte des 19. Jahrhunderts als einer der Pioniere für die Entkriminalisierung gleichgeschlechtlicher Handlungen eintrat. Vgl. Karl Heinrich Ulrichs, Memnon. Die Geschlechtsnatur des mannliebenden Urnings, Schleiz 1868, viii.

68 Magnus Hirschfeld, Die Homosexualität in Wien, in: Wiener klinische Rundschau 42 (1901), 788–790, 789.

69 Als Grundlage dieses Aufsatzes dienen Militärgerichtsakten meines an der Universität Wien durchgeführten Dissertationsprojekts „Uniformierte Begierde. Gleichgeschlechtliche Sexualität in den Streitkräften der Habsburgermonarchie (1855–1918)", die sich heute im Kriegsarchiv des Österreichischen Staatsarchivs befinden. Insgesamt werte ich 295 Militärgerichtsakten aus den Jahren 1883 bis 1918 aus. Die Akten stammen aus den Gerichtsstandorten Innsbruck, Wien, Linz, Graz, Pola und diversen Feldgerichten aus dem Ersten Weltkrieg. Die Bestände wurden in der Zwischenkriegszeit und im Zweiten Weltkrieg stark in Mitleidenschaft gezogen. Zum derzeitigen Zustand des Militärgerichtsarchivs siehe Christoph Ortner, Das „Militärgerichtsarchiv Wien" im Kriegsarchiv – Traum oder Albtraum für Archivar*innen?, in: Scrinium – Zeitschrift des Verbandes Österreichischer Archivarinnen und Archivare 74 (2020), 148–161.

seinen Kameraden publik werden könnte, lief er dem Wachmann davon, konnte aber wenig später durch die Ermittlungsbehörden ausgeforscht werden. Das Garnisonsgericht Wien verurteilte Frühstück wegen des Vergehens gegen die öffentliche Sittlichkeit (gleichgeschlechtliche Handlungen in der Öffentlichkeit), eigenmächtige Entfernung (keine Ausgangsbewilligung) und die Angabe einer fremden Identität zu zehn Wochen Garnisonsarrest, verschärft durch wöchentlich einmal Fasten und hartes Lager an den Fasttagen sowie zwei Wochen Einzelhaft.[70] Aus diesem exemplarischen Gerichtsfall treten zwei Elemente hervor, die ich im Folgenden weiter kontextualisieren werde: die Bezahlung sexueller Handlungen und die passive Duldung derselben.

In den meisten der von mir untersuchten Fälle gaben die Soldaten oder ihre zivilen Freier zu Protokoll, dass sie für die sexuellen Handlungen monetäre Gegenleistungen vereinbart hatten.[71] Sprachen die Beschuldigten den finanziellen Aspekt nicht von sich aus an, fragten die Untersuchungsrichter explizit nach, ob Geld für das Zustandekommen der Interaktionen eine Rolle gespielt habe. Diese Vorgehensweise der Militärgerichte legt nahe, dass ihnen Soldatenprostitution bekannt war, sie über einen längeren Zeitraum praktiziert wurde und häufiger vorgekommen sein muss. Die Möglichkeit des einvernehmlichen Geschlechtsverkehrs zwischen Soldaten und Zivilisten ohne Gegenleistungen versuchten die Militärgerichte scheinbar auszublenden. Wie in diesem Abschnitt noch gezeigt wird, war der durch finanzielle Anreize verführte Soldat eine gängige Argumentation des Militärs, wenn Vorfälle publik wurden.

Die beschuldigten Soldaten verwendeten während ihrer Befragungen verschiedene Begründungen, um mit den Vorwürfen umzugehen. Entweder stritten sie die Vorfälle ab, gaben an, vom Geldangebot verführt oder durch die Annäherung der Zivilisten neugierig geworden zu sein. Der Historiker Matt Houlbrook weist in seiner Untersuchung über britische Gardisten im Zeitraum von 1900 bis 1960 darauf hin, dass die Gründe für kommerziellen und oft anonymen Geschlechtsverkehr zwischen Zivilisten und britischen Gardisten komplex gewesen seien. Soziale Ungleichheiten und niedriger Sold stellten jedoch zentrale Bestandteile der Argu-

70 Vgl. OeStA, KA, MGA, GS W, GarG W, Akten, Reg. 19/1907.

71 In den Militärgerichtsakten gaben die Soldaten an, im Regelfall zwischen einer und fünf Kronen für die gleichgeschlechtlichen Handlungen erhalten zu haben. Um 1908 erhielten Soldaten ohne Dienstgrade monatlich ca. 3,6 Kronen (12 Heller täglich), die nächsthöhere Rangstufe ca. 6 Kronen als Sold ausbezahlt. Zusätzlich gab das Militär eine Brotration und ein Mittagessen pro Tag aus. Außerdem bekamen die Armeeangehörigen Zulagen für Märsche und diverse Spezialdienste. Einnahmen in den genannten Größenordnungen durch sexuelle Dienstleistungen bedeuteten somit eine außerordentliche Aufbesserung des Soldes. Vgl. Rudolf Höfler, Der Assentpflichtige und Rekrut, Wien 1908, 151–153.

mentation angeklagter Soldaten dar.[72] Die Soldaten meines Untersuchungssamples zu gleichgeschlechtlicher Prostitution waren allesamt Anfang zwanzig. Sie stammten ebenfalls weder aus gesellschaftlich noch militärisch höheren Kreisen. Zwar bedeutete der Wehrdienst in der Habsburgermonarchie für viele aus ärmlichen Verhältnissen stammende Männer Verpflegungssicherheit und ein regelmäßiges – wenn auch geringes – Einkommen.[73] Gerade die untersten militärischen Ränge hatten jedoch häufig Schwierigkeiten, mit ihrem niedrigen Sold Auslangen zu finden.[74] Ein Gardist der k. u. k. Leibgardeinfanteriekompanie gibt in seinen Lebensaufzeichnungen Auskunft über Verdachtsfälle gleichgeschlechtlicher Prostitution während seiner Dienstzeit in den späten 1880er Jahren, in denen Kameraden mit hohen Ausgaben auffielen:

> „Die Burgmusik besuchten stark die Wiener Homosexuellen [...]. Jedes Jahr wurden zwei Leibgardisten wegen Umgangs mit solchen entlassen. [...] Wie ich schon erwähnt habe war die Bezahlung der Garden eine schlechte und so konnte sich ein Gardist zum Nachtmahl nur 10 dkg Wurst oder eine Kleinigkeit wie Leber oder Nierndln kaufen, dazu ein Krügel Abzugsbier und ein Brot. Hat sich einer ein Schnitzel oder Braten und ein Krügel Lagerbier bestellt, so hat sich der Wachkommandant gedacht, wo nimmt der das Geld her?“[75]

Diese Aussagen aus dem Selbstzeugnis lassen sich durch die bestehenden Militärgerichtsakten nicht belegen. Weder nahmen Gardisten in diesen eine gesonderte Rolle innerhalb der strafrechtlichen Erhebungen ein, noch standen Soldaten aufgrund ihrer Vermögensverhältnisse generell unter Beobachtung des Militärs. Tatsächlich kamen die allermeisten Fälle gleichgeschlechtlicher Prostitution zur Anzeige, weil sie *in flagranti* ertappt wurden und somit Aussagen bzw. Beweise vorlagen, die erst die Verfolgung eines Tatbestandes ermöglichten.

Wie die oben zitierte Stelle aus Hirschfelds Aufsatz über Homosexualität in Wien verdeutlicht, war Erpressung keine Seltenheit im Alltag gleichgeschlechtlich begehrender Männer, wenngleich betont werden muss, dass der Diskurs rund um Erpressungen an gleichgeschlechtlich begehrenden Männern das realiter existierende Problem überzeichnete und ein Narrativ des ‚erpresserischen Strichers‘ verbreitete.[76] In den für diesen Aufsatz untersuchten Militärgerichtsakten finden

72 Vgl. Houlbrook, Soldier Heros, 2003, 359.

73 Vgl. Pieter M. Judson, Habsburg. Geschichte eines Imperiums, 1740–1918, München 2017, 466.

74 Hämmerle, Ganze Männer?, 2022, 453 f., 478 f.

75 Vgl. Dokumentation lebensgeschichtlicher Aufzeichnungen am Institut für Wirtschafts- und Sozialgeschichte der Universität Wien: Selbstzeugnis von Wenzel Cochnar, 13.

76 Vgl. Franz X. Eder, Homosexualitäten. Diskurse und Lebenswelten 1870–1970, Weitra 2009, 45; Jens Dobler, Zwischen Duldungspolitik und Verbrechensbekämpfung. Homosexuellenverfolgung

sich nur wenige Erpressungen durch Soldaten.[77] Seltener enthalten sie Gewalthandlungen, die aber eine große Bandbreite von Prügeleien bis hin zu einem Raubmord umfassten. 1902 wurde ein Hotelier unterhalb der Prager Burg von drei Trainsoldaten[78] ermordet und ausgeraubt, nachdem sie miteinander einvernehmlichen Geschlechtsverkehr gehabt hatten.[79] Bei diesen Beispielen lassen sich keine militärischen Spezifika feststellen, da gewaltsame Übergriffe und Morde auch zwischen Zivilisten stattfanden.[80]

Das bereits skizzierte Verfahren gegen den Unterfahrkanonier Frühstück, der sich im Wiener Stadtpark gegen Geld von einem Mann oral befriedigen ließ, verdeutlicht die Passivität der meisten Soldaten. Passivität steht dabei für die Akzeptanz, Handlungen an sich ausführen zu lassen, die zum Samenerguss führten, nicht aber passiven Analverkehr zuzulassen bzw. dem Gegenüber selbst zur Befriedigung zu verhelfen. Frühstück betonte, keine sexuellen Handlungen am Zivilisten vorgenommen zu haben. Er ließ sie an seinem Körper nur aufgrund der Bezahlung zu.[81] Diese Argumentation tritt in den meisten Fällen auf, bei denen monetär abgegoltene sexuelle Dienstleistungen nachgewiesen wurden. So ‚überließ' unter anderem der Artillerist Franz Wurth im Jahr 1899 in einem Abort am Wiener Aspangbahnhof, laut Feststellung des Untersuchungsrichters, „seinen Geschlechtstheil" einem Zivilisten „zur Vornahme unzüchtiger Manipulationen" und bekam im Vorhinein eine Krone dafür. Das Militärgericht sah darin ‚das Vergehen gegen die öffentliche Sittlichkeit' nach Paragraf 790 des Militärstrafgesetzes von 1855 und bestrafte den Soldaten mit drei Wochen Garnisonsarrest, verschärft durch wöchentlich einmal hartes Lager und eine Woche in Einzelhaft.[82]

---

durch die Berliner Polizei von 1848 bis 1933, Frankfurt am Main 2008, 399–407. Zum Narrativ des ‚erpresserischen Strichers' vgl. Lücke, Männlichkeit in Unordnung, 2008, 112–149, insbes. 126 f.

77 So im Falle des Pioniers Oskar Tschek, der nach einer gleichgeschlechtlichen Handlung in einem Pissoir des Rathausparks in Wien mehr Geld von seinem Freier forderte, als dieser ihm zuvor angeboten hatte. Daraufhin erstattete Tschek kurioserweise selbst die Meldung bei einem Sicherheitswachmann, obwohl er betonte, dass er sich der strafrechtlichen Relevanz seiner Handlung bewusst war. Vgl. OeStA, KA, MGA, GS W, GarG W, Akten, Reg. 432/1914.

78 Mit ‚Train' wurde im Militär der Habsburgermonarchie das Transportwesen bezeichnet. Trainsoldaten waren für den Transport militärisch wichtiger Güter (zum Beispiel Munition oder Verpflegung) verantwortlich.

79 Vgl. Jan Seidl/Ruth Jochanan Weiniger/Ladislav Zikmund-Lender/Lukáš Nozar, Queer Prague. A Guide to the LGBT History of the Czech Capital, Brno 2014, 14 f.; Vorarlberger Tagblatt, 1.5.1902, 3.

80 Der Historiker Jens Dobler hat auch für Berlin Mordfälle belegt, in denen die Ermittlungsbehörden Soldaten der Tat verdächtigten. Die Mordmotive waren individuell verschieden, finanzielle Gründe lassen sich aber sowohl bei Soldaten als auch Zivilisten feststellen. Vgl. Dobler, Duldungspolitik, 2008, 407–416.

81 Vgl. OeStA, KA, MGA, GS W, GarG W, Akten, Reg. 19/1907.

82 Vgl. OeStA, KA, MGA, GS W, GarG W, Akten, Reg. 46/1899.

Die Mehrheit der Beschuldigten sei angeheitert gewesen, von den Zivilisten angesprochen worden oder hätte sich nur durch die Bezahlung zur Einwilligung hinreißen lassen, ist den Akten zu entnehmen. Dieses passive Verhalten steht diametral zur Konzeption militärischer Männlichkeit. Gehorsamkeit war zwar eine Tugend, die von den Soldaten gegenüber ihren Vorgesetzten verlangt wurde, dies galt aber nicht gegenüber Zivilisten, die sie zu einer Straftat verführen wollten. Neben körperlichen Aspekten (gestählte Muskeln, Kraft oder Körperbeherrschung) waren moralische Werte von höchster Bedeutung für die militärische Männlichkeit.[83] Die wehrlose Hingabe an einen „Päderasten",[84] einen Mann, der mit anderen Männern ‚geschlechtlichen Verkehr' hatte, war auf den ersten Blick nicht mit militärischer Männlichkeit in Einklang zu bringen.

Aller Widersprüchlichkeit zum Trotz müssen die augenscheinlichen Verteidigungsstrategien dennoch als Versuch des Erhalts soldatischer und weiterführend militärischer Männlichkeit gewertet werden. Klar ersichtlich sind Viktimisierungstendenzen durch die Beschuldigten selbst, durch Richter und hohe Militärs: Die sexuellen Interaktionen seien situativ gewesen, es habe keine systematische Absicht zur Prostitution bestanden. Mit der Betonung, von den Zivilisten als Erstes angesprochen worden zu sein, versuchten die Soldaten des Weiteren, die Gerichte von der weitläufigen ‚Verführungsthese' zu überzeugen. Homosexuelle Männer standen bis weit in die Nachkriegszeit im Verdacht, es auf unschuldige junge Männer abgesehen zu haben und diese zu verderben.[85] Dieser Argumentation folgte unter anderem der preußische Kriegsminister Karl von Einem 1907 in einer Reichstagsrede anlässlich der Harden-Eulenburg-Affäre.[86] Von Einem gestand darin ein, dass

83 Hämmerle, Ganze Männer?, 2022, 305–309.

84 Der Begriff „Päderastie" ist in meinem Untersuchungssample weit verbreitet. Er bezieht sich jedoch zumeist auf Analverkehr und nicht auf seine aus der griechischen Antike stammende eigentliche Bedeutung der ‚Knabenliebe'. Zur Bedeutung des Begriffs in der Antike vgl. Elke Hartmann, Päderastie, in: Hubert Cancik/Helmuth Schneider (Hg.), Der Neue Pauly. Enzyklopädie der Antike, Bd. 9, Stuttgart/Weimar 2000, 139–141.

85 Vgl. Houlbrook, Soldier Heros, 2003, 375. Die ‚Verführungsthese' wurde vor allem durch Richard von Krafft-Ebing geprägt. Junge Männer, die exzessiv onanieren, wären demnach besonders empfänglich, von Männern zu sexuellen Handlungen verleitet zu werden und dadurch in weiterer Folge eine Homosexualität zu ‚erwerben'. Dies könne aber auch durch erzwungene Abstinenz vom heterosexuellen Geschlechtsverkehr oder durch Abstumpfung aufgrund zu hoher sexueller Betätigung erfolgen. Bei letzterem Punkt wäre in weiterer Folge jedes Mittel – auch gleichgeschlechtliche – zur Befriedigung des Triebes willkommen. Diese „Sorte von Päderasten", so Krafft-Ebing, sei am gefährlichsten und würde „die Jugend an Leib und Seele verderben". Vgl. Richard von Krafft-Ebing, Psychopathia Sexualis. Mit besonderer Berücksichtigung der Conträren Sexualempfindung, Stuttgart [12]1902, 415–420.

86 In der Harden-Eulenburg-Affäre beschuldigte der Journalist Maximilian Harden den engen Freund und Berater Kaiser Wilhelms II., Prinz Philipp von Eulenburg, und weitere Personen aus dem Umfeld des Monarchen, wie den Stadtkommandanten von Berlin Kuno von Moltke, der Ho-

sich preußische Soldaten zwar prostituiert hätten, den „homosexuellen Aggressoren" aber wehrlos gegenübergestanden wären. Der Historiker Jeffrey Schneider interpretiert diese Aussage einerseits als Absolution für die involvierten Armeeangehörigen, andererseits als Strategie, den Diskurs weg von den Soldaten auf die ‚gefährlichen' homosexuellen Männer in der Bevölkerung zu lenken.[87] Die gerichtlichen Verurteilungen waren für die Soldaten der Habsburgerarmee vergleichsweise milde und betrugen zumeist nur wenige Wochen Arrest. Das deutet darauf hin, dass die österreichisch-ungarischen Richter ähnliche Positionierungen einnahmen wie der preußische Kriegsminister. Wie aber wirkte sich die Opferrolle auf die soldatischen und militärischen Männlichkeiten aus? Konnten Soldaten, die sich von Homosexuellen verführen ließen, überhaupt als virile Kämpfer bzw. Helden stilisiert werden?

Die Historikerin Anita Kurimay betont für Budapest vor dem Ersten Weltkrieg, dass gleichgeschlechtliche Prostitution auf breite gesellschaftliche Ablehnung stieß. Dagegen fanden Soldaten, die sexuelle Dienstleistungen anboten, aufgrund ihrer prekären finanziellen Lage Nachsicht. Nicht einmal ihre mutmaßliche Heterosexualität wurde bezweifelt. Dies sei auf das hohe soziale Ansehen des Militärs in Ungarn zurückzuführen, so Kurimay.[88] Sie resümiert: „The uncontested masculinity and ‚heterosexuality' of soldiers (and most Hungarian men), moreover, seemed to be taken for granted."[89] Dabei stellt sich die Frage, ob die involvierten Soldaten überhaupt an ihrer sexuellen Identität zweifelten. Wie George Chauncey in seiner klassischen Studie zur männlichen Homosexualität in New York in der ersten Hälfte des 20. Jahrhundert anmerkt, bestand eine Vielzahl an Identitätskategorien parallel, und diese hätten sich über das Verhalten sowie Arten von sexuellem Begehren und Handlungen definiert. Die bipolare Ausdifferenzierung in Hetero- und Homosexualität sei ein junges Konzept gewesen, das vor dem Ersten Weltkrieg neben älteren Konzepten bestand. Viele Männer hätten zu dieser Zeit gleichgeschlechtlichen Sex praktiziert, ohne dabei über ihre sexuelle Identität nachzudenken. Solange sie den aktiven Part wie beim Geschlechtsverkehr mit Frauen übernahmen, also Oralverkehr nur an sich zuließen bzw. Analverkehr ausnahmslos aktiv ausübten,

---

mosexualität. In weiterer Folge kam es zu aufsehenerregenden Gerichtsprozessen. Vgl. Norman Domeier, Der Eulenburg-Skandal. Eine politische Kulturgeschichte des Kaiserreichs, Frankfurt am Main 2010.

87 Vgl. Jeffrey Schneider, Soliciting Fantasies. Knowing and Not Knowing about Male Prostitution by Soldiers in Imperial Germany, in: Scott Spector/Helmut Puff/Dagmar Herzog (Hg.), After *The History of Sexuality.* German Genealogies with and Beyond Foucault, Oxford/New York 2012, 124–138, 127.

88 Vgl. Kurimay, Queer Budapest, 2020, 79–81.

89 Ebd., 81.

sei ihre ‚Normalität' und Männlichkeit im Regelfall weder von ihnen selbst noch durch Dritte angezweifelt worden.[90]

Es erscheint fraglich, ob in der österreichisch-ungarischen Armee dieselben Konzepte zur Anwendung kamen wie auf der anderen Seite des Atlantiks und die soldatische Männlichkeit tatsächlich so unantastbar blieb. Dafür spricht, dass Militärgerichte ihre Verhandlungen bis kurz vor Beginn des Ersten Weltkrieges unter Ausschluss der Öffentlichkeit abhielten.[91] Dadurch berichteten Zeitungen nur äußerst selten über Soldatenprostitution. Skandalisierende Artikel, wie jener der *Oesterreichischen Kriminal-Zeitung* vom 16. September 1907 über die Situation in Wien, bilden dabei eine Ausnahme:

> „Es handelt sich um den Päderastenstrich in der Rechten Bahngasse vom Münzamt aufwärts dem Rennweg zu. Hier treiben sich ab 10 Uhr junge verkommene Burschen und Soldaten, meist Artilleristen, herum und diesen gesellen sich schamlos frech, elegant gekleidete Herren aller Altersklassen zu und treiben die unglaublichsten und schamlosesten Schweinereien."[92]

Aufgrund der zumeist zurückhaltenden Presseberichterstattung blieb das Bewusstsein bzw. die Kenntnis der Bevölkerung über soldatische Prostitution wahrscheinlich gering. Dementsprechend dürfte der Schaden für das Ansehen der Armee und die propagierte militärische Männlichkeit nicht wesentlich gewesen sein. Es kann daher bei mann-männlicher Prostitution von Soldaten darauf geschlossen werden, dass die wegen gleichgeschlechtlicher Handlungen Verurteilten aufgrund ihrer durch die Uniform normierten Erscheinungen in der Masse ihrer Kameraden in der öffentlichen Wahrnehmung verschwinden konnten. Dadurch wurde die militärische Männlichkeit nicht dem Generalverdacht der Homosexualität ausgesetzt.

---

90 Vgl. George Chauncey, Gay New York. Gender, Urban Culture, and the Making of the Gay Male World, 1890–1940, New York ²2019, 66, 80 f., 85, 100.

91 Besonders Informationen zu ‚kleineren' Gerichtsfällen drangen selten aus den Militärgerichten nach außen. Große Ermittlungen, wie die Giftmordaffäre um Oberleutnant Adolf Hofrichter, waren hingegen über Monate in allen Zeitungen zu finden, allerdings mit wenigen Details aus den Militärgerichten. Zur gerichtlichen Praxis der Öffentlichkeit in militärgerichtlichen Verhandlungen siehe Oswald Überegger, Der andere Krieg. Die Tiroler Militärgerichtsbarkeit im Ersten Weltkrieg, Innsbruck 2002, 62.

92 Illustrierte Oesterreichische Kriminal-Zeitung, 16.9.1907, 9 f.

Uniformen als sexuelles Kapital militärischer Männlichkeit?

Nachdem bereits mehrfach auf die Bedeutung und Wirkung der Uniform im Zusammenhang mit Prostitution verwiesen wurde, widmet sich der abschließende Abschnitt diesem Kleidungsstück und seinem Einfluss auf das sexuelle Kapital und die Männlichkeit der Soldaten. Wenig verkörpert den Soldatenstand so eindeutig wie die Uniform und ihre dazugehörigen Symbole, etwa Rangabzeichen, Orden oder Waffen. (Militärische) Uniformen besitzen eine Vielzahl von Bedeutungsdimensionen. Sie symbolisieren die Autorität und Würde eines Staates bzw. einer Institution, ermöglichen eine Unterscheidung zwischen Freund und Feind, bilden durch Distinktionen die interne Hierarchie ab und sind insbesondere ein Symbol für Maskulinität.[93]

Im Rahmen der allgemeinen Wehrpflicht mussten seit 1868 alle Staatsbürger der Habsburgermonarchie eines gewissen Alters ihren Körper vor einer Stellungskommission begutachten lassen. Körpergröße, physische und geistige Gesundheit sowie Robustheit entschieden über die Tauglichkeit und damit, wer aus Sicht des Militärs zu den ‚Besten' des Jahrgangs zählte.[94] Die Uniform machte den Soldaten optisch erst zum Soldaten. Sie verlieh ihm ein einheitliches Auftreten und repräsentierte für die Dauer der Dienstzeit diese militärisch-normierte Virilität.

Im Zusammenhang mit den im vorliegenden Beitrag untersuchten Prostitutionsformen ist festzuhalten, dass Uniformen als Erkennungssymbol dienen konnten. Soldaten wurden von weiblichen Prostituierten als potenziell interessierte Kunden wahrgenommen, weshalb sich Prostituierte, wie bereits einleitend erwähnt wurde, häufig in Garnisonsstädten oder in der Umgebung von Kasernen und Manövern aufhielten.[95] Männliche Freier fühlten sich wiederum bisweilen durch die militärische Montur und die normierte Männlichkeit angezogen.[96] Tatsächlich finden sich zahlreiche Beispiele für eine Vorliebe für Uniformen, wenn nicht sogar die Fetischisierung der Montur.[97] In der *Psychopathia Sexualis,* der auflagenstarken Studie des Psychiaters Richard von Krafft-Ebing über aus damaliger Sicht deviante Sexualitäten, schildern einige „Patientenbriefe" die Anziehungskraft der militärischen

93 Vgl. Lutz Unterseher, Uniformierung. Ein Tableau von Bedeutungen, in: Sandro Wiggerich/Steven Kensy (Hg.), Staat, Macht, Uniform. Uniformen als Zeichen staatlicher Macht im Wandel, Stuttgart 2011, 17–24.

94 Vgl. Frevert, Die kasernierte Nation, 2001, 240; Hämmerle, Hegemoniale Männlichkeit, 2005, 110.

95 Vgl. Melichar, Ästhetik und Disziplin, 1994, 328; Schrank, Prostitution in Wien, 1886, 207 f.

96 Vgl. Schneider, Soliciting Fantasies, 2012, 130.

97 Vgl. Chauncey, Gay New York, 2019, 78, 108–110; Jeffrey Schneider, Uniform Fantasies. Soldiers, Sex, and Queer Emancipation in Imperial Germany, Toronto/Buffalo/London 2023, 120–135.

Montur auf gleichgeschlechtlich begehrende Männer.[98] Auch ein Militärgerichtsfall aus dem Jahr 1909 unterstreicht diese Wirkung der Soldaten auf homosexuelle Männer: Der in Wien stationierte Gardeinfanterist Ludwig Boos führte über einen längeren Zeitraum sexuelle Beziehungen zu zwei polizeibekannten Zivilisten, die sich während des Gerichtsverfahrens selbst als homosexuell identifizierten. In ihrer Befragung gaben die beiden Männer zu Protokoll, dass sie in sexueller Hinsicht ausschließlich an Soldaten Gefallen finden würden.[99]

Geschlechtsunabhängig war die Uniform ein Anziehungspunkt, der je nach Perspektive ökonomische sowie soziale Bedürfnisse oder sexuelles Begehren hervorrief. Uniformen sind aber keine materielle Form sexuellen Kapitals an sich. Weibliche Prostituierte sahen in den meisten Fällen wohl finanzielle Anreize in den Soldaten, wohingegen für gleichgeschlechtlich begehrende Freier wohl nicht nur sexuelle Befriedigung als Ergebnis entscheidend war. Die Eroberung eines Soldaten, der aus vielerlei Sicht als viriles Idealbild stilisiert wurde, kann als Aufwertung des eigenen Selbstbewusstseins bzw. Selbstwertgefühls interpretiert werden.[100] Umgekehrt ist nicht auszuschließen, dass dieses Umwerben auch auf das Selbstwertgefühl der Soldaten, die sich darauf einließen, positiven Einfluss hatte. Gleichgeschlechtliche Handlungen verstehe ich daher nicht automatisch als Beschädigung der subjektiv empfundenen soldatischen wie auch der militärischen Männlichkeit. Da das Militär versucht hatte, die aufkommenden Fälle gleichgeschlechtlicher Prostitution intern abzuwickeln und möglichst wenig Aufsehen damit zu erregen, bestand nur in geringem Ausmaß die Gefahr, dass die öffentliche Wahrnehmung militärischer Männlichkeit Schaden nahm, denn nur äußerst selten kam es zu Gerichtsverhandlungen. Öffentlichkeitswirksame Skandale sind in diesem Zusammenhang für die späte Habsburgermonarchie nicht belegt. Folglich kann festgehalten werden, dass die Uniform ein wichtiges Werkzeug für Soldaten war, um sexuelles Kapital im Zusammenhang mit Prostitution hervorzubringen.

Conclusio

Militär und Prostitution standen in Österreich-Ungarn vor dem Ersten Weltkrieg in enger Verbindung. Der stark misogyne und stigmatisierende Diskurs über Prostituierte und sexuell übertragbare Krankheiten darf nicht darüber hinwegtäuschen,

98 Vgl. Richard von Krafft-Ebing, Psychopathia Sexualis. Mit besonderer Berücksichtigung der Conträren Sexualempfindung, Stuttgart [8]1893, 268, 275.

99 Vgl. OeStA, KA, MGA, GS W, k. u. k. Gardegericht, Akten, Erhebungsnummer 39/1909.

100 Der Historiker Jeffrey Schneider beschreibt dieses ‚erobern' vermeintlich heterosexueller Männer als Erfüllung eines erotischen Wunsches bzw. einer erotischen Fantasie homosexueller Männer. Vgl. Schneider, Uniform Fantasies, 2023, 100.

dass Soldaten verschiedenster Rangklassen sexuelle Dienstleistungen in Anspruch nahmen, ohne sich abschrecken zu lassen. Soldatische Männlichkeit war in einem nicht zu unterschätzenden Grad von weiblicher Prostitution abhängig. Letztgenannte wurde vom Militär geduldet, teilweise als notwendig angesehen und in gewissen Fällen sogar gefördert. Gleichzeitig stilisierten verschiedene militärische Institutionen und Leistungsträger Prostitution zur Gefahr für das Ansehen der Streitkräfte. Das Verhältnis von weiblicher Prostitution und Militär kann vor diesem Hintergrund nur als ambivalent bezeichnet werden.

Unzählige Militärgerichtsakten belegen, dass es Soldaten bei Prostitution um mehr als nur Sexualität ging. Sexuelle Dienstleistungen ermöglichten den Austausch von Zärtlichkeiten, gaben physische Nähe oder stellten Momente des emotionalen Anvertrauens dar. Durch die sexuelle Aktivität der Soldaten kam es zur subjektiven Bestätigung der eigenen Virilität, und dies zeigte auch gegenüber Dritten an, dass man den geforderten Männlichkeitskriterien nachkam. Ferner erzielten Soldaten mit sexuellen Dienstleistungen ökonomische Gewinne, ohne den Nimbus der militärischen Männlichkeit zu erschüttern, obwohl gleichgeschlechtliche sexuelle Handlungen in breiten gesellschaftlichen Schichten als nicht-männlich verpönt waren. Dabei halfen vordergründig die Uniform und das Kollektiv des Militärs, die Einzelnen die Möglichkeit gaben, in der Masse von einheitlich aussehenden Soldaten unterzutauchen. Aus diesem Grund erscheint es zutreffend, soldatische bzw. militärische Männlichkeiten als einen Aspekt sexuellen Kapitals der Soldaten zu definieren.

Sarah Scheidmantel

Von Scham und Charme*

Der Berliner Punkt-Vibrator und die Herstellung weiblicher Sexualität in den 1920er Jahren

Abstract

Of Shame and Charm. The Berlin "Punkt-Vibrator" and the Production of Female Sexuality in the 1920s. The concept of sexuality and the definition of "good sexuality" are deeply intertwined with discourses surrounding the body and its practices. This article aims to examine, from the perspective of the history of the body and emotions, how, around 1900, these definitions were closely linked to dominant discourses on youth and beauty, and the role consumer products played within this framework. The analysis draws on advertisements and brochures for the "Punkt-Vibrator" device, as well as medical literature from the 1920s. Focusing on the vibromassage device "Punkt-Vibrator", manufactured by the Berlin-based firm Leo Max Baginski, the study examines how the marketing and sale of such devices in the 1920s not only sought to shape gender constructs but also engaged with a sexualized understanding of the female body, aiming to enhance sexuality. Initially used in medical treatments, these massage devices became increasingly popular as beauty and cosmetic tools, functioning as a gendered practice among the middle class and contributing significantly to shifting perceptions of attractiveness and sexuality. Through the case of consumer products like the "Punkt-Vibrator", the article traces the ways in which medical discourse transformed the body's appearance and sexual attractiveness into something malleable and modifiable via commercially available devices. These products were marketed to produce both a beautiful and sexualized body, revealing early efforts by the beauty industry to construct women as consumers by promoting the notion of a deficient or improvable female body.

Keywords

femininity | female body | vibrator | massage | consumption | advertising | health | medicine | youth | sexuality | 1920s | early 20th century | Germany | beauty

---

* Accepted for publication after external and internal peer review (double blind)
Sarah Scheidmantel, Historisches Institut, Abteilung für Schweizer Geschichte, Universität Bern, Länggassstrasse 49, 3012 Bern, Schweiz; sarah.scheidmantel@unibe.ch

Eine junge Frau sitzt in der Berliner Tram. Sie ist auf dem Weg zu ihrer Arbeit als Fotomodell und streicht sich den Pony ihres dunkelhaarigen Bubikopfs aus dem Gesicht, der ihre Augenbrauen kitzelt. Sie blickt auf ihre frisch manikürten Hände, die Nägel sind mit Klarlack überzogen. An ihren rechten Ringfinger wird sie sich später einen großen dunklen Ring stecken und sich ganz nach der aktuellen Mode schminken lassen, dunkle Lippen, nicht allzu auffälliges Augen-Make-up. Tragen wird sie ein helles Negligé mit dünnen Trägern und Spitzensaum sowie Stöckelschuhe. Und sie wird nicht alleine modeln. Der Hauptakteur in diesem Shooting wird ein Gerät sein: das elektrisch angetriebene Massagegerät „Punkt-Vibrator" des Berliner Unternehmers Leo Maximilian Baginski (1891–1964). Das Massageband des Punkt-Vibrators um die Hüften gelegt, die Hände in die Taille gestützt, ihren Körper im Profil zeigend, wird das Fotomodell in die Kamera lächeln.

Die junge schlanke Frau, deren Namen wir nicht kennen, entspricht dem körperlichen Ideal, das der „Punkt-Vibrator" erzeugen sollte: dem der Neuen Frau der 1920er Jahre. Ihr Foto wurde auf die Rückseite einer der vermutlich ersten Broschüren für den Punkt-Vibrator von circa 1927/28 mit dem Slogan „Lebensfrisch verjüngt" gedruckt, außerdem findet es sich in der Broschüre als Illustration des Textes „Der Charme der Frau" (vgl. Abbildung 1).[1]

Für sie ist es nur ein Job, doch für Baginski hängt an der richtigen Aufmachung und Werbung für den Punkt-Vibrator sein ökonomischer Erfolg, wofür er sich das in der 1920er Jahren wichtige jugendliche schlanke Aussehen von Frauen zunutze machte. Nicht umsonst spottete die bekannte Kabarettsängerin Claire Waldoff (1884–1957) in ihrem Lied „Wegen Emil seine unanständ'ge Lust" aus dem Jahr 1929 über Schönheitsoperationen an Frauen und der männlichen sexuellen Begierde nach schlanken Frauen.[2]

Anders jedoch als die besungenen Schönheitsoperationen sollte der Punkt-Vibrator den Körper maschinell verschönern, indem er ihn von außen in Schwingung versetzte; gleichzeitig sollte er in tiefere Körperschichten einwirken, was durch Cremes und Kosmetik nicht möglich war. Baginski versprach in seinen Werbeanzeigen neben Schönheit noch mehr: Der weibliche Körper sollte durch die maschinelle Anwendung auch attraktiv werden und somit eine sexuelle Komponente erhalten.

1 Werbebroschüre Punkt-Vibrator „Gesundheit – Jugend durch 10 Minuten Haussport am Tage" (ca. 1927/28), Landesarchiv Berlin (LAB), A Rep. 250–02–00, Prof. Dr. med. Much'sche Präparate AG chemisch-pharmazeutische Fabrik, Nr. 127.

2 Claire Waldoff (Gesang)/Julian Arendt (Text)/Paul Strasser (Musik), Wegen Emil seine unanständ'ge Lust; der ganze Liedtext findet sich etwa hier: https://deutschelieder.wordpress.com/2014/08/28/claire-waldoff-wegen-emil-seine-unanstaendge-lust/ (8.8.2024).

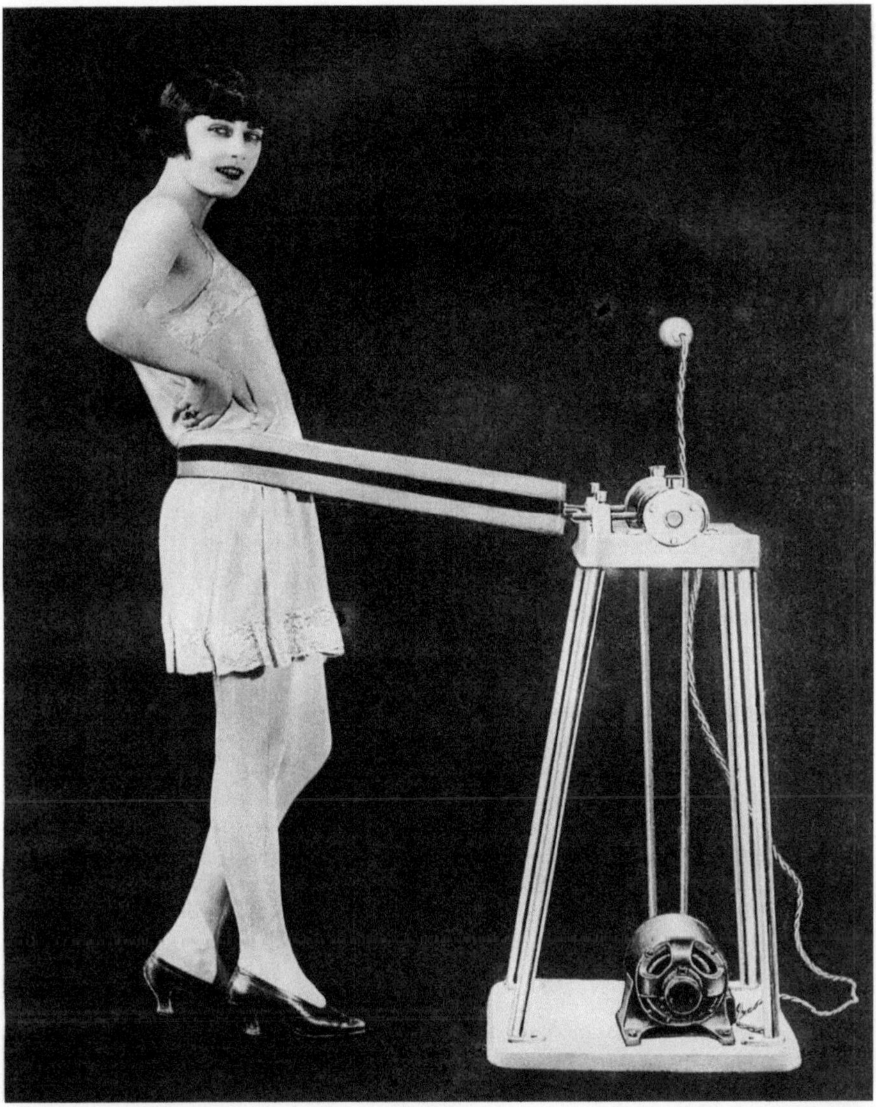

Abbildung 1: Max Baginskis Punkt-Vibrator. Die beschriebene junge Frau massiert ihre Hüfte am Punkt-Vibrator (Broschürenausschnitt).
Quelle: Werbebroschüre Punkt-Vibrator „Gesundheit – Jugend durch 10 Minuten Haussport am Tage" (ca. 1927/28), Landesarchiv Berlin, A Rep. 250–02–00, Prof. Dr. med. Much'sche Präparate AG chemisch-pharmazeutische Fabrik, Nr. 127.

Seit den späten 1880er Jahren zur Behandlung von Stoffwechselerkrankungen bis hin zu „nervösen" Krankheiten eingesetzt, verbreiteten sich ab der Jahrhundertwende Massagegeräte zur Schönheits- und Kosmetikbehandlung in der bürgerlichen Mittelschicht. Die Verschönerung des Körpers hatte oftmals keinen Selbstzweck, sondern kann als Symbol für eine sexualisierte Normierung des Körpers gelesen werden, die auf gesellschaftlichen Ansprüchen beruhte. Vibratoren wurden um die vorletzte Jahrhundertwende jedoch vermutlich weder in der Arztpraxis noch in der privaten Schönheitspflege explizit zur sexuellen Stimulation verwendet.[3] Ich gehe daher der Frage nach, inwiefern diese, wie Maria Bühner sie bezeichnet, „Massagegeräte in der ersten Hälfte des 20. Jahrhunderts" als „Grenzobjekte zwischen medizinischem Instrument und Sexualitätsding"[4] zur Entwicklung der weiblichen Sexualität und Sexualisierung beitrugen und wie sich dies auf zeitgenössische Geschlechterbilder auswirkte. Meine Hypothese ist, dass die Werbung für den Punkt-Vibrator als Teil des zeitgenössischen Diskurses um Jugend und Schönheit den weiblichen Körper sexualisierte und das Gerät die Sexualität der Frauen verbessern sollte. Dabei fokussiere ich körper- und emotionshistorisch auf Frauen,[5] indem ich Werbeanzeigen und Broschüren zum Punkt-Vibrator sowie medizinische Fachliteratur der 1920er Jahre diskursanalytisch auswerte. Ausführlich analysiert wird eine Broschüre aus Leo Max Baginskis Unternehmen. Die Printwerbung in einer massenmedial geprägten Umwelt konfrontierte Frauen mit dem Bild eines idealen

---

3 Die Historikerin Rachel P. Maines gilt als Urheberin des Mythos, dass Ärzte Vibratoren erfanden, um Frauen von Hysterie zu heilen: Maines' These ist, dass Ärzte diese Geräte bei ihren Patientinnen genital anwandten, damit diese zum Orgasmus kämen, ohne dass das medizinische Personal die Orgasmen als solche erkannt hätte. Die erste Person, die Vibratoren offen als Masturbationsobjekte empfahl, war vermutlich die US-amerikanische Feministin Betty Dodson, die in ihren Frauen-Workshops der 1960er Jahre „Hitachi Magic Wand" als Masturbationsobjekt vorstellte. Vgl. Rachel Maines, The Technology of Orgasm. „Hysteria", the Vibrator, and Women's Sexual Satisfaction, Baltimore/London 1999, 2 f. Mittlerweile wurde diese Annahme von einigen Wissenschaftler*innen widerlegt, siehe z. B. Helen King, Galen and the Widow. Towards a history of therapeutic masturbation in ancient gynaecology, in: Journal on Gender Studies in Antiquity 1 (2011), 205–235; Hallie Lieberman/Eric Schatzberg, A Failure of Academic Quality Control. The Technology of Orgasm, in: Journal of Positive Sexuality 4/2 (2018), 24–47; Sarah Scheidmantel, Wrrrmmm und „Ahhhh"? So ein Quatsch, in: Zeit online, 22.1.2021, https://www.zeit.de/kultur/2021-01/weibliche-koerper-vibrator-sexualitaet-hysterie-krankheit (28.6.2023); Sarah Scheidmantel, For beauty and for work: Der Vibrator macht's möglich, in: Das Lamm, 16.11.2022, https://daslamm.ch/der-vibrator-machts-moeglich/ (28.6.2023).

4 Maria Bühner, Massagegeräte in der ersten Hälfte des 20. Jahrhunderts – Grenzobjekte zwischen medizinischem Instrument und Sexualitätsding, in: Susanne Roeßiger/Teresa Tammer/Katja Töpfer/Maria Bühner und Stiftung Deutsches Hygiene-Museum (Hg.), Dinge und Sexualitäten. Körperpraktiken im 20. und 21. Jahrhundert, Dresden 2021, 227–245, 242.

5 Der Begriff „Frau" beschreibt keine „weibliche Natur", sondern verweist auf die historische Konstruktion ihrer sozialen, kulturellen und biologischen Dimensionen. Auch wenn heutige Genderidentitäten diverser sind und nicht alle, die als Frauen sozialisiert sind und denen das Attribut „Frau" zugeschrieben wird, sich auch als „Frau" identifizieren, wird hier der cis endo hetero weibliche Körper rekonstruiert, da einzig dieser historisch als „normal" galt.

Aussehens und eines veränderbaren Körpers. Als auf dem Markt für den Privathaushalt kaufbare Geräte schrieben Vibratoren am weiblichen Körper mit und erlangten Einfluss über ihn, wie auch heute noch „Massagepistolen" – spezielle Geräte in Fitnessstudios und Sextoys, die die sexuelle Aktivität aufzeichnen – belegen.

Die Entwicklung und der Verkauf von Vibratoren als den Körper bearbeitende Geräte ist ein Symptom des frühen 20. Jahrhunderts. Denn Schönheit und Sexualität wurden nicht nur zu einer medizinischen Aufgabe, auf die Forderung der Verschönerung versuchten Firmen als Teil der Konsumkultur Antworten in Form von Produkten zu finden.[6] Die ideale Schönheit war dabei erstens abhängig vom weißen Körper,[7] seiner Schlankheit und Jugend[8] und zweitens vom Geschlecht. Gleichzeitig waren Fragen des Geschlechts fluide, sie waren seit dem 19. Jahrhundert von psychiatrischen,[9] hygienischen[10] und lebensreformerischen[11] Diskursen geprägt und verschoben sich spätestens mit neuen Diskursen der 1920er Jahre. Diese Geschlechterperformances verstärkten die sich zu Beginn des 20. Jahrhunderts

6 Annelie Ramsbrock, Korrigierte Körper. Eine Geschichte künstlicher Schönheit in der Moderne, Göttingen 2011; Heiko Stoff, Ewige Jugend. Konzepte der Verjüngung vom späten 19. Jahrhundert bis ins Dritte Reich, Köln/Weimar/Wien 2004.

7 Maren Möhring, Marmorleiber. Körperbildung in der deutschen Nacktkultur (1890–1930), Köln/Weimar/Wien 2004; Sander L. Gilman, Creating Beauty to Cure the Soul. Race and Psychology in the Shaping of Aesthetic Surgery, Durham/London 1998; Gretchen E. Henderson, Ugliness. A Cultural History, London 2015.

8 James F. Stark, The Cult of Youth. Anti-Ageing in Modern Britain, Cambridge 2020; Susan R. Bordo, Unbearable Weight. Feminism, Western Culture, and the Body, Berkeley/Los Angeles/London 1993; Sabine Merta, Schlank! Ein Körperkult der Moderne, Stuttgart 2008; Sabine Merta, Wege und Irrwege zum modernen Schlankheitskult. Diätkost und Körperkultur als Suche nach neuen Lebensstilreformen 1880–1930, Wiesbaden/Stuttgart 2003; Sander L. Gilman, Diets and Dieting. A Cultural Encyclopedia, New York 2008.

9 Lisa Appignanesi, Mad, Bad and Sad. A History of Women and the Mind Doctors from 1800 to the Present, London 2008; Esther Fischer-Homberger, Krankheit Frau und andere Arbeiten zur Medizingeschichte der Frau, Berlin/Stuttgart/Wien 1979; Claudia Honegger, Die Ordnung der Geschlechter. Die Wissenschaften vom Menschen und das Weib, 1750–1850, Frankfurt am Main/New York 1991; Karen Nolte, Gelebte Hysterie. Erfahrung, Eigensinn und psychiatrische Diskurse im Anstaltsalltag um 1900, Frankfurt am Main/New York 2003.

10 Alfons Labisch, Homo hygienicus. Gesundheit und Medizin in der Neuzeit, Frankfurt am Main/New York 1992; Philipp Sarasin, Reizbare Maschinen. Eine Geschichte des Körpers 1765–1914, Frankfurt am Main 2001.

11 Jeremy Agnew, Healing Waters. A History of Victorian Spas, Jefferson, NC 2019; Niklaus Ingold, Lichtduschen. Geschichte einer Gesundheitstechnik, 1890–1975, Zürich 2015; Christiane Barz (Hg.) Einfach. Natürlich. Leben. Lebensreform in Brandenburg 1890–1939, Potsdam 2015; Iris Blum, Monte Verità am Säntis. Lebensreform in der Ostschweiz, 1900–1950, St. Gallen 2022; Stefan Rindlisbacher, Lebensreform in der Schweiz (1850–1950). Vegetarisch essen, nackt baden und im Grünen wohnen, Berlin 2022.

konstituierende Werbe- und Konsumkultur,[12] wodurch mit der selbst verrichteten Arbeit am Körper[13] ein geschlechtliches Ideal definiert wurde, dem etwas Sexuell-Erotisches innewohnte.[14]

Der Berliner Industrielle, Erfinder und Werbefachmann Leo Max Baginski war Teil dieses am Körper mitschreibenden Diskurses. Er leitete aufgrund seiner erfolgreichen Werbestrategien bald ein Imperium verschiedener Schwesterfirmen, die medizinisch-kosmetische Geräte und Pillen produzierten. Seine Produkte wie das „AH-Hormon",[15] die „Titus-Perlen"[16] und der „Punkt-Roller"[17] überschwemmten den europäischen Markt und wandten sich aufgrund ihrer unterschiedlichen Preise an verschiedene Zielgruppen.

Baginski erfand auch den Punkt-Vibrator, ein Massagegerät, das mit einem elektrischen Motor angetrieben wurde und entweder an die Wand oder auf einen Standfuß montiert werden konnte. Ein daran angebrachtes breites Massageband,

---

12 Peter Borscheid/Clemens Wischermann (Hg.), Bilderwelt des Alltags. Werbung in der Konsumgesellschaft des 19. und 20. Jahrhunderts, Stuttgart 1995; Christa Wehner, Überzeugungsstrategien in der Werbung. Eine Längsschnittanalyse von Zeitschriftenanzeigen des 20. Jahrhunderts, Opladen 1996; Daniel Di Falco/Peter Bär/Christian Pfister (Hg.), Bilder vom besseren Leben. Wie Werbung Geschichte erzählt, Bern 2002; Frank Trentmann (Hg.), The Oxford Handbook of the History of Consumption, Oxford 2012; Monica Neve, Sold! Advertising and the Bourgeois Female Consumer in Munich, 1900–1914, Stuttgart 2010.

13 Ulrich Bröckling, Das unternehmerische Selbst. Soziologie einer Subjektivierungsform, Frankfurt am Main 2007; Simon Graf, Leistungsfähig, attraktiv, erfolgreich, jung und gesund. Der fitte Körper in post-fordistischen Verhältnissen, in: Body Politics 1/1 (2013), 139–157; Jürgen Martschukat, Das Zeitalter der Fitness. Wie der Körper zum Zeichen für Erfolg und Leistung wurde, Frankfurt am Main 2019; Paula-Irene Villa, „Mach mich schön!" Geschlecht und Körper als Rohstoff, in: Willy Viehöver/Peter Wehling, Entgrenzung der Medizin. Von der Heilkunst zur Verbesserung des Menschen?, Bielefeld 2011, 143–162.

14 Valerie Steele, Fashion and Eroticism. Ideals of Feminine Beauty from the Victorian Era to the Jazz Age, New York/Oxford 1985.

15 Ein Präparat gegen die Erschlaffung der weiblichen Brüste. Auffällig ist die Bezeichnung als „Hormon", obwohl im Jahr 1924 noch kein verlässliches wissenschaftliches Nachweisverfahren für weibliche Sexualhormone existierte. Die Wirksamkeit des Präparats dürfte zweifelhaft gewesen sein, vgl. Stoff, Jugend, 2004, 118.

16 Laut einer Werbebroschüre ein „Hormonpräparat zur Bekämpfung von Impotenz und sexueller Lustlosigkeit", vgl. den Titel der Kladde im Landesarchiv Berlin, LAB, A Rep. 250-02-00, Prof. Dr. med. Much'sche Präparate AG chemisch-pharmazeutische Fabrik, Nr. 99. Baginski bezieht sich hier auf den wissenschaftlich hoch aktuellen Diskurs der Erforschung der Hormone und Vitamine, der besonders in den 1920er und 1930er Jahren große Fortschritte machte, siehe dazu auch Heiko Stoff, Wirkstoffe. Eine Wissenschaftsgeschichte der Hormone, Vitamine und Enzyme, 1920–1970, Stuttgart 2013.

17 Der Punkt-Roller war ein nudelholzähnliches mechanisches Massagegerät, das aus Holz und Gummi bestand und über den Körper gerollt wurde.

das sich an beiden Seiten des Motors befestigen ließ und welches sich die Nutzer*innen um verschiedene Körperteile legen konnten, übertrug die Vibrationen des Motors. Das Massagegerät konkurrierte auf dem Markt mit anderen Vibratoren, die es in verschiedenen Größen, Formen und Preissegmenten gab. Alle vereinte, dass insbesondere Frauen, „die den Geist des zeitgenössischen Fortschrittdenkens verinnerlicht hatte[n], [...] bei der Herstellung des idealen Körpers auf die Hilfe von Maschinen"[18] vertrauen und sie kaufen sollten. Denn im Gegensatz zu einnehmbaren Pillen und aufgetragener und daher unnatürlich wirkender Kosmetik vereinten Vibratoren mehrere Nutzen miteinander, indem sie gleichzeitig gesundheitliche *und* schönheitspflegerische Bedürfnisse durch die simple Anwendung am Körper erfüllen sollten.

Vom gesundheitspflegerischen Wert der Vibration

Baginskis Punkt-Vibrator basierte auf Körpertheorien, die ihren Anfang mit der Hygienebewegung Mitte des 19. Jahrhunderts genommen hatten und die den Einfluss der Umwelt auf den Körper betonten.[19] In weiteren gesellschaftlichen Bewegungen wie der Lebensreform und dem Naturismus war der „natürliche Körper" überhaupt erst das Produkt von Praktiken wie Luft- und Sonnenbaden, Vegetarismus oder der Kleiderreform.[20] Diese „Selbstreform" ging mit der radikalen Ablehnung der bisherigen Lebensstile einher, verstärkt durch Entwicklungen wie der zeitgleich florierenden Moderne, in der technische Errungenschaften vorangetrieben wurden. Es ist also, wie Nina Mackert betont, kein Zufall, dass dieses Selbst gleichzeitig von Krankheit oder den Anforderungen einer in Unordnung geratenen modernen Gesellschaft bedroht zu sein schien:[21] Zeitgenössische Mediziner analysierten, dass der Körper von Technologien wie der Eisenbahn[22] oder dem ständigen Lärm in den Großstädten in Schwingung oder Vibration versetzt würde.[23] Mehr noch, es entstehe ein von der Moderne geschaffenes „nervöses Selbst".[24] Die davon aus-

18 Ramsbrock, Körper, 2011, 186.

19 Sarasin, Reizbare Maschinen, 2001.

20 Bühner, Massagegeräte, 2021, 228; vgl. auch Graf, Leistungsfähig, 2013, 149.

21 Nina Mackert, Making food matter: "Scientific eating" and the struggle for healthy selves, in: Jürgen Martschukat/Bryant Simon (Hg.), Food, Power, and Agency, London/New York 2017, 105–128, 105 f.

22 Wolfgang Schivelbusch, Geschichte der Eisenbahnreise. Zur Industrialisierung von Raum und Zeit im 19. Jahrhundert, Frankfurt am Main/Berlin/Wien 1979.

23 Dr. (o. A.) Breiger, Die Vibrationsmassage und ihre vielseitige Anwendung, Berlin 1919, 23 f.

24 Laura Salisbury/Andrew Shail, Introduction, in: Laura Salisbury/Andrew Shail (Hg.), Neurology and Modernity. A Cultural History of Nervous Systems, 1800–1950, Houndmills/London/New York 2010, 5–40, 26.

gehende Überreizung des Körpers habe verheerende Folgen und könne etwa zu schweren Nervenerkrankungen führen. Durch die befürchtete Nervendegeneration sei auch der biopolitische Volkskörper gefährdet, weswegen eine tiefer gehende, präventive Arbeit am Körper notwendig sei.[25]

Ausgehend von ihrer Analyse der Folgen der Moderne entwickelten Ärzte die medizinische Vibration.[26] Sie schien geeignet, um gegen den Reizüberfluss „an-zu-vibrieren",[27] ähnlich der destruktiven Interferenz in der Physik; bei diesem Vorgang löschen sich zwei Wellen beim Aufeinandertreffen gegenseitig aus. Da in Vibrationstheorien der menschliche Körper zur „menschliche[n] Maschine [...] mit sehr empfindlichen Bestandteilen"[28] wurde, reihten sie sich in zeitgenössische Vorstellungen ein, die den Körper als Maschine betrachteten.[29] Es überrascht nicht, dass diese Auffassung auch der Leiter des Zürcher Sanatoriums „Lebendige Kraft", Lebensreformer und Müsli-Erfinder Max Bircher-Benner vertrat.[30] Vibration wurde in seinem Sanatorium angewandt, da sie als wenig invasive und natürliche Behandlungsweise galt.[31] Auf die „Körpermaschinen" trafen „kunstvolle Apparate, die man als Vibrationsmassageapparat bezeichnet", wie es der Berliner Arzt Georg Bresin beschrieb.[32] Ärzte konnten sie selbstständig, ohne Unterstützung von Assistent*innen, an Patient*innen anwenden.[33] Die mit Mechanik oder Elektrik angetriebenen Geräte riefen mechanische Stöße hervor, deren hohe Vibrationsfrequenz nicht nur

---

25 Stoff, Jugend, 2004, 278 f.

26 Zwar gab es um die Jahrhundertwende einige Ärztinnen, da Frauen seit 1866 an der Universität Zürich offiziell Medizin studieren durften. Doch die Schicksale von Franziska Tiburtius und Emilie Lehmus zeigen, dass ihr Schweizerischer Abschluss in Berlin nicht anerkannt wurde und sie daher unter dieselbe Kategorie wie „Kurpfuscher" fielen. Manche Ärztinnen wie die österreich-ungarische Anna Fischer-Dückelmann, die ebenfalls in Zürich studiert hatte und für ihr Ratgeberbuch *Die Frau als Hausärztin* berühmt wurde, standen eher der Lebensreform nahe. Alle vereinte, dass sie vor allem wenig prestigeträchtige Felder wie Frauen- und Kinderheilkunde betrieben. Der schulmedizinisch-expertenhafte Diskurs wurde fast ausschließlich von Männern geprägt.

27 Kurt Witthauer, Lehrbuch der Vibrationsmassage mit besonderer Berücksichtigung der Gynäkologie, Leipzig 1905, 5; Breiger, Vibrationsmassage, 1919, 40 f.

28 Breiger, Vibrationsmassage, 1919, 8.

29 Anson Rabinbach, The Human Motor. Energy, Fatigue, and the Origins of Modernity, Berkeley/Los Angeles 1992.

30 Veronika Settele/Norman Aselmeyer, Nicht-Essen. Gesundheit, Ernährung und Gesellschaft seit 1850, in: dies. (Hg.), Geschichte des Nicht-Essens. Verzicht, Vermeidung und Verweigerung in der Moderne, Berlin/Boston 2018, 49.

31 Archiv für Medizingeschichte Zürich, IN 47.07.0705 1929, M. Bircher-Benner, The Life Force Sanatorium, 9.

32 G[eorg] Bresin, Krankheit und Krankheitsempfindung und ihre Behandlung mittels Vibrationsmassage, Berlin 1914, 1 f.

33 Ernst Hellmer, Leitfaden der Vibrationsmassage für den praktischen Arzt, London 1906, 1; J[sidor] Zabludowski, Massage im Dienste der Kosmetik, o. O. o. J., 69.

die Nerven positiv stimulieren, sondern auch den Stoffwechsel beschleunigen, die Durchblutung fördern und Krankheiten, die auf deren Dysfunktionen beruhten, lindern sollten.[34] Die Mediziner glaubten, durch diese starken Bewegungen könne tiefer auf die Haut und die darunter liegenden Organe eingewirkt werden, weswegen die Vibration sowohl präventiv als auch symptomlindernd eingesetzt wurde.

Aufgrund ihrer angenommenen Wirkung in der Gesundheitspflege empfahlen etwa die Berliner Ärzte Bresin und Breiger Vibratoren in den 1910er Jahren auch zur Schönheitspflege, denn die frühzeitige Unterstützung des Stoffwechsels durch Vibration könne dem zunehmenden Alter entgegenwirken. Durch die Beseitigung der als „Einflüsse des Lebens" verstandenen „Falten und Runzeln" verhindere Vibration, dass „der Reiz der Jugendfrische dahin" sei.[35] Bresin etwa fokussierte besonders die körperlichen Folgen von Schwangerschaft, Gebären und Stillen – Vorgänge, die radikale Einschnitte in den weiblichen Körper darstellten. In seinen Augen verhinderten die „Hängebrüste […] manche[r] Frau, den Anspruch auf Schönheit für sich zu erheben, wie sie es gern möchte".[36] Die Ärzte setzten aus ihrer männlichen Perspektive diese körperlichen Spuren mit weiblicher Scham gleich, weil die weiblichen Körper nach einer Geburt nicht mehr der jugendlichen Norm entsprachen. Die Macht von Scham und Beschämung bekämen nach Ute Frevert besonders junge Frauen zu spüren. So sollten Frauen des 19. Jahrhunderts in ihrem alltäglichen Leben gesellschaftlich auferlegte Grenzen beachten – und Scham bestimmte weibliche Kleidung, Ausdrucksweise, körperliche Präsenz, vor allem aber ihr sexuelles Verhalten und den Blick auf den eigenen Körper.[37] In Bezug auf den Punkt-Vibrator kann dieses Argument jedoch auf jeden Frauenkörper zu jeder Zeit seines Lebens ausgeweitet werden.

Breiger und Bresin erklärten das Aussehen zum Spiegel des eigenen Lebens, es könne mit einem zeitgebundenen Idealkörper abgeglichen und unter anderem mithilfe von Vibratoren optimiert werden. Nach Breigers Ausführungen könne durch Vibration „die Haut ihre Weichheit, das Gesicht seine rosige Farbe und Frische, das Haar seine Fülle, Farbe und Glanz, die Muskeln und Gelenke ihre Geschmeidigkeit, der ganze Körper den ebenmäßigen Schwung seiner künstlerischen Konturen bewahren, der ganze Mensch ein gesundes und anziehendes Äußere erhalten und behalten".[38] Dieses von ihm beschriebene Körperideal baute auf Annahmen über

34 Arno Hohnbaum, Über Vibrationsmassage, Hannover/Leipzig 1906, 1; Anna Fischer-Dückelmann, Die Frau als Hausärztin. Ein ärztliches Nachschlagebuch für die Frau, Stuttgart 1905, Tafel 19.

35 Breiger, Vibrationsmassage, 1919, 23 f., 46 ff., 88 f.; Bresin, Vibrationsmassage, 1914, 89.

36 Breiger, Vibrationsmassage, 1919, 88 f.

37 Ute Frevert, Scham, in: dies., Mächtige Gefühle. Von A wie Angst bis Z wie Zuneigung. Deutsche Geschichte seit 1900, Frankfurt am Main 2020, 289–305, 299 f.

38 Breiger, Vibrationsmassage, 1919, 47 f.

das Zusammenspiel von Vibration mit dem Körper auf, die der Vibrationstheoretiker Ernst Hellmer bereits eine Dekade früher formuliert hatte; so solle Vibration auch „[l]okale Fettansammlungen im Gesicht, aber auch im Nacken und an den Hüften“[39] beseitigen. Breiger und Besin verwiesen auf körperliche Eigenschaften, die mit Jugend assoziiert werden und wiedererlangt werden konnten. Das Ideal des Körpers, das durch Vibration ermöglicht wurde, hatte seinen Höhepunkt in den 1920er Jahren, denn niemand „wollte mehr alt, aber alle *mussten* jung sein“,[40] wie es der Historiker Heiko Stoff formulierte. Jugend und Verjüngung wurden zum Sinnbild der weiblichen Schönheit, sie wurden zum „integrale[n] Bestandteil von gängiger Weiblichkeitskonstruktion“.[41] Wer diesen Ansprüchen an das Ideal nicht genügte, wurde für den eigenen Körper gesellschaftlich beschämt.

Von der Arztpraxis auf den Markt

Nicht nur wegen der ärztlichen Empfehlung der Vibrationsmassage zur Schönheitspflege schien es ein Leichtes, Vibratoren auch als Konsumgeräte für Lai*innen zu konstruieren und zu verkaufen. Auch das Aufeinandertreffen verschiedener medizinischer Ansätze wie der universitären Schulmedizin, der Homöopathie oder der Patentmedizin mit neuem Konsumdenken beschleunigte seit dem späten 19. Jahrhundert das Wachstum einer „therapeutischen Kultur“, die für die moderne Gesellschaft von zentraler Bedeutung wurde. Daher wurde Gesundheit zu einem Produkt, das wie jedes andere gekauft werden konnte.[42] Unterstützt wurde die kaufbare Gesundheit von Ratgebern, die „als Anleitungen einer gesundheitlichen und Schönheit fördernden Lebensweise“ dienten.[43] Zudem wurde Gesundheit an Schönheit gebunden, was den labilen und verbesserungswürdigen Körper gesund und „fit“ machen sollte. Ab spätestens den 1910er Jahren wurden Vibratoren, hergestellt von unterschiedlichen Firmen, in verschiedenen Geräteformen und -ausführungen an Privathaushalte verkauft und zu Grenzgängern zwischen Gesundheit und Schönheit.[44]

---

39 Hellmer, Leitfaden der Vibrationsmassage, 1906, 23.

40 Stoff, Jugend, 2004, 13.

41 Birgit Görtler, Schönheit und Weiblichkeit – eine geschlechtsspezifische Betrachtung der sozialen Ungleichheitswirkung von physischer Schönheit, in: Dagmar Filter/Jana Reich (Hg.), „Bei mir bist du schön …“. Kritische Reflexionen über Konzepte von Schönheit und Körperlichkeit, Freiburg im Breisgau 2012, 9–60, 21.

42 Lori Loeb, Consumerism and Commercial Electrotherapy. The Medical Battery Company in Nineteenth-Century London, in: Journal of Victorian Culture 4/2 (2010), 252–275, 252.

43 Ramsbrock, Körper, 2011, 266.

44 Gudrun M. König, Konsumkultur. Inszenierte Warenwelt um 1900, Wien/Köln/Weimar 2009, 10.

Baginski entwickelte seinen Bandmassageapparat „Punkt-Vibrator“ Mitte der 1920er Jahre für einen bereits bestehenden Vibratoren-Markt: Von 1927 bis 1929 in weit verbreiteten Zeitschriften wie dem *Blatt der Hausfrau*, der *Berliner Illustrierten Zeitung*, aber auch der *Fleischer-Verbands-Zeitung* beworben,[45] wurde das Gerät am 16. Oktober 1930 in Deutschland patentiert.[46] Damit spielen für die Analyse von Baginskis Gerätewerbungen und deren Konzeption von Sexualität nur die Körperkonzepte der 1920er Jahre eine Rolle. Denn Schönheitsideale sind nach der Historikerin Annelie Ramsbrock „Repräsentationen von wissenschaftlichen *und* sozialen Ordnungsmodellen“. Sie sind daher „als eine besondere Spielart gesellschaftlicher Selbstbeschreibung zu begreifen“[47], und sie sind zeitgebunden.

Während sich Körperideale im späten 19. Jahrhundert noch an Geschlecht als binärem Konzept orientierten,[48] verkomplizierte sich die Konzeption „Geschlecht“ in den 1920er Jahren. Bedingt durch die Emanzipationsbestrebungen der Frauen seit den 1870er Jahren (Wahlrecht, Bildung) und durch den Ersten Weltkrieg kursierten Diskurse um die „Vermännlichung der Frau“ und die „Verweiblichung des Mannes“. Verstärkt wurden diese vom Körperideal der Neuen Frau, die sich oft mit der ‚vermännlichten‘ Frisur des Bubikopfs bzw. einem androgynen Körper zeigte. Die Verwässerung binärer geschlechtlicher Ideale wurde vermehrt in Werbeanzeigen genutzt, auch von Baginski für seinen Punkt-Vibrator. Darauf verweist bereits die Eingangsszene des jungen Fotomodells mit Bubikopf.

45 Beispielsweise: Weite Welt, September 1927, 8 (auch in LAB, A Rep. 250–02–00, Prof. Dr. med. Much’sche Präparate AG chemisch-pharmazeutische Fabrik, Nr. 127); Berliner Illustrierte Zeitung 1 (1929), Inseratenteil; Das Blatt der Hausfrau 9 (1928), Inseratenteil; Fleischer-Verbands-Zeitung, 17.4.1929, 2.5.1929, 6.11.1929, Inseratenteil.

46 Deutsches Reich, Patentschrift Nr. 511051, „Antrieb für Band-Massage-Apparate“, Bekanntmachung: 16.10.1930, Ausgegeben: 25.10.1930. Online abrufbar unter: https://worldwide.espacenet.com/patent/search/family/006547637/publication/DE511051C?q=l.m.baginski (8.8.2024).

47 Ramsbrock, Körper, 2011, 263.

48 Möhring, Marmorleiber, 2004.

Abbildung 2: Ein schlanker Körper wurde zunehmend wichtig, wie diese Zeitungsanzeige verrät. Quelle: Werbeanzeige Punkt-Vibrator „Ja, aber schlank und jugendlich muß man sein“, LAB, A Rep. 250–02–00, Prof. Dr. med. Much'sche Präparate AG chemisch-pharmazeutische Fabrik, Nr. 127.

Baginski setzte in einer vermutlich von 1928 stammenden, mit „Ja, aber schlank und jugendlich muß man sein" betitelten Werbeanzeige (vgl. Abbildung 2) auf zwei verschiedene weibliche Geschlechterideale, die das Gerät verwenden. Der Blick fällt zunächst auf das größte Foto der Anzeige: Es zeigt eine junge Frau mit dunklen, im Nacken geknoteten Haaren. Sie trägt einen weißen kurzen Sportanzug, die Taille mit einem schwarzen Gürtel betont, und dunkle Gymnastikschuhe und vibriert sich die Hüfte. In dieses Foto ist oben rechts eine Illustration hineinmontiert, die eine auf dem Bauch liegende, lasziv dreinblickende Frau mit Bubikopf zeigt, die sich von Händen massieren lässt. Sie ist nur mit einem um die Hüften geschlungenen Tuch bekleidet und stark geschminkt, was ihren lasziven Gesichtsausdruck betont. Durch das Arrangement der beiden Abbildungen, ähnlich einer in Comics genutzten Gedankenblase, werden die liegende, von einem Mann massierte, und die stehende, sich vom Gerät massieren lassende Frau unweigerlich in Relation zueinander gesetzt. Das Hauptfoto wird neben dem Werbetext von vier kleinen Fotos mit weiteren Vibrator-Anwender*innen unterstützt. Abgebildet sind abwechselnd zwei Frauen und zwei Männer, die verschiedene Übungen mit dem Gerät zeigen, etwa die Vibration der Wade, des Unterarms oder des Bauchs mit einem Spezialaufsatz. Der dazugehörige Werbetext beginnt mit: „Unerwünschte Fettpolster an den Hüften, Leib, Schenkeln, Waden usw. beseitigen Sie in Ihrem eigenen Heim durch den neuen ‚Punkt-Vibrator'". Weiter unten heißt es: „‚Punkt-Vibrator' regt die träge Blutzirkulation an, fördert den Stoffwechsel bei Fettsucht, Verstopfung, Verdauungsstörungen, Rheumatismus, Zucker, Arterienverkalkung, Nervenschmerzen usw. Bleiben Sie frisch und jung durch diese neue, bessere Methode."[49] Laut der Anzeige sollten die Anwender*innen insbesondere „unerwünschte Fettpolster" mithilfe des Geräts loswerden. Dies würde nicht nur Zivilisationskrankheiten vermeiden, sondern verweist mit der Aussage „frisch und jung" auf den Diskurs des zeitgenössischen „Jugendwahns": Der durch das Leben in Mitleidenschaft gezogene Körper sollte durch Vibrationsgeräte „eine positive Umwandlung"[50] erfahren. Die aufgezählten Krankheiten können als altersbedingte Erscheinungen gedeutet werden, die man durch das Erhalten der Jugend umgehen könne. Dies war, wie der Titel der Anzeige durch den Imperativ des Wortes „muß" betonte, eine Notwendigkeit für beide Geschlechter, schließlich wurden mit dem Wörtchen „man" und den abgebildeten Personen Männer und Frauen gleichermaßen angesprochen. Die sichtbare Körperhülle wurde zum körperlichen Grundkapital und verlangte eine permanente Manipulation.[51]

49 Einige Worte im Werbetext sind fett gedruckt. Anzeige Punkt-Vibrator „Ja, aber schlank und jugendlich muß man sein", LAB, A Rep. 250–02–00, Prof. Dr. med. Much'sche Präparate AG chemisch-pharmazeutische Fabrik, Nr. 127.

50 Stoff, Jugend, 2004, 14.

51 Helga Lüdtke, Der Bubikopf. Männlicher Blick – weiblicher Eigen-Sinn, Göttingen 2021, 94.

Die Werbeanzeige des Punkt-Vibrators reflektiert auch den Wandel des zeitgenössischen Schönheitsideals, denn dieses ist nach Paula-Irene Villa generell „hochgradig normativ, […] getränkt von Sozialität“[52] und dementsprechend beeinflusst von der sozialen Situation: Ein dünner Körper verwies in den 1920ern nicht mehr – wie unmittelbar nach dem Ersten Weltkrieg – auf Mangelernährung, sondern Schlankheit wurde ein Distinktionsmerkmal und als Schönheitsideal hegemonial.[53] Vor allem Frauen der Mittelschicht konnten es sich leisten, schlank zu sein – dem eiferten häufig junge Frauen der aufsteigenden Arbeiter*innenschicht nach. Dieses Kulturphänomen der jungen aufstrebenden Arbeiterin oder Angestellten als Teil der wachsenden Konsumgesellschaft zeichnet Siegfried Kracauer als Zeitgenosse in seiner Studie *Die Angestellten* (1930) nach. Indem das Aussehen von Frauen, jedoch auch von Männern, in der Arbeitswelt des unteren Mittelstands zunehmend mit Erfolgsversprechen und (weiblicher) Eigenständigkeit verknüpft wurde,[54] wurde der Gang in den Schönheitssalon laut Kracauer zum Symbol der Existenzsorgen: „Aus Angst, als Altware aus dem Gebrauch zurückgezogen zu werden, färben sich Damen und Herren die Haare, und Vierziger treiben Sport, um sich schlank zu erhalten.“[55] Schönheit wurde zum kulturellen, ökonomischen und sozialem Kapital, besonders für Frauen.[56] Die aktive Arbeit am Körper versprach eine Verschönerung des Äußeren und das Ausradieren von Scham für den eigenen (unzureichenden) Körper – sowie damit einhergehend Erfolgsaussichten in Beruf und Privatleben. Die mitunter teure Schönheitspflege wurde weniger als Konsumprodukt und als Praktik, nach der man sich schlicht gut fühlen sollte, sondern vielmehr auch als Investition angesehen. Dies war attraktiv für diejenigen, die ihr Leben als Aufstiegschance begriffen und die zunehmende Flexibilisierung der Gesellschaft nutzten, wie etwa die neuen Angestellten, was auch die Schriftstellerin Irmgard Keun mit der Figur der Doris in ihrem Roman *Das kunstseidene Mädchen* (1932) aufgreift. Denn auch wenn sich Frauen der unteren Mittelschicht tatsächlich nur selten solche Geräte leisten konnten, versuchten sie, diese Ideale dennoch zu erreichen, entweder durch billigere Nachahmungen oder Vortäuschung falscher Tatsachen. Dieser Willen zur Verschönerung durch den Gebrauch von Geräten am Körper kann als gesellschaftliches Bild einer „*konsumierende[n]* und *zu konsumierende[n]* Frau“ gelesen werden.[57]

52 Paula-Irene Villa, Einleitung – Wider die Rede vom Äußerlichen, in: Paula-Irene Villa (Hg.), Schön normal. Manipulationen am Körper als Technologien des Selbst, Bielefeld 2008, 7–20, 8.

53 Graf, Leistungsfähig, 2013, 148.

54 Lüdtke, Bubikopf, 2021, 89.

55 Siegfried Kracauer, Die Angestellten. Aus dem neuesten Deutschland, Frankfurt am Main 1930, 33.

56 Lüdtke, Bubikopf, 2021, 89.

57 Stoff, Jugend, 2004, 16. Hervorhebung im Original.

Dass Baginski den Punkt-Vibrator werbe- wie konstruktionstechnisch wahrscheinlich nach amerikanischen Vorbildern gestaltete, verweist auf die USA als Land des Aufstiegs und der Innovation.[58] Ähnlich wie Baginski bewarben die meisten US-Herstellerfirmen ihre Produkte mit jungen, schönen und schlanken Frauen im Boudoir-Dress, wie in Anzeigen für Geräte namens „The Master Healthizer", „Rekreator" oder „Battle Creek Health Builder", erfunden vom bekannten Arzt und Diätetiker John Harvey Kellogg,[59] zu sehen ist: In nur 15 Minuten sollten sich die jungen Frauen „from Bedside to Beauty" vibrieren können. Auch Baginski warb mit dem Slogan „10 Minuten jeden Tag ‚Punkt-Vibrator' und man wird schlank, jugendlich und gesund!".[60] Den Traum von einem verschönerten, verschlankten, verjüngten und gesunden Körper sollten sich auch Frauen in Deutschland durch den Kauf des Produkts erfüllen und sich gleichzeitig kosmopolitisch fühlen können. Der kurze Zeitaufwand in der Benutzung der Geräte verdeutlicht den gesellschaftlichen Stellenwert der Schönheit und Jugend, womit der Unzulänglichkeit des weiblichen Körpers ein anspornend-positives Narrativ auferlegt wurde, dem Frauen durch die Selbsttechnologie jedoch schnell entkommen könnten.

Als weiteren Faktor, der von der Wichtigkeit der Arbeit am Körper überzeugen sollte, nutzte Baginski in seinen Werbematerialien nicht nur unbekannte Models, sondern auch Schauspielerinnen und andere zeitgenössische (weibliche) Persönlichkeiten als Werbeträgerinnen.[61] Diese Stars markieren den Beginn eines Prozesses, mit dem von Massenmedien und Werbung geformte (Vor-)Bilder das Selbstbild der Frauen bestimmten, das erreichbar schien.[62] Denn, so Hans Ulrich Gumbrecht in seiner Analyse des Jahres 1926, berühmte Persönlichkeiten stillten das „verschwommene Verlangen nach Freude an ihrem ‚persönlichen Auftritt' und Nachahmung dieses Auftretens".[63] Mit Barbara Duden kann man diesen Abgleich

---

58 Baginski hatte sich auf einer USA-Reise mit dem deutschen Reklameverein 1928 Inspirationen für seine Produktwerbung geholt. Siehe Rudolf von Nolting, Geheimrat L. M. Baginski und sein Werk. Nach privaten Aufzeichnungen und Dokumenten, Bad Soden 1993, 23.

59 John Harvey Kellogg (1852–1943) leitete das Battle Creek Sanatorium und erfand gemeinsam mit seinem Bruder die Cornflakes und den Vorläufer des heutigen Granola. Diese Lebensmittel galten als das Gemüt und den Körper „wenig reizend", was aus Kelloggs holistischem Ansatz heraus zentral war.

60 Broschüre „10 Minuten jeden Tag ‚Punkt-Vibrator'", LAB, A Rep. 250–02–00, Prof. Dr. med. Much'sche Präparate AG chemisch-pharmazeutische Fabrik, Nr. 127.

61 Sarah Scheidmantel, Diet, don't riot, in: Etü – Elfenbeintürmer. Zeitschrift der Geschichtsstudierenden der Universität Zürich, Sommer 2023, 94–97.

62 Katharina von Ankum, Karriere – Konsum – Kosmetik. Zur Ästhetik des weiblichen Gesichts, in: Claudia Schmölders/Sander L. Gilman (Hg.), Gesichter der Weimarer Republik. Eine physiognomische Kulturgeschichte, Köln/Weimar/Wien 2000, 175–190, 182.

63 Hans Ulrich Gumbrecht, 1926. Ein Jahr am Rand der Zeit. Übersetzt von Joachim Schulte, Frankfurt am Main 2001, 221.

als „Objektivierung“ des Körpers beschreiben, was auf die Gleichzeitigkeit von Körper-Haben und Körper-Sein verweist.[64] Die Orte, an denen für Schönheitsprodukte geworben wurde, verstärkten diesen Blick vom abgebildeten Körper auf das Selbst: Neben Anzeigen in Zeitungen und Zeitschriften wurde der Punkt-Vibrator in Warenhäusern ausgestellt und beworben. Im Berliner Warenhaus Hermann Tietz beispielsweise erregte die Vorführung des Geräts im Frühjahr 1929 – inmitten der Parfümerieausstellung, bei der internationale Produktneuheiten präsentiert wurden – „Aufsehen“.[65] Auch wenn Baginski für den Punkt-Vibrator eine möglichst große Zielgruppe im Auge hatte, indem er etwa Ratenzahlung ermöglichte,[66] verweisen zwei Aspekte darauf, dass das Gerät auf Besserverdienende zugeschnitten war: Tietz’ Warenhaus als Ort von Luxusprodukten sowie der stattliche Preis. Denn der Vibrator kostete zwischen 240 und 460 RM,[67] wobei das monatliche Durchschnitts-Bruttoeinkommen in der Weimarer Republik im Jahr 1928 etwa halb so viel, 165 RM, betrug.[68] Die genauen Verkaufszahlen des Punkt-Vibrators sind allerdings nicht bekannt. Auch wenn die wenigsten Frauen das Gerät realistischerweise kaufen konnten, ließ die Werbung sie von einem besseren Leben träumen: Dies implizierte, dass Frauen sich nicht mehr ihres unzureichenden Körpers schämen mussten, sondern sie selbst zu Akteurinnen werden konnten. Ihr eigener Wille wurde der Schlüssel zu einem verschönerten Körper. Dadurch wurde Disziplin ermöglicht, denn „[e]in disziplinierter Körper ist der Träger einer leistungsstarken Geste“.[69]

Orientieren sollten sich Frauen am zeitgenössischen Körperideal, gleichwohl in dem Wissen, dass dieses Ideal nie vollständig erreicht werden konnte, sondern man sich diesem nur durch harte Arbeit am Selbst annähern konnte: Der Körper, gleichzeitig „Medium und Message“,[70] wurde zum Symbol für die Möglichkeiten

64 Barbara Duden, Frauen-„Körper“. Erfahrung und Diskurs, in: Handbuch Frauen- und Geschlechterforschung, Wiesbaden 2004, 504–518; Villa, Einleitung, 2008, 15.

65 Anzeige „Pflege der Schönheit“, in: Berliner Stadtblatt, 23.4.1929, Inseratenteil, Teil der Kladde LAB, A Rep. 250-02-00, Prof. Dr. med. Much’sche Präparate AG chemisch-pharmazeutische Fabrik, Nr. 127.

66 Broschüre Punkt-Vibrator „Gesundheit – Jugend durch 10 Minuten Haussport am Tage“, LAB, A Rep. 250-02-00, Prof. Dr. med. Much’sche Präparate AG chemisch-pharmazeutische Fabrik, Nr. 127.

67 Ebd.

68 Vgl. Statista, Durchschnittliches Bruttoarbeitseinkommen der vollzeitbeschäftigten Arbeitnehmer in der Weimarer Republik (Deutsches Reich) in den Jahren 1919 bis 1933 (in Reichsmark), https://de.statista.com/statistik/daten/studie/1100231/umfrage/durchschnittseinkommen-in-der-weimarer-republik/ (4.6.2024).

69 Michel Foucault, Überwachen und Strafen, Frankfurt am Main 1994, 196.

70 Stefanie Duttweiler, „Ein völlig neuer Mensch“. Aktuelle Körpertechnologien als Medien der Subjektivierung, in: Karl Brunner (Hg.), Verkörperte Differenzen: 3. Internationale Graduier-

eines beruflichen Aufstiegs und des privaten Glücks, was jede Frau unabhängig vom Alter durch den Kauf entsprechender Geräte scheinbar selbst in die Hand nehmen konnte.[71] Heiko Stoff analysiert, dass dadurch der „funktionalisierte Mensch und das konsumistische Begehren […] aufs Engste verbunden" seien, der Konsum erhielt eine Funktion für die Arbeit am Körper.[72]

Die vibratorische Arbeit am Geschlecht

Auch wenn die tatsächliche Nutzer*innengruppe des Punkt-Vibrators ebenso wie die Verkaufszahlen des Geräts unbekannt sind,[73] offenbart sich in den Werbeanzeigen und Broschüren das gesamtgesellschaftlich vorherrschende Idealbild der 1920er Jahre: das eines verjüngten Körpers, der, wie Heiko Stoff bemerkt, Geschlecht verschieden verkörpern sollte. Ein Entwurfstext für den Punkt-Vibrator (vermutlich aus dem Jahr 1927) zeigt dies eindrücklich:

> „Jugend – Schönheit! Die Sehnsucht aller Menschen. Meine Damen! Haben Sie garkeinen [sic!] Schönheitsfehler an Ihrer Person entdeckt? Zu dicke Beine, starke Hüften, welke Haut, träger Gang infolge Mattigkeit etc. Meine Herren! Verfügen Sie über die nötige Gesundheit und die jugendliche Kraft, um Ihren Beruf freudig auszuüben und allen Anforderungen, die an Sie herantreten, gerecht zu werden."[74]

Durch die Beschämung des eigenen Körpers („garkeinen Schönheitsfehler") wurden die potentiellen Käufer*innen direkt zum Handeln aufgefordert. Bei Frauen lag der Fokus auf ihren unzureichenden Körpern, etwa zu dicken Beinen oder alternder Haut. Die Werbung suggerierte, dass jede Frau irgendeinen Schönheitsfehler und damit eine physiologische Unzulänglichkeit habe, die sie beseitigen könne – falls nicht, leistete sie zu wenig *für ihren Körper*. Männer hingegen wurden mit Gesundheit, Kraft und Jugendlichkeit konfrontiert, denn nur damit könnten sie ihren Beruf

---

tenkonferenz Kulturwissenschaften/Cultural Studies, 24.–26. April 2003 an der Geistes- und Kulturwissenschaftlichen Fakultät der Universität Wien, Wien 2004, 130–146, 134.

71 Lüdtke, Bubikopf, 2021, 99.

72 Heiko Stoff, Die hormonelle Ökonomie der Geschlechtskörper. Sexueller Konsum und Konsens im 20. Jahrhundert, in: Tino Heim/Dominik Schrage (Hg.), Sexualtechnische Konsumobjekte und Metamorphosen moderner Sexualitäten. Praktiken, Beziehungsformen, Identitäten, Sozialverhältnisse, Wiesbaden [Heidelberg] 2023, 293–316, 297.

73 Auch wenn der Archivbestand Baginskis umfangreich ist, konnte ich keine genauen Verkaufszahlen zum Punkt-Vibrator finden.

74 Entwurfstext „Jugend – Schönheit! Die Sehnsucht aller Menschen", LAB, A Rep. 250-02-00, Prof. Dr. med. Much'sche Präparate AG chemisch-pharmazeutische Fabrik, Nr. 127.

zufriedenstellend ausführen. Diese Ansprüche an den Körper verweisen nicht auf einen binären biologischen Geschlechterunterschied, sondern darauf, „unterschiedliche Körper *herzustellen*", wie Heiko Stoff betont.[75] Mehr noch, denn „[w]ährend die Verjüngung des Mannes auf Leistungssteigerung und die Herstellung eines *Produktionskörpers* abzielte, war die Verjüngung der Frau ein umkämpftes Projekt. [...] Die Rekonstruktion eines weiblichen *Reproduktionskörpers* stand dabei [...] in Konkurrenz zur Etablierung eines emanzipierten *Leistungskörpers* und eines sexualisierten *Konsumkörpers.*"[76] Diese Herstellung verschiedener Körper- und damit Geschlechterbilder gilt nicht nur für die von Stoff untersuchten Schönheitsoperationen und Kosmetikprodukte, sondern genauso für die Vibratoren. Damit wurde geschlechtsspezifische Körperarbeit zu einem Symptom der 1920er Jahre. Insbesondere für Frauen ging es nicht mehr um ein romantisches Konzept einer attraktiven und damit im Darwin'schen Sinne[77] reproduktiven Frau. Durch die Ablehnung der „dicke[n] Beine, starke[n] Hüften" oder „unerwünschte[n] Fettpolster",[78] wie es in einer weiteren Anzeige heißt, wird deutlich, dass das bis in die 1910er Jahre geltende weibliche Ideal eines betonten Gesäßes nun abgelehnt wurde.

Die Überschrift „Erst die schlanke Hüfte läßt Sie elegant erscheinen"[79] einer weiteren Anzeige für den Punkt-Vibrator in Kombination mit der Abbildung einer jungen Frau, die während der Geräte-Anwendung nur ein kurzes Kleid trägt, verweist auf die Wichtigkeit des Körpers: Während noch im 19. Jahrhundert das Korsett und mehrere Stofflagen *Ver*-kleidungen des Körpers waren, welche die weibliche Silhouette simulierten, rückte der durch die kürzere Mode nun sichtbare Körper selbst ins Zentrum der Aufmerksamkeit,[80] unterstützt von sozialen Bewegungen wie der Lebensreform, die den Körper nicht nur von gesellschaftlichen Zwängen, sondern auch von den Zwängen des Korsetts befreien wollte.[81]

Das idealisierte Körperbild eines „emanzipierten *Leistungskörpers*" ohne „Fettpolster", das sich auch in anderen Anzeigen für Vibratoren in den 1910ern bis 1930er Jahren findet, bedeutete nicht nur Eleganz und Ansehnlichkeit, sondern verwies auf positive Charaktereigenschaften wie Selbstbewusstsein und gesellschaftlich

---

75 Heiko Stoff, „Janine. Tagebuch einer Verjüngten". Weibliche Konsumkörper zu Beginn des 20. Jahrhunderts, in: Claudia Bruns/Tilmann Walter (Hg.), Von Lust und Schmerz. Eine historische Anthropologie der Sexualität, Köln/Weimar/Wien 2004, 227. Hervorhebung im Original.

76 Stoff, „Janine", 2004, 238. Hervorhebung im Original.

77 Martschukat, Fitness, 2019, 73.

78 Anzeige Punkt-Vibrator „Ihre Hüfte, gnädige Frau", LAB, A Rep. 250–02–00, Prof. Dr. med. Much'sche Präparate AG chemisch-pharmazeutische Fabrik, Nr. 127.

79 Ebd.

80 Winfried Menninghaus, Schönheit – Leben – Tod. Zur Evolutionstheorie von Aussehenspräferenzen, in: Cathrin Gutwald/Raimar Zons (Hg.), Die Macht der Schönheit, München 2007, 35–48, 42.

81 Siehe dazu auch Möhring, Marmorleiber, 2004.

erwünschte Positionen, wurde Teil einer Erfolgs- und Glücksstrategie.[82] Diese Eigenschaften schienen Frauen erst liebenswert zu machen, gleichzeitig ermöglichten sie eine körperliche Positionierung in einer Leistungs- und Konsumgesellschaft. Schönheit wurde zur Leistung, sie verwies auf die Kontrolle über den eigenen Körper und erlaubte Frauen als Zugeständnis ihrer Subjektwerdung, innerhalb der Gesellschaft autonom zu handeln.[83]

Die Eigenschaften, die mit der Schönheit und vor allem der Verschönerung einhergingen, verwiesen nicht nur auf eine körperliche Oberfläche, die es herzustellen galt. Verbunden mit weiteren positiven Eigenschaften wie Erfolg ging es um ein auf ein Außen gerichtetes Selbst, das nicht nur schön, sondern attraktiv war. Attraktivität bewegte sich im „Spannungsfeld von Schönheit, Charisma und geschlechtsspezifischer Legitimität",[84] wobei letztere stark an Genderkonzeptionen und damit einhergehende Erwartungen gebunden war. Zugleich galt körperliche Attraktivität als Platzhalter für weibliche Sexualität und verwies damit auf ein wertendes männliches Außen: Dieses legt die Attraktivität fest, womit sie nicht normneutral ist, sondern abhängig von zeitgebundenen Idealen. Schließlich zog der Körper „seine Attraktivität auch aus dem Umstand, dass er für Willenskraft, Leistungsstärke und Gesundheit steht und damit ökonomische Verwertbarkeit verkörpert".[85]

Der gesunde und schöne Frauenkörper wurde, wie Stefanie Duttweiler betont, „zum Garanten der Erlösung und zugleich zu einem hartnäckigen Feind",[86] den es durch permanente Arbeit unter Kontrolle zu halten galt. Das Aussehen war nichts Natürliches mehr, sondern wurde als Ergebnis der eigenen Leistung sozial anerkannt. Dieser Diskurs verstärkte die Überzeugung, dass der weibliche Körper mithilfe von Geräten wie dem Punkt-Vibrator reguliert, diszipliniert und kontrolliert werden könne, wodurch mit dem traditionellen Bild des unkontrollierbaren weiblichen Körpers gebrochen wurde.[87]

Das jugendliche Lebensgefühl, das mit der Verschönerung des Körpers einherging, bedeutete für Frauen nicht nur Kontrolle und Disziplinierung, sondern kann auch als ein Akt der Ermächtigung im öffentlichen Raum gelesen werden. Denn mit der Arbeit an einem schlanken Körper trieben Frauen eine „Vermännlichung" ihres Körpers voran, was durch zeitgenössische Accessoires wie Zigaretten, dem

82 Lüdtke, Bubikopf, 2021, 94.

83 Paula Diehl, Schönheit als Pflicht – Oder warum sich Berlusconi operieren ließ, in: Gutwald/Zons (Hg.), Macht der Schönheit, 2007, 179–204, 194.

84 Görtler, Schönheit und Weiblichkeit, 2012, 24 f.

85 Graf, Leistungsfähig, 2013, 146.

86 Duttweiler, Neuer Mensch, 2004, 138.

87 Loeb, Consumerism, 2010, 263. Der weibliche Körper, der als unkontrollierbar gilt, kommt vor allem aus dem Hysterie-Diskurs des späten 19. Jahrhunderts.

erwähnten Bubikopf und der saloppen Mode verstärkt wurde.[88] Mithilfe dieser Körper konnten Frauen den öffentlichen Raum vermehrt für sich beanspruchen und an ihm teilnehmen. Ihre öffentliche Sichtbarkeit löste die stark gegenderten Räume insbesondere des 19. Jahrhunderts trotz bestehender Stadt-, Land- und Schichtgefälle allmählich auf.

Von sexualisierten Körpern und echtem Sex

Dass Frauen nun verstärkt am öffentlichen Raum teilnahmen, hatte nicht nur etwas mit ihrem „vermännlichten" Selbst zu tun, sondern wurde von Männern, die den öffentlichen Raum bisher bestimmt hatten, mitgeprägt: Schließlich existierte das „Selbstbild der Frau […] als Objekt des fremden Blicks, indem dieses konstant zwischen den von ihren Betrachtern vorgegebenen Perspektiven oszilliert".[89] Der ‚weibliche' Blick auf das Selbst formte sich durch den ‚männlichen Blick' von Medizinern oder von Herstellern von Konsumprodukten.[90] Durch diese von außen vorgegebenen Maßstäbe bewerteten sich Frauen konstant selbst, was durch entsprechende Werbestrategien verstärkt wurde: Frauen sahen sich in den Massenmedien der 1920er Jahre als agile Körper beim Sonnenbaden, Tanzen, beim Rad- oder Autofahren. Gleichzeitig wurden Frauenkörper jedoch als erotisierte Blickfänge auf Werbeanzeigen oder Buchumschlägen abgebildet, was das Bild der sexuell unabhängigen Neuen Frauen konterkarierte und verkomplizierte.[91]

Einerseits veranschaulichen diese beschriebenen, vermehrt auftretenden massenmedialen Abbildungen einer befreiten Frau einen neugewonnenen Individualismus und ein neues weibliches Selbstverständnis, über das sich Frauen mit ihrer äußeren Erscheinung selbst definieren wollten.[92] Andererseits wurde das Gefühl des Selbst-Entscheiden-Könnens, das die Werbungen vermittelten, von den männlichen Herstellern geprägt, wie auch anhand der Vibratoren deutlich wird. Junge Frauen bewarben etwa den Punkt-Vibrator in Schaufenstern von Kaufhäusern zur Unterhaltung der anwesenden Schaulustigen,[93] wodurch die weiblichen Körper

88 Ramsbrock, Körper, 2011, 163.

89 Von Ankum, Karriere – Konsum – Kosmetik, 2000, 183.

90 Ebd. Die Filmtheoretikerin Laura Mulvey prägte den Begriff „male gaze" in ihrem Essay „Visual Pleasure and Narrative Cinema" (in: Screen 16/3 [1975], 6–18): Sie analysiert cinematische Darstellungen als vom männlichen Blick geprägt und den Idealen des Patriarchats entsprechend.

91 Stephanie D'Alessandro, Der erregte Betrachter. Über Voyeurismus, in: Claudia Schmölders/Sander L. Gilman (Hg.), Gesichter der Weimarer Republik. Eine physiognomische Kulturgeschichte, Köln 2000, 191–205, 194.

92 Von Ankum, Karriere – Konsum – Kosmetik, 2000, 176.

93 Riesaer Tageblatt und Anzeiger, 27.9.1927, o. A.; vgl. auch Ottomar Starke, Tausend Lockungen hinter Glass: Zur Physiologie des Schaufensters, in: Scherl's Magazin 2 (1930), 606–610, 606.

objektifiziertes, zur Schau gestelltes Beiwerk und gleichzeitig sexualisierter Beweis der Funktionalität des beworbenen Geräts wurden. Auf einer vermutlich gestellten Fotografie zu dieser Werbemaßnahme sieht man, wie eine junge Frau – sie trägt ein ärmelloses kurzes Sportdress, hochhackige Schuhe und Perlenkette – in einem Schaufenster auf einem Schemel posiert. Sie vibriert sich die Taille, was einige vor dem Schaufenster stehende Männer verschiedenen Alters beobachten.[94] Die Pose der jungen Frau und ihre räumliche Separation im Fenster erinnert an Sexarbeiterinnen, die ihre Dienste in den einem Schaufenster ähnelnden Koberfenstern anbieten. Damit wird der weibliche Körper für ein männliches, voyeuristisches Publikum sexualisiert, er wird performt durch die Accessoires der Schuhe, des kurzen Kleides und der Kette.

Diese Techniken des Selbst erhielten ein trickreiches Doppelgesicht, indem sie zu Techniken der Freiheit und gleichzeitig zu subtilen Techniken der sozialen Unterwerfung wurden.[95] Der Blick auf den Körper wurde nicht nur ein emanzipierter vonseiten der Frauen, sondern auf ihn traf nach wie vor ein männlicher sexualisierter Blick, was als Preis für das Mitspielen in der Öffentlichkeit gewertet werden kann. Durch den Zwang, die Schönheit zu erhalten, der verstärkt proklamiert und kontrolliert wurde, blieben Frauen gegenüber Männern tributpflichtig, denn erst durch Männer erhielten Frauen tatsächliche soziale Anerkennung im öffentlichen Raum, mehr als etwa durch die Ausübung eines Berufs.[96] Umgekehrt forderte die Ausübung bestimmter, für Frauen angedachter Berufe, wie Verkäuferinnen oder Sekretärinnen, ebenfalls einen öffentlich vorzeigbaren, schönen Körper. Dies war, wie Siegfried Kracauer betonte, eine Antwort auf die geschlechtsspezifische Arbeitsmarktpolitik,[97] denn für Frauen bedeutete sichtbares Altern nicht nur das „Ausscheiden aus dem Liebeskampf", sie schieden ebenso „aus dem Existenzkampf" aus.[98] Ein attraktives Äußeres sollte ihnen nicht nur einen Arbeitsplatz sichern, es sollte dazu beitragen, gesellschaftliche Zweifel auszuräumen, ob sich Weiblichkeit und Berufstätigkeit erfolgreich miteinander verbinden ließen. Jugendliche Körper sollten den Eindruck erwecken, dass der Stress des Berufsalltags keine negativen Auswirkungen auf die ‚feminine Aura' hatte und sie im heterosexuellen Geschlechterspiel weiterhin ‚konsumiert' werden konnten.[99]

---

94 Undatierte und unbenannte Fotografie im Konvolut LAB, A Rep. 250–02–00, Prof. Dr. med. Much'sche Präparate AG chemisch-pharmazeutische Fabrik, Nr. 127.

95 Sabine Maasen, Schönheitschirurgie. Schnittflächen flexiblen Selbstmanagements, in: Barbara Orland (Hg.), Artifizielle Körper – Lebendige Technik. Technische Modellierungen des Körpers in historischer Perspektive, Zürich 2005, 239–261, 255.

96 Ramsbrock, Körper, 2011, 210.

97 Ebd.; auch in: Krakauer, Angestellten, 1930.

98 Von Ankum, Karriere – Konsum – Kosmetik, 2000, 179.

99 Ebd.

Baginski ging es nicht nur um weibliche Schönheit, die sein Punkt-Vibrator herstellen und verbessern könne und durch die Frauen emanzipiert an der Leistungsgesellschaft teilnehmen können sollten. Seine in der Broschüre verwendete Abbildung verweist auch auf einen sexualisierten Frauenkörper. Und mehr noch, sein Gerät sollte auch konkret einen sexuellen Körper herstellen.[100] Denn damals wie heute sollte Schönheit nicht nur positive Charaktereigenschaften belegen, sondern auch mit einer besser gelebten Sexualität – der geschlechtlichen Interaktion zwischen Geschlechtspartner*innen – einhergehen.[101] Dies verweist auf die Komplexität weiblicher Körperideale der 1920er Jahre. Eines der Ideale zielte auf einen, wie Heiko Stoff es nennt, „sexualisierten *Konsumkörper*" ab,[102] bei dem Konsumobjekte in der Normalisierung sexueller Begehrensformen eine große Rolle spielten.[103]

Gleich dem Körper wurde auch Sexualität nicht mehr als natürlich gegeben angenommen, weshalb sie verbessert werden sollte, etwa durch Ratgeber wie jenen des Bestsellerautors Theodoor Hendrik Van de Velde. Er wollte mithilfe von praktischen Tipps die eheliche Sexualität bereichern, wodurch er sich am Aufbrechen von Körperbildern und Geschlechterrollen in den 1920er Jahren beteiligte: Auch wenn der Mann beim sexuellen Akt (Samen) spende und die Frau (diesen) empfange, sei dies nicht mit weiblicher Passivität gleichzusetzen.[104] Damit unterstrich Van de Velde die zeitgenössisch modernen weiblichen Körperideale wie jene der Neuen Frau, die vorherrschende heteronormative Annahmen über Geschlecht unterliefen. Der Frauenkörper wurde zu einem sexuellen Wunschkörper, der nun Ansprüche auf optimales Lustempfinden hatte.[105]

Während Van de Feldes Ansätze als Aufweichen der binären Geschlechter- und Sexualitätsordnung gelesen werden können, schlägt eine Werbebroschüre Baginskis einen anderen Ton an. Darin wird ersichtlich, dass sowohl ein heteronormativer als auch ein ‚vermännlichter' Frauenkörper gleichzeitig als Ideale beworben werden konnten: In dem 16-seitigen Prospekt „Gesundheit – Jugend durch 10 Minuten Haussport am Tage", einer undatierten, aber vermutlich allerersten Broschüre für

100 Broschüre Punkt-Vibrator „Gesundheit – Jugend durch 10 Minuten Haussport am Tage", LAB, A Rep. 250–02–00, Prof. Dr. med. Much'sche Präparate AG chemisch-pharmazeutische Fabrik, Nr. 127.

101 Cathrin Gutwald/Raimar Zons, Vorwort, in: Gutwald/Zons (Hg.), Macht der Schönheit, 2007, 7–8, 7.

102 Stoff, „Janine", 2004, 238. Hervorhebung im Original.

103 Tino Heim/Dominik Schrage, Einleitung. Sexualtechnische Konsumobjekte und die Metamorphosen moderner Sexualitäten, in: Tino Heim/Dominik Schrage (Hg.), Sexualtechnische Konsumobjekte, 2023, 1–66, 11.

104 Theodoor Hendrik Van de Velde, Die vollkommene Ehe. Ihre Physiologie und Technik, Rüschlikon/Zürich 1926, 153.

105 Stoff, „Janine", 2004, 218.

den Punkt-Vibrator in den späten 1920er Jahren,[106] wurde die Fotografie des eingangs vorgestellten unbekannten Models mit Bubikopf, Negligé und Stöckelschuhen verwendet (vgl. Abbildung 3). Das Bild der jungen Frau nimmt etwa die Hälfte der Broschürenseite „Der Charme der Frau" ein und ist untertitelt mit „Das ‚Punkt-Vibrieren' der Hüften lässt überraschend schnell die Fettpolster verschwinden". Auf der linken und rechten Seite ist das Foto von jeweils drei gezeichneten, kreisrunden Abbildungen gerahmt, in denen Männer verschiedene Sportarten ausüben (Turmspringen, Speerwerfen, Stabhochsprung, Laufen, Boxen, Reckturnen). Unter den Abbildungen findet sich folgender Text:

> „Der Charme der Frau.
> Der Liebreiz, den eine Frau auf den Mann ausstrahlt, ist oft unbeschreiblich. Eine Einwirkung, die so subtil, so zartsinnig fein ist, dass weder Anatom noch Chemiker dieses Geheimnis zu lüften vermochten! Ja! Die Wirkung mancher Frau auf den Mann ist so ein verborgenes, süsses ..., das verschwiegenste aller Geheimnisse. –
> Wollen wir es verraten? – *Wie ein Strauss frischer Blumen im Frühling,* nein köstlicher, vieltausendmal die tiefsten Tiefen der Seele irritierender ist das unmerkliche Aroma – ihres Körpers. Duftet nicht gesunde Haut zarter als ein rosiger Pfirsich? Nimm edles Obst, die auserlesensten Früchte – so wunderbar und zart, dem Bewusstsein so unmerklich, kann die verlockendste Frucht nicht duften! Der auserlesenste Strauss köstlichen Aromas ist nichts – gegen den unmerklichen Duftreiz, den schöner, gesunder Frauen Leib lockend auf die Keimdrüsen des Mannes ausstrahlt. *Unbewusste Abgabe! Unbewusster Empfang!* – Darin liegt die verschwiegene Heimlichkeit, der volle – anders unreproduzierbare – Reiz der Geschlechter untereinander.
> Sagt nicht schon der logische Beobachter Julius Hensel: ‚Liebliche Gerüche erheitern die Seele. Der Riechnerv aber steht an der Spitze aller Gehirnverästelungen!'
> Und die ungeliebte Frau? Irgendwo steht in ihrem Körper der Zeiger auf Disharmonie. *Steht ein Strauss blühender Blumen in welkendem Wasser?* Ist der im Körper lustig dahinplätschernde rote Bach plötzlich gehemmt? – Unsichtbar, unhörbar wandern geheimnisvoll Duftwellen von einem Körper zum anderen und verraten sich Vitaminen gleich nur durch ihre Wirkung. Singt nicht oft herbstlicher Wind auf seine Art ... wenn die Liebe stirbt. – Die kluge Frau beugt vor ..."[107]

106 Die sehr ausführliche Broschüre zum Punkt-Vibrator deckt jedes Anwendungsgebiet – ein gesundes Herz, ein fitter Körper, verbesserter Blutkreislauf – mit blumigen Formulierungen ab; Baginskis Berliner Fabrik trug den offiziellen Beinamen „Fabrik orthopädischer Apparate".

107 Broschüre Punkt-Vibrator „Gesundheit – Jugend durch 10 Minuten Haussport am Tage", 6, LAB, A Rep. 250–02–00, Prof. Dr. med. Much'sche Präparate AG chemisch-pharmazeutische Fabrik, Nr. 127. Hervorhebungen im Original.

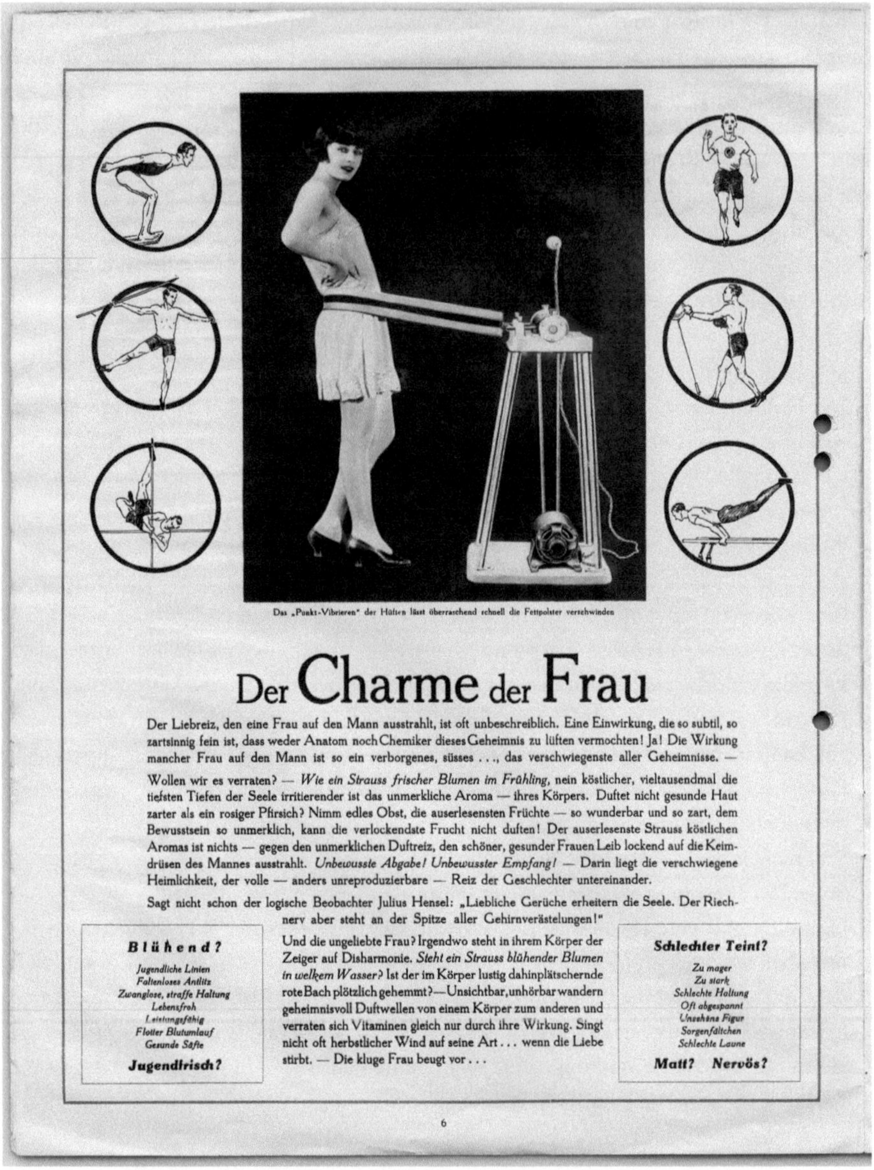

Das „Punkt-Vibrieren" der Hüften lässt überraschend schnell die Fettpolster verschwinden

Der Charme der Frau

Der Liebreiz, den eine Frau auf den Mann ausstrahlt, ist oft unbeschreiblich. Eine Einwirkung, die so subtil, so zartsinnig fein ist, dass weder Anatom noch Chemiker dieses Geheimnis zu lüften vermochten! Ja! Die Wirkung mancher Frau auf den Mann ist so ein verborgenes, süsses . . ., das verschwiegenste aller Geheimnisse. —

Wollen wir es verraten? — *Wie ein Strauss frischer Blumen im Frühling,* nein köstlicher, vieltausendmal die tiefsten Tiefen der Seele irritierender ist das unmerkliche Aroma — ihres Körpers. Duftet nicht gesunde Haut zarter als ein rosiger Pfirsich? Nimm edles Obst, die auserlesensten Früchte — so wunderbar und so zart, dem Bewusstsein so unmerklich, kann die verlockendste Frucht nicht duften! Der auserlesenste Strauss köstlichen Aromas ist nichts — gegen den unmerklichen Duftreiz, den schöner, gesunder Frauen Leib lockend auf die Keimdrüsen des Mannes ausstrahlt. *Unbewusste Abgabe! Unbewusster Empfang!* — Darin liegt die verschwiegene Heimlichkeit, der volle — anders unreproduzierbare — Reiz der Geschlechter untereinander.

Sagt nicht schon der logische Beobachter Julius Hensel: „Liebliche Gerüche erheitern die Seele. Der Riechnerv aber steht an der Spitze aller Gehirnverästelungen!"

Blühend?
Jugendliche Linien
Faltenloses Antlitz
Zwanglose, straffe Haltung
Lebensfroh
Leistungsfähig
Flotter Blutumlauf
Gesunde Säfte
Jugendfrisch?

Und die ungeliebte Frau? Irgendwo steht in ihrem Körper der Zeiger auf Disharmonie. *Steht ein Strauss blühender Blumen in welkem Wasser?* Ist der im Körper lustig dahinplätschernde rote Bach plötzlich gehemmt? — Unsichtbar, unhörbar wandern geheimnisvoll Duftwellen von einem Körper zum anderen und verraten sich Vitaminen gleich nur durch ihre Wirkung. Singt nicht oft herbstlicher Wind auf seine Art . . . wenn die Liebe stirbt. — Die kluge Frau beugt vor . . .

Schlechter Teint?
Zu mager
Zu stark
Schlechte Haltung
Oft abgespannt
Unschöne Figur
Sorgenfältchen
Schlechte Laune
Matt? Nervös?

6

Abbildung 3: Ausschnitt aus der Broschüre „Gesundheit – Jugend durch 10 Minuten Haussport am Tage" (ca. 1927/28).
Quelle: Landesarchiv Berlin, A Rep. 250–02–00, Prof. Dr. med. Much'sche Präparate AG chemisch-pharmazeutische Fabrik, Nr. 127.

In diesen Fließtext wurde links und rechts jeweils ein Textkästchen eingearbeitet, in denen gegenteilige Eigenschaften gegenübergestellt sind: Während links „**Blühend?** Jugendliche Linien, Faltenloses Antlitz, Zwanglose, straffe Haltung, Lebensfroh, Leistungsfähig, Flotter Blutumlauf, Gesunde Säfte, **Jugendfrisch?**" zu lesen ist, stehen im rechten Kästchen gegenteilige Annahmen: „**Schlechter Teint?** Zu mager, Zu stark, Schlechte Haltung, Oft abgespannt, Unschöne Figur, Sorgenfältchen, Schlechte Laune, **Matt? Nervös?**"[108] Diese beiden Textkästchen verstärkten die Aussagen des Haupttextes auf bildliche Weise, und die Leser*innen konnten sich, ihr Aussehen und ihre Symptome sofort einordnen.

In den ermutigend formulierten Text mit der entsprechenden Illustration über rationalisierte, verschönernde und verjüngende Körperarbeit mischte sich gleichzeitig und scheinbar beiläufig ein neuer Tenor zur Geräteanwendung. Durch das Gerät sollten verschiedene, im Körper als „Geheimnis" benannte „Reize" verstärkt werden, denen eine heterosexuelle Komponente inhärent war. Schließlich bezog sich der Text im ersten Absatz zwei Mal auf die sexuelle Anziehung der Frau auf den Mann.[109] Betont wurde dies durch Begriffe wie „Charme" und „Liebreiz", die Teil weiblich konnotierter Eigenschaften waren und Frauen einen Platz in der heterosexuellen Geschlechterordnung zuwiesen. Diese Eigenschaften wurden verstärkt durch eine „subtil[e]", „zartsinnig fein[e]" „Einwirkung" auf den Mann. Metaphernreich, beispielsweise mit dem Bild „Strauss frischer Blumen im Frühling", wurde eine romantisierende heterosexuelle Atmosphäre geschaffen, die sich um ein „Geheimnis" dreht, das jedoch nicht konkret benannt, sondern hinter Blumen- und Obst-, also Naturmetaphern, versteckt wurde. Sexualität wird so zu einer, wie Eva Illouz betont, sprachlichen Angelegenheit, die durch „Verbalisierung erreicht werden mußte".[110]

Die Betonung des „weiblichen Aromas" als Faktor der sexuellen Anziehung weist auf die (allerdings erst ab den späten 1950ern bekannten) Pheromone hin, die dem weiblichen Körper helfen sollen, „lockend auf die Keimdrüsen des Mannes" auszustrahlen.[111] Dies ermögliche der Frau, vom männlichen Gegenüber ‚geliebt' – eine umschreibende Formulierung für das Begehren – zu werden. Auch wenn der medizinische Begriff der „Keimdrüsen" bereits im 19. Jahrhundert bekannt war, so liegt die Vermutung nahe, dass er in diesem Text auf die zeitgenössischen

108 Ebd. Hervorhebungen im Original.

109 Auch wenn unweigerlich die Frage nach der Eugenik aufkommt, verweist kein Mediziner und auch kein Produkthersteller auf Anwendungen in diesem Bereich. Vielmehr stand Vibration der Sozialmedizin nahe, die ein besseres Leben ermöglichen sollte.

110 Eva Illouz, Gefühle in Zeiten des Kapitalismus, Frankfurt am Main 2007, 19.

111 Broschüre Punkt-Vibrator „Gesundheit – Jugend durch 10 Minuten Haussport am Tage", 6, LAB, A Rep. 250–02–00, Prof. Dr. med. Much'sche Präparate AG chemisch-pharmazeutische Fabrik, Nr. 127.

Forschungen zu Verjüngung etwa des Wiener Physiologen Eugen Steinach und auf den wissenschaftlichen Diskurs um die Hormonforschung verwies.[112] Denn obwohl die Relevanz der Hormone in Bezug auf die Verjüngung und damit ihr Einfluss auf die Sexualität unbestritten war, machte die Forschung dazu nur geringe Fortschritte. Im Jahr 1924 existierte noch kein verlässliches Nachweisverfahren für weibliche Sexualhormone.[113] Diese „unbewusste Abgabe" wurde zur „verschwiegenen Heimlichkeit" erklärt, auf der die geschlechtliche Anziehung beruhte. Der Punkt-Vibrator sollte nun die Hormone von außen mechanisch stimulieren und die sexuellen Reize so auf ‚natürliche Weise' verstärken: Dabei wurde der „Reiz" als verlockende Wirkung und Anziehungskraft als ausschließlich weibliche Eigenschaft angesehen, die in einem engen Zusammenspiel mit der Schönheit stand.

Schönheit verwies laut diesen Ausführungen auf eine dahinterliegende sexuelle Aufgeladenheit, durch welche eine Frau zur unschuldigen Verführerin wird, die geliebt werden will. Wenn Frauen, so das Versprechen, mit dem Punkt-Vibrator an ihrem Körper arbeiteten, würden ihre sexuellen Vorzüge stärker zur Geltung kommen. Allerdings macht der Broschürentext eine Einschränkung: Nur die Körper „schöner, gesunder Frauen" könnten dies leisten, wodurch die (hetero-)sexuelle Anziehung abhängig von Schönheit und Gesundheit wurde. Vibration schien das Hilfsmittel der Wahl zu sein, da sie schon vorhandene, aber bisher versteckte Vorteile des Körpers nach außen kehren könne. Auch wenn also auf der beschriebenen Broschürenseite vordergründig ein „sexueller Konsumkörper" gezeigt wurde, verwiesen diese Stellen auf einen weiblichen gesunden Reproduktionskörper. Sie schließen damit an die bereits angesprochenen Darwin'schen Thesen zur sexuellen Selektion an, bei denen bestimmte natürliche Faktoren den Fortpflanzungserfolg versprechen, da etwa gesunde und attraktive Frauen besseres Erbgut signalisieren.[114]

Der erste Teil des zitierten Broschürentextes stellt durch die gewählten bildreichen Beschreibungen besonders stark die durch Vibration hervorgerufene heterosexuelle Anziehung in den Mittelpunkt. Jedoch bleibt das angesprochene Geheimnis, das gelüftet werden soll, in Metaphern verschlüsselt, nämlich die zu vermittelnde Wirkung auf die weibliche „Sexualität" oder „Attraktivität". Auch wenn explizite Begriffe zur Sexualität vermutlich aus juristischen Gründen vermieden wurden, offenbart sich durch die Nichtnennung des „Ehe"-Begriffs der Fokus der Broschüre auf ein Körperideal jenseits der Ehe und der Reproduktion, was durch das Aussehen des abgebildeten Models mit Bubikopf und kleinen Brüsten verstärkt wird.

112 Stoff, „Janine", 2004, 220.
113 Stoff, Wirkstoffe, 2013, 118.
114 Martschukat, Fitness, 2019, 72 ff.

Um die Wirkung der Vibration auf die Hormone und damit letztlich auf die Sexualität zu unterstreichen, wurde ein Zitat des „logische[n] Beobachter[s] Julius Hensel" als Bestätigung genutzt.[115] Hensel war zwar Chemiker, Apotheker und Mediziner, aber vor allem für seine Nährsalze und weniger für den im Text verhandelten Inhalt bekannt. Dennoch reichte seine im Text verwendete Aussage über „liebliche Gerüche" anscheinend aus, um ihn für die Konsument*innen zu einem Experten auf diesem Feld zu machen. Dass sein Zitat so prominent eingesetzt wurde, war typisch für die Produktwerbung, in der männliche Wissenschaftler zu Wort kommen, um die Wirksamkeit von Produkten zu unterstreichen.[116]

Auch wenn das „Geheimnis", das es zu enthüllen gab, im Vagen bleibt, kann davon gesprochen werden, dass der Punkt-Vibrator weibliche Sexualität tatsächlich herstellen und an ihr arbeiten sollte. Durch die Ausführungen in der Broschüre wurde die Notwendigkeit der Schönheit nicht selbstreferentiell, sondern sollte zu weiblichem „Charme" führen, also einer Attraktivität, die sich sowohl körperlich als auch charakterlich ausdrücken sollte. Die Verstärkung des Charmes wurde auf den durch den Vibrator stimulierten „Duftreiz" zurückgeführt. Ich lese den Duftreiz als weibliches Pendant zur männlichen Potenz. Somit bestätigt sich die zeitgenössische Aussage Theodoor Hendrik van de Veldes, dass auch Frauen in ihrer Sexualität aktiv seien und daran arbeiten konnten. Frauen sollten durch den Einsatz von Vibratoren zum (sich selbst optimierenden) sexuellen Subjekt werden; dabei half ihnen die Konsumkultur, die Geschlechtsidentitäten um eine Reihe von Objekten organisierte, welche die sexuelle Attraktivität steigern sollten, wie Eva Illouz analysiert.[117] Gleichzeitig zeigt sich in den zeitgenössischen Texten, dass das Sprechen über weibliche Sexualität trotz des Wandels der Geschlechterbilder tabuisiert blieb und trotz des etwas offener geführten Diskurses Metaphern und Allegorien genutzt wurden, wenn Geräte die weibliche Sexualität verbessern sollten.

Wie Emotionen zur Arbeit am attraktiven Selbst genutzt wurden

Die Rolle der Selbstverantwortlichkeit für Frauen wurde im vorgestellten Broschürentext stark betont, schließlich ging es um ihre verbesserte Sexualität: In der ersten Texthälfte wurden die positiven Aspekte der Vibration vermittelt. Durch die Anwendung des Geräts entstünde der weibliche „Charme". In der zweiten Texthälfte

115 Julius Hensel (1833–1903) stand zudem den frühen Strömungen der Lebensreform und der Homöopathie nahe.

116 Florian Diener, Wann ist ein Mann ein Mann? Eine kleine Kulturgeschichte maskuliner Körperdarstellungen im Spiegel der Medien, in: Bettina Richter/Museum für Gestaltung Zürich (Hg.), Talking Bodies. Bild, Macht, Wirkung, Zürich 2024, 35–48, 43.

117 Eva Illouz, Wa(h)re Gefühle. Authentizität im Kapitalismus, Frankfurt am Main 2018, 22.

wurde zudem ein Gefühlsregime aufgerufen, das Frauen daran erinnern sollte, wie wichtig die Arbeit am eigenen Körper war. Um das zu erreichen, sprach der Text die Emotionen der Leser*innen an. Ein schlanker, verjüngter Körper wurde zu einer „Frage der Willensstärke und [des] Verstand[es]",[118] und der Idealkörper als Symbol für einen positiven weiblichen Charakter ließ auf rationales Handeln und mentale Festigkeit schließen,[119] da er die in ihn investierte Arbeit zu repräsentieren schien. So wurden Innen und Außen kurzgeschlossen und „im Körperausdruck in ihrer Bedeutung sichtbar".[120] Die durch die Werbung ausgelösten Gefühle wurden zum Kern des Veränderungswillens, denn die aktive Arbeit wurde mit Eigenschaften belohnt, die „Selbstvertrauen", „Erfolg", „Macht"[121] und letztlich wieder „Sex" und „Liebe" versprachen. Mit den durch das Gerät hergestellten Eigenschaften konnte jede Frau zur *self-made woman* werden.[122]

Die Wichtigkeit des eigenen Körpers für das heterosexuelle Geschlechterspiel wird im letzten Teil des Broschürentexts verstärkt: Eiferten Frauen dem Körperideal nicht nach, drohe der Verlust der „Liebe" – eine Metapher für romantische und heterosexuelle Beziehungen – und damit ein gesellschaftliches Abseits.[123] Dies ergebe sich zwangsläufig, denn bei der „ungeliebte[n] Frau" stünde in ihrem „Körper der Zeiger auf Disharmonie". Analog zu den anfangs benannten positiv besetzten Sprachbildern für den weiblichen schönen gesunden Körper („Pfirsich") beschreiben die im letzten Abschnitt verwendeten Metaphern das Gegenteil, wie der Blumenstrauß „in welkendem Wasser" oder dass der „lustig dahinplätschernde rote Bach plötzlich gehemmt" sei. Der Verweis auf einen nicht genügend belebten und aktivierten Körper setzt sich aus zwei zeitgenössischen Theorien zusammen, auf die neben dem „roten Bach" die „Duftwellen" anspielen. Ersterer verweist auf die Blutbahnen und den Stoffwechsel, die jungerhalten werden müssten. Außerdem kann die Aussage auf Menstruationsblut anspielen, das mit dem Alter, also der Menopause, versiegt. Da Frauen im „Herbst" ihres Lebens keinen Reproduktionskörper mehr haben, wurde ihnen auch Sexualität, Schönheit und Lust abgesprochen, was es zu verhindern galt. Der Verweis auf ‚sich ähnlich Vitaminen verhaltende' „Duftwellen" spielt auf die zeitgenössische Hormontheorie und die im Körper ablaufenden chemischen Prozesse an. Diese auf die medizinisch-biologischen Prozesse im Körper anspielenden Hinweise werden konterkariert durch die rhetorische Frage „Singt nicht oft herbstlicher Wind auf seine Art … wenn die Liebe stirbt". Damit werden die wissenschaftlichen Ausführungen auf die (potenziell fehlende) Romantik

118 Ramsbrock, Körper, 2011, 175.
119 Ebd., 182.
120 Duttweiler, Neuer Mensch, 2004, 135.
121 Ramsbrock, Körper, 2011, 175.
122 Von Ankum, Karriere – Konsum – Kosmetik, 2000, 175.
123 Stoff, „Janine", 2004, 237.

zurückgeführt, und Altsein, Alleinsein und ein mann-loses und damit lieb-loses Leben werden als Schreckensszenario dargestellt. Die ausgelösten Gefühle und Sorgen der Konsumentinnen werden verstärkt durch direkte Fragen im Text.

Das drohende Schreckensszenario könne jedoch vermieden werden, denn „Die kluge Frau beugt vor …",[124] womit der Broschürentext endet. Dies verweist auf den Einfluss, den eine Frau auf ihre gesellschaftliche Rolle haben kann – durch die Verwendung des Produkts. Damit kontrollierten Werbetexte wie dieser nicht nur die Gefühle der potenziellen Käuferin, sondern weckten bestimmte Gefühle, damit das beworbene Produkt konsumiert wurde – wodurch zunehmend Emotionen statt Produkte verkauft wurden und Emotionen einer kapitalistischen Verwertbarkeit unterlagen. Dieses sogenannte „emotionale Branding" sollte einen „Dialog" entwickeln, um Frauen an Marken zu binden.[125] Die Werbetreibenden machten sich dabei medizinisch-gesellschaftliche Annahmen über Frauen zunutze, nämlich dass Frauen eine höhere Emotionalität hätten, daher musste Werbung die Gefühle ansprechen.[126]

Insbesondere in diesem Beispiel offenbart sich ein textliches Kippbild, das oft auch in anderen zeitgenössischen Anzeigen zur Anwendung kam und das sich zwischen freundlichem Motivieren und Tadeln bewegt. Dieses Kippbild sollte dazu motivieren, sich für die aktive Arbeit am Körper zu entscheiden. Beim Punkt-Vibrator als Körpergerät sollten Frauen zunächst Scham oder ein schlechtes Gefühl ob des eigenen Körpers entwickeln, etwa weil sie (noch) nicht am Körper arbeiteten. Durch Benennung der mangelhaften Körperteile, der unzulänglichen Figur, des Alters und der damit einhergehenden fehlenden Anziehungskraft wurden bei den Frauen Emotionen und Sorgen ausgelöst, die sie an ihre eigene Unzulänglichkeit erinnerten. Dies sollte sie motivieren, an ihrer Körperoptimierung und Attraktivität unter Verwendung von kaufbaren Geräten zu arbeiten. Mithilfe bestimmter Geräte und der aufgewendeten Arbeit konnten die Sorgen in ein positives Gefühl umgewandelt werden, weil das vorherrschende Körperideal nun erreichbar schien.

Wie Katharina von Ankum bemerkt, entwickelte der von der Werbung geprägte Begriff von Schönheit „ein Eigenleben. Die tatsächliche Wirksamkeit der annoncierten Produkte trat hinter der psychologischen Wirkung auf die Frau und deren Versuch, ‚das Beste' aus sich zu machen, zurück."[127] Es ging nicht mehr unbe-

---

124 Broschüre Punkt-Vibrator „Gesundheit – Jugend durch 10 Minuten Haussport am Tage", 6, LAB, A Rep. 250-02-00, Prof. Dr. med. Much'sche Präparate AG chemisch-pharmazeutische Fabrik, Nr. 127.

125 Illouz, Gefühle, 2018, 32 ff.; Roland Marchand, Advertising the American Dream. Making Way for Modernity, 1920–1940, Berkeley/Los Angeles/London 1985, 10; Ute Frevert, Kapitalismus, Märkte und Moral, Wien/Salzburg 2019, 131.

126 Marchand, Advertising, 1985, 66.

127 Von Ankum, Karriere – Konsum – Kosmetik, 2000, 180.

dingt um die tatsächliche Wirkung und das Erreichen des Ideals, sondern um den Konsum der entsprechenden Produkte und das Versprechen, mithilfe dieser eine bessere Version des Selbst erreichen zu können. Verstärkt wurde dies durch die abgebildeten idealen Frauenkörper in den Anzeigen.

Dieses Kippbild in den Anzeigen scheint zu bestätigen, wie das Aussehen des Körpers zeitgenössisch verhandelt wurde, vermutlich formte es den Blick und die Notwendigkeit der Arbeit am Körper mit, denn an die körperlich sichtbaren Eigenschaften waren bestimmte Emotionen gebunden: Nur ein gesunder und schöner Mensch könne glücklich werden. Umgekehrt wurde Unglücklichsein mit Kranksein gleichgesetzt, was durch eine Optimierung des Körpers geheilt werden müsse.[128] Ging es um Sexualität, so wurde dem Schönen das Erotische zugesprochen, wohingegen das Hässliche mit dem Unerotischen gleichgesetzt wurde.[129] Folglich wurde das verantwortliche Umgehen mit dem eigenen Äußeren sowohl fester Bestandteil des gesellschaftlichen Engagements der Frau als auch Ausdruck der eigenen Persönlichkeit. Das baute einen hohen Druck auf, diesen Erwartungen zu entsprechen,[130] verstärkt durch Beschwichtigungen, dass das Ideal trotz eines anstrengenden Lebens leicht erreichbar sei, schließlich dauerten die Massagen mit der Maschine jeweils „nur 10 Minuten": eine rationalisierte Körperarbeit in einem rationalisierten Privathaushalt.[131]

Frauen wurden mit einem idealen, veränderbaren Aussehen konfrontiert, was sie zu einem ‚Produkt' der Konsumgesellschaft machte. Attraktivität und Sexualität wurden damit ebenso wie der Körper und seine Emotionen beeinfluss- und veränderbar, nämlich durch ein kaufbares Gerät, welches den Diskurs um Jugend und Schönheit mitgestaltete: Frauen sollten ihren ‚natürlichen' Körper durch einfach anzuwendende Maschinen verändern. Damit wurden sie gleichzeitig Bestimmerinnen ihrer Körper wie auch diszipliniert von den Produkten, die die Art des Körpers vorgaben: Das Körperideal war auf einen weißen, schlanken und jungen Idealkörper ausgerichtet,[132] der nicht mehr ausschließlich als Reproduktionskörper gesehen wurde, sondern der sich zwischen Leistung und Konsum bewegte.

---

128 Gilman, Beauty, 1998, 12.

129 Sander L. Gilman, Creating Beauty to Cure the Soul. Race and Psychology in the Shaping of Aesthetic Surgery, Durham/London 1998, 45.

130 Lüdtke, Bubikopf, 2021, 99.

131 Broschüre Punkt-Vibrator „Gesundheit – Jugend durch 10 Minuten Haussport am Tage", 13, LAB, A Rep. 250–02–00, Prof. Dr. med. Much'sche Präparate AG chemisch-pharmazeutische Fabrik, Nr. 127.

132 Als Gegenbild zum Schwarzen fetten Körper, der häufig als der „wilde" und „sexuell ungezügelte" Körper gelesen wurde, womit viele rassistische Konnotierungen einher gingen. Der weiße Körper hingegen galt als Sinnbild der Reinheit und der „richtigen", nämlich der gezügelten Sexualität. Dies zeigt auch Sander L. Gilman, etwa in Rasse, Sexualität und Seuche. Stereotype aus der Innenwelt der westlichen Kultur, Reinbek 1992.

Conclusio

Das Beispiel des Punkt-Vibrators zeigt die Komplexität der Hervorbringung von Sexualitäten in der Sozioökonomie. Diskursiv ist die Definition von Sexualität diffus, in sprachlichen Chiffren versteckt und durch den Begriff der „Attraktivität" teilweise maskiert, was die sozioökonomische Ebene beeinflusst, da Frauen im untersuchten Zeitraum Sexualität nur zögerlich zugesprochen wurde: Werbeanzeigen der 1920er Jahren für den Punkt-Vibrator offenbaren durch das Einbeziehen von zeitgenössischen Jugend- und Schönheitsdiskursen jedoch, wie stark dem Gerät das Sexuelle und seine sozioökonomischen Mechanismen inhärent sind. Durch Werbung, Konsum und die Anwendung dieser Geräte wurden gleichzeitig Möglichkeiten des Begehrens diverser, und die Konsumentinnen sollten sich schöner, begehrenswerter und attraktiver fühlen. Das moderne Selbst erschuf sich selbst, und Körpertechnologien wandelten sich zu einer Optimierungs-, einer Selbsttechnologie.[133]

Dass Vibratoren Teil eines ökonomisierten Willens der Verschönerung werden konnten, ist bedingt von sich ändernden Konzeptionen des (weiblichen) Körpers und der Rolle von Produkten als Versprechen für den Körper. Hatten Ärzte modernen Entwicklungen wie der Urbanisierung und der Industrialisierung zunächst nachgesagt, dass dadurch „Frauen verblühten, Männer ihre Manneskraft" verloren,[134] fand in den 1920er Jahren ein Paradigmenwechsel statt, denn die moderne Technologie wurde als neue Realität mit vielen Annehmlichkeiten anerkannt. Dies bedingte einen Wandel der Geschlechterrollen, der besonders Konzeptionen des weiblichen Körpers beeinflusste, indem Frauen nun Sexualität ohne Reproduktion zugesprochen wurde – wenngleich nur in bestimmten Kontexten wie der Ehe oder der Sexarbeit. Doch die Arbeit am Selbst und dem sexuellen Körper wurde zweckgebunden für einen heterosexuellen Zweck gebilligt: Mithilfe von Geräten konnte ein scheinbar für alle Frauen erreichbarer attraktiver und sexueller Idealkörper erschaffen werden. Damit gingen positive Charaktereigenschaften wie Disziplin oder beruflicher Erfolg einher, Frauen sollten durch das Ansprechen von Emotionen zur Arbeit am Körper gebracht werden.

Nicht nur Jugend und Schönheit, sondern auch Attraktivität und Sexualität wurden erschaffbar, kauf- und veränderbar, was neue Formen von Weiblichkeit definierte. Vibration sollte eine neue Idealfigur formen und die Anwenderinnen zufrieden und sexuell attraktiv machen, so das Versprechen jener, welche die Massagegeräte vermarkteten. Gleichzeitig entstand ein Druck auf Frauen, ihre Körper

---

133 Illouz, Gefühle, 2007, 21 f.

134 Stoff, Jugend, 2004, 276.

tatsächlich anzupassen, denn dass jung wirkenden Frauen ein hohes soziales Ansehen zugeschrieben wurde, zeigt, wie stark der weibliche Körper als Projektionsfläche gesellschaftlicher Selbstwahrnehmung diente.[135] Als konsumierbares Gerät schrieb der Punkt-Vibrator an Weiblichkeit mit, wodurch Frauenkörper und weibliche Sexualität als dauerhaft verbesserbar gesehen wurden.

135 Ramsbrock, Körper, 2011, 176.

Paul M. Horntrich

Alliierte Erotik

Zur Sozioökonomie österreichischer „Herrenmagazine" um 1950 am Beispiel der *Venus*[*]

Abstract

Allied Eroticism. On the Socio-Economics of Austrian "Men's Magazines" around 1950 Using the Example of 'Venus'. During the economic recovery following the end of the Second World War, Austria witnessed a brief boom in erotic magazines around 1950. These periodicals, usually referred to as men's magazines, were aimed at a heterosexual, male readership and published erotic short stories and nude photographs. The production and distribution of men's magazines is a research desideratum. Based on a case study of the magazine *Venus*, this article examines the production and distribution as well as the content and visual presentation of a typical men's magazine of the time. The focus is on how the specific socio-economic contexts influenced the production and content of the magazine. The study shows that US occupying soldiers were a formative force through their economic power on the one hand, and their erotic preferences on the other, both of which had a direct impact on the design of *Venus*. In general, the production of men's magazines around 1950 was a precarious business. Due to massive legal pressure, it was not possible to establish a long-term market for men's magazines in Austria.

Keywords

men's magazines | pornography | pin-up girl | nude photography | Austria | socio economics | postwar period

---

* Accepted for publication after external and internal peer review (double blind)
Paul M. Horntrich, Department für Bildungswissenschaften, Pädagogische Hochschule Niederösterreich, Campus Baden, Mühlgasse 67, 2500 Baden, Österreich; paul.horntrich@gmail.com

Einleitung[1]

„Venus' stellt sich vor, zeitgemäß, ohne Hofstaat. Venus, die Göttin der Liebe, steht in einer entgötterten Welt ohne jede Liebe, inmitten von Elend und Leid. Sie will allen jenen neuen Lebenswillen einflößen, die ihn verloren haben, und neuen Glauben an eine schönere Welt verleihen."[2] Mit diesen Worten begann das Editorial der ersten, 1949 erschienenen Ausgabe des erotischen Magazins *Venus*. Wie die Herausgeber ihrer Leserschaft den „Glauben an eine schönere Welt" qua Erotik nahebringen wollten, erklärten sie so:

> „Wir wollen Schönheit, wir wollen Liebe, wir wollen Frohsinn! Wir wollen unsern Lesern Stunden der Entspannung bereiten, wir wollen unterhalten und nicht tiefgründige Untersuchungen über physiologische Grundlagen des Lebens, gelehrte Auseinandersetzungen über die biologische Punktezahl für Mann und Weib, die ästhetische Problematik des Goldenen Schnittes und die wissenschaftliche Verläßlichkeit der Mendelschen Vererbungslehre bieten."[3]

Damit war das Programm für eines der erfolgreichsten österreichischen Erotikmagazine um 1950 skizziert. Die „Stunden der Entspannung" bot die *Venus* fortan in Form von erotischen Kurzgeschichten, Aktfotografien in Schwarz-Weiß, die leicht bekleidete bzw. (halb-)nackte Frauen zeigten, und Kontaktanzeigen. Die Erörterung der „biologischen Punktezahl für Mann und Weib" oder die Mendel'sche Vererbungslehre wollte die *Venus* anderen Magazinen der Zeit überlassen, die betont wissenschaftlich-aufklärerisch über Sexualität informierten. Die *Venus* verstand sich als „Herrenmagazin" – ein Genre, das wenige Jahre später durch Hugh Hefners *Playboy* international seine mustergültige Ausgestaltung finden sollte. Herrenmagazine wie die *Venus* waren Teil einer kleinen ‚Sexwelle' um 1950, die in der Literatur noch kaum eingehend untersucht wurde. Der Sozialhistoriker Franz X. Eder hat diese Entwicklung folgendermaßen auf den Punkt gebracht: „Nacktszenen im Film, erotische Magazine am Kiosk, freizügige Aufklärungsschriften, Klassiker der erotischen Literatur in der Buchhandlung, Verhütungsmittel im Versandhandel –

---

1 Die hier präsentierte Analyse basiert auf einem Unterkapitel meiner an der Universität Wien verfassten Dissertation: Paul Horntrich, Pornography in Austria. Political Debates and Media Discussions during the Long Sexual Revolution, 1950s to early 1980s, unveröffentlichte Dissertation, Universität Wien 2023.

2 Venus 1 (1949), 2.

3 Venus 1 (1949), 2.

zwischen 1945 und 1950 gab es eine erste, wenn auch nur ‚kleine' multi-mediale ‚Sexwelle'."[4]

Der vorliegende Beitrag ergründet die Sozioökonomie jener Magazine, die konstitutiv für die kleine ‚Sexwelle' um 1950 waren. In Form einer Fallstudie zum Magazin *Venus* – einem der erfolgreichsten und langlebigsten Periodika seiner Art – untersuche ich im Folgenden die Produktion und Distribution des Magazins sowie seine inhaltliche und visuelle Aufmachung. Die Analyse stützt sich einerseits auf die Auswertung eines Strafgerichtsakts, andererseits auf das Magazin selbst. Ein besonderes Augenmerk liegt darauf, wie die Gestaltung der *Venus* durch die sozioökonomischen Umstände der Zeit um 1950 geprägt wurde.

Der Forschungsstand zu Herrenmagazinen ist nach wie vor äußerst limitiert. Studien, die sich mit erotisch-pornografischen Schriften im deutschsprachigen Raum beschäftigen, haben sich bislang vorwiegend mit dem 18., 19. und frühen 20. Jahrhundert befasst.[5] Für die Zeit seit 1945 ist der Forschungsstand überschaubar. Pascal Eitler publizierte bisher am umfangreichsten zu pornografischen Zeitschriften und Filmen. In mehreren Artikeln analysierte er pornografische Ästhetiken und Subgenres, meist mit einem Fokus auf die Zeit um 1968 in Westdeutschland.[6] Zu Österreich liegen kaum einschlägige Arbeiten vor. Publiziert wurde zwar zu benachbarten Themen wie dem „Schmutz- und Schund-Kampf"[7] oder der Sexualisierung von illustrierten Zeitschriften[8], über Herrenmagazine, ihre Produktion, Distribution und Konsumtion ist aber praktisch nichts bekannt, worauf Pascal Eitler bereits 2009 hingewiesen hat.[9] Wie dieser Überblick zeigt, besteht zu zahlreichen Fragestellungen zu erotisch-pornografischen Medien Forschungsbedarf,

---

4 Franz X. Eder, Auf die ‚gesunde Sinnlichkeit' der Nationalsozialisten folgte der Einfluss der Amerikaner. Sexualität und Medien vom Nationalsozialismus bis zur Sexuellen Revolution, in: Zeitenblicke. Online-Journal für die Geschichtswissenschaften 7/3 (2008), Abs. 22, https://www.zeitenblicke.de/2008/3/eder.

5 Siehe stellvertretend Christine Haug/Johannes Frimmel/Anke Vogel (Hg.), Erotisch-pornografische Lesestoffe. Das Geschäft mit Erotik und Pornografie im deutschen Sprachraum vom 18. Jahrhundert bis zur Gegenwart, Wiesbaden 2015.

6 Siehe beispielsweise Pascal Eitler, Die ‚Porno-Welle'. Sexualität, Seduktivität und die Kulturgeschichte der Bundesrepublik, in: Peter-Paul Bänziger u. a. (Hg.), Sexuelle Revolution? Zur Geschichte der Sexualität im deutschsprachigen Raum seit den 1960er Jahren, Bielefeld 2015, 87–111.

7 Christian Flandera, ‚Schmutz und Schund'. Die Diskussionen der sozialdemokratischen und katholischen Lehrerschaft in Österreich, unveröffentlichte Dissertation, Universität Salzburg 2000; Edith Blaschitz, Der „Kampf gegen Schmutz und Schund". Film, Gesellschaft und die Konstruktion nationaler Identität in Österreich (1946–1970), Wien 2014.

8 Franz X. Eder, National and Racial Images of the Sexual 'Other' in the German-Speaking Countries (1950s–1970s), in: Sexuality & Culture 21/2 (2017), 362–381.

9 Pascal Eitler, Sexualität als Ware und Wahrheit. Körpergeschichte als Konsumgeschichte, in: Heinz-Gerhard Haupt/Claudius Torp (Hg.), Die Konsumgesellschaft in Deutschland 1890–1990. Ein Handbuch, Frankfurt am Main/New York 2009, 381.

gerade auch zur kleinen ‚Sexwelle' um 1950. Der vorliegende Beitrag möchte hier eine Lücke schließen. Damit knüpft die Studie an ein wachsendes, internationales Forschungsinteresse an.[10]

Durch die unklare gesetzliche Lage in Österreich war das Publizieren von Herrenmagazinen für die Herausgeber ein Drahtseilakt: Der Straftatbestand der „Unzüchtigkeit" – der sowohl bei der „Erregung öffentlichen Ärgernisses" (§ 516 des Strafgesetzbuches), mit dem lange Zeit gegen unsittliche Schriften vorgegangen wurde, als auch beim 1950 neu geschaffenen Pornografiegesetz Anwendung fand – war auslegungsbedürftig, auch die Judikatur des Obersten Gerichtshofes änderte daran wenig. Die Rechtswissenschaftler*innen Nikolaus Benke und Elisabeth Holzleithner wiesen darauf hin, dass mit dem Konstrukt der Unzüchtigkeit ein diffuses Sittlichkeitsverständnis kodifiziert wurde, dessen Auslegung letztlich von einzelnen Richtern abhing.[11] Herausgeber*innen von erotischen Zeitschriften wussten daher nie genau, welche Inhalte und Darstellungen rechtlich noch erlaubt waren. Dies führte dazu – so meine These –, dass die Herstellung von Herrenmagazinen ein prekärer Prozess war, der die gesamte Produktion, die Distribution sowie die inhaltliche und visuelle Aufmachung beeinflusste.

Zunächst beschreibe ich den historischen Kontext, in dem Herrenmagazine wie die *Venus* publiziert wurden. Auch die rechtlichen Rahmenbedingungen werden kursorisch skizziert. Daran schließt ein kurzer Abschnitt über die Untersuchungsmethoden und die Quellen an. Der nächste Abschnitt widmet sich der Produktion und Distribution der *Venus* und gibt einen Einblick in die ökonomischen Hintergründe des Magazins. Es folgt eine Analyse der inhaltlichen und visuellen Gestaltung der *Venus*, außerdem wird gezeigt, wie sich die Blattlinie im Laufe der Zeit entwickelte. Im vorletzten Abschnitt wird die *Venus* international verortet. Der Beitrag schließt mit einer knappen Zusammenfassung der Ergebnisse.

Österreich in der Nachkriegszeit

Ökonomisch gesehen war die Nachkriegszeit für Österreich eine sehr schwierige Phase. Durch massive materielle Zerstörungen und Schäden an Industrieanlagen und der Infrastruktur befand sich die österreichische Wirtschaft in den ersten

10 Vor allem die Zeitschrift *Porn Studies*, in der internationale Forschungsergebnisse zu erotischen und pornografischen Medien veröffentlicht werden, hat sich als wichtiges Publikationsorgan etabliert.

11 Elisabeth Holzleithner/Nikolaus Benke, Zucht durch Recht. Juristische Konstruktionen der Sittlichkeit im österreichischen Strafrecht, in: L'Homme. Zeitschrift für Feministische Geschichtswissenschaft 9/1 (1998), 41–88, 74 ff.

Nachkriegsjahren in einem schlechten Zustand. Hinzu kamen Probleme wie mangelhafter Wohnraum und eine in Teilen immer noch hungernde Bevölkerung. Das Land, das bis 1955 besetzt war, musste außerdem eine Million alliierter Besatzungssoldaten mitversorgen, was die Nahrungsmittelversorgung und Wohnungsknappheit weiter verschärfte. Daneben hatte die junge Republik für die Besatzungskosten aufzukommen. Durch die Aufteilung in vier Besatzungszonen war der wirtschaftliche Austausch im Land selbst erschwert. Viele qualifizierte Arbeitnehmer*innen waren entweder an der Front gefallen, befanden sich in Kriegsgefangenschaft oder waren getötet oder vertrieben worden. Ab dem Jahr 1948 stabilisierte sich die österreichische Wirtschaft aber rasch wieder. Finanzielle Hilfsmittel aus dem *European Recovery Program* („Marshallplan") und die Etablierung marktwirtschaftlicher Elemente stützten den wirtschaftlichen Aufschwung. Allein zwischen 1948 und 1950 wuchs das Bruttoinlandsprodukt um zwei Drittel.[12]

Wesentlich für die Etablierung eines erotischen Zeitschriftenmarktes war jedoch ein anderer Aspekt der ökonomischen Erholung. Anders als in den unmittelbaren Nachkriegsjahren stand ab 1948 wieder genug Druckpapier zur Verfügung.[13] Zudem endete die von den Alliierten überwachte Zuteilung von Produktionsmitteln, die den Zugang zu Druckpapier in den Nachkriegsjahren sehr erschwert hatte.[14] Die stabile Versorgung mit Papier ermöglichte nun einen raschen Wiederaufbau des Printsektors und auch die Gründung erotischer Magazine.

Die um 1950 in rascher Abfolge entstandenen Zeitschriften der ersten ‚Sexwelle' können in zwei Sparten eingeteilt werden. Einerseits gab es Magazine, die über Sexualreform berichteten, sich der populären Sexualaufklärung verpflichtet fühlten und über Themen wie Sexualität, Liebe und Fortpflanzung in einem betont wissenschaftlich-aufklärerischen Tonfall informierten. Damit griffen sie eine Tradition auf, die in Österreich bis in die 1920er Jahre – hier vor allem die sexualreformerischen Publikationen Hugo Bettauers – zurückverfolgt werden kann.[15] Zu den bekanntesten Zeitschriften dieser Sparte zählten *Dr. Faust. Zeitschrift für Probleme des Lebens* und *Mephisto. Illustriertes Magazin für Probleme der Erotik, des Liebes- und Sexuallebens, für fortschrittliche Lebensführung und Freikörperkultur*. Im Folgenden steht die zweite Sparte im Vordergrund, und zwar Publikationen, die sich

12 Felix Butschek, Österreichische Wirtschaftsgeschichte. Von der Antike bis zur Gegenwart, 2. Aufl. Wien/Köln/Weimar 2012, 265–298.

13 Christoph Kepplinger-Prinz/Elisabeth Prinz, Kampf ums Papier. Literarische Produktionsmittel in Österreich um 1950, in: Journal of Austrian Studies 48/3 (2015), 41–64, 52.

14 Reinhold Wagnleitner, Coca-Colonization and the Cold War. The Cultural Mission of the United States in Austria after the Second World War, Chapel Hill 1994, 70.

15 Britta McEwen, Sexual Knowledge. Feeling, Fact, and Social Reform in Vienna, 1900–1934, New York 2012, 144–174.

als Herrenmagazine beschreiben lassen. Derartige Magazine enthielten meist erotische Kurzgeschichten, (schlüpfrige) Witze, Kontaktanzeigen, Berichte zu Lifestyle-Themen und Aktfotografien. In ihrer Erotik waren die meisten Herrenmagazine, verglichen mit späteren Pornozeitschriften, harmlos. Sie zeigten ausschließlich (halb-)nackte Frauen, typischerweise in Schwarz-Weiß abgelichtet. Ihre Bildsprache ähnelte zunächst Erotikzeitschriften der 1930er und 1940er Jahre. Nahaufnahmen oder gar die explizite Darstellung von Sexualpraktiken fanden sich in diesen Magazinen nicht.[16] Durch die Vermarktung des (halb-)nackten weiblichen Körpers adressierten die Zeitschriften ein männliches, heterosexuelles Publikum, daher auch der Name Herrenmagazine bzw. Männermagazine.

Die nunmehrige Verfügbarkeit sexualisierter Medien löste Widerstand aus, der vor allem von katholischen und konservativen Gruppen getragen wurde. Daher setzte gleichzeitig zum Aufkommen eines erotischen Printmarktes der sogenannte „Kampf gegen Schmutz und Schund" ein. Der Schmutz- und Schund-Kampf hat eine lange Tradition und kann bis ins 19. Jahrhundert zurückverfolgt werden. Im Wesentlichen handelte es sich um ein Aufbegehren bürgerlicher Kultureliten gegen das Aufkommen der modernen Massenkultur, wobei der Schwerpunkt auf neuen literarischen Formen und später dem Kino lag. Im Vergleich zu traditionellen Kunstwerken mit ihrer klassischen Ästhetik, die als „rein" und (moralisch) erbaulich verstanden wurden, galten die Erzeugnisse der modernen Massenkultur als minderwertig und primitiv. Wie Kaspar Maase betont, kann „Schmutz und Schund" nicht eindeutig definiert werden. Vielmehr wurde das Begriffspaar als Kampfbegriff gegen all jene kulturellen Hervorbringungen genutzt, die gegen bürgerliche Idealvorstellungen verstießen.[17] Das Engagement von Schmutz- und Schund-Gegner*innen richtete sich daher gegen eine breite Palette von Medien, von kitschigen Liebesromanen über Gangsterfilme bis zu sexualisierten Medien. Als besonders gefährdet durch Schmutz und Schund galten Kinder, Jugendliche und Frauen.

Durch die zunehmende öffentliche Sichtbarkeit erotischer Magazine in den Nachkriegsjahren kamen diese alsbald in den Fokus konservativer Kämpfer*innen gegen Schmutz und Schund. Rasch wurde die Einführung eines einschlägigen Gesetzes gefordert, um gegen sexualisierte und häufig als Pornografie bezeichnete Medien vorzugehen. Auf politischer Ebene setzte sich vor allem die konservative Österreichische Volkspartei (ÖVP) für die Schaffung eines „Schmutz und Schund"- bzw. Pornografiegesetzes ein. Hand in Hand mit der katholischen Kirche kampagnisierte die ÖVP für das Gesetz, das schließlich im März 1950 erlassen wurde.[18] Das

16 Eitler, „Porno-Welle", 2015, 91 f.

17 Kaspar Maase, Die Kinder der Massenkultur. Kontroversen um Schmutz und Schund seit dem Kaiserreich, Frankfurt am Main 2012, 50–58, 244–246.

18 Flandera, Schmutz, 2000, 220–226; Blaschitz, Kampf, 2014, 76–85. Der volle Name des Gesetzes lautete „Bundesgesetz vom 31. März 1950 über die Bekämpfung unzüchtiger Veröffentlichungen

Gesetz verbot die Produktion und Distribution „unzüchtiger" Materialien, worauf Gefängnis- und Geldstrafen standen.[19] Wie bereits erwähnt, war der Straftatbestand der „Unzüchtigkeit" nicht eindeutig definiert. Um 1950 galt jede Handlung als unzüchtig, „durch die die Sittlichkeit in geschlechtlicher Beziehung verletzt wird, wobei es nicht erforderlich erscheint, daß die Handlung dem erregten Geschlechtstriebe des Täters entspringt oder zur Erregung des Geschlechtstriebes des Täters oder einer anderen Person bestimmt ist. Es genügt, wenn sie ihrer Art nach zum Geschlechtsleben in Beziehung steht."[20] Aktfotografien und Darstellungen (halb-)nackter Frauen – wie in der *Venus* – wurden jedenfalls regelmäßig als unzüchtig im Sinne des Gesetzes interpretiert. Außerdem ermöglichte das Gesetz Verbreitungsbeschränkungen und Konfiskationen inkriminierter Gegenstände und enthielt eigene Strafbestimmungen für den Jugendschutz.[21]

Die folgende Analyse stützt sich auf die Auswertung eines Gerichtsfalles gegen das Magazin. Verhandelt wurde darin Ausgabe Nummer 12 aus dem Juni 1950 wegen der Produktion und Bewerbung von Nacktfotos. Die gerichtlichen Zuständigkeiten waren im Fall des Pornografiegesetzes kompliziert aufgeteilt. Der Großteil aller Fälle nach dem Pornografiegesetz wurde am Jugendgerichtshof (JGH) Wien verhandelt, der für Wien, Niederösterreich, das Burgenland sowie das oberösterreichische Mühlviertel zuständig war. Fälle aus anderen österreichischen Regionen wurden an den Landesgerichten für Strafsachen in Linz, Graz und Innsbruck verhandelt. Verfahren nach dem Pornografiegesetz wurden in allen Fällen von Schöffengerichten entschieden. Vor allem Lehrer*innen und Jugendfürsorger*innen galten für die Tätigkeit als Schöff*innen als besonders geeignet.[22] Der hier analysierte Gerichtsfall zur *Venus*-Ausgabe aus dem Juni 1950 war einer der ersten, in denen das erst Ende März 1950 geschaffene Pornografiegesetz zur Anwendung gebracht wurde. Dies war vermutlich der Hauptgrund, warum der JGH Wien so lange mit dem Fall beschäftigt war: Die polizeilichen Ermittlungen begannen im

---

und den Schutz der Jugend gegen sittliche Gefährdung" (BGBl. Nr. 97/1950). Im alltäglichen Gebrauch wurde das Gesetz als „Schmutz- und Schund-Gesetz" bzw. „Pornografiegesetz" bezeichnet. Vgl. https://www.ris.bka.gv.at/Dokumente/BgblPdf/1950_97_0/1950_97_0.pdf (12.3.2025).

19 Franz Erhart, Das Schmutz- und Schundgesetz. Gesetz über die Bekämpfung unzüchtiger Veröffentlichungen und den Schutz der Jugend gegen sittliche Gefährdung vom 31. März 1950, Graz/Wien/Köln 1955, 9.

20 Urteil des Obersten Gerichtshofes, 9.2.1951, 2 Os 369/50, SSt 22/11 = EvBl 1951/159 mVa EBRV 1950, zit. n. Elisabeth Holzleithner, Grenzziehungen. Pornographie, Recht und Moral, unveröffentlichte Dissertation, Universität Wien 2000, 50.

21 Erhart, Gesetz, 1955, 37 f., 48 f., 61, 73–77.

22 Ebd., 58 f. Für Informationen zum JGH Wien siehe Alfred Waldstätten, Staatliche Gerichte in Wien seit Maria Theresia: Beiträge zu ihrer Geschichte. Ein Handbuch, Innsbruck/Wien/Bozen 2011, 227 f., 296, 340–441.

Juni 1950, das Urteil wurde aber erst im Juni 1953 gesprochen. Durch die Anmeldung diverser Rechtsmittel war das Gericht bis in den Sommer 1955 beschäftigt, bevor es den Fall endgültig ad acta legen konnte.

Gerichtsakten und Herrenmagazine als historische Quellen

Gerichtsakten sind gerade für die Geschichte der Sexualitäten eine reichhaltige Quelle. „Legal records seem to describe behavior not easily uncovered in other sources", schreibt Stephen Robertson, daher ermöglichen sie Einblicke, die andere Quellenbestände nicht bieten.[23] Im Fall von erotischen Magazinen wie der hier analysierten *Venus* betrifft dies vor allem Informationen zu sozioökonomischen Kontexten der Produktion und Distribution, die aus Polizeiprotokollen, Zeug*innenaussagen oder der erhobenen Evidenz hervorgehen. Für die Auswertung von Gerichtsakten hat sich ein Ansatz etabliert, der als „reading against the grain" bezeichnet wird. Dabei werden Gerichtsakten „for reasons other than those the record-makers intended" gelesen.[24] Auf diese Art und Weise können auch „nicht-elitäre" Stimmen aus den offiziellen und „elitären" Quellen, wie sie Strafgerichtsakten darstellen, herausgearbeitet werden. Außerdem eröffnet sich ein Zugang zu vielen weiteren in den Gerichtsakten enthaltenen Informationen. Dazu gehören auch sozioökonomisch relevante Daten, wie in der vorliegenden Analyse gezeigt wird. Neben dem Gerichtsakt habe ich auch die *Venus* selbst als Quelle untersucht und einem eingehenden Close-Reading unterzogen.[25]

Zur Sozioökonomie der *Venus*

Die *Venus* wurde bislang nur einmal in der Forschungsliteratur erwähnt. In ihrer *History of Men's Magazines* bespricht Dian Hanson das Magazin, identifiziert es

23 Stephen Robertson, What's Law Got to Do with It? Legal Records and Sexual Histories, in: Journal of the History of Sexuality 14/1–2 (2005), 161–185, 161.

24 Franca Iacovetta/Wendy Mitchinson, Introduction: Social History and Case Files Research, in: Franca Iacovetta/Wendy Mitchinson (Hg.), On the Case. Explorations in Social History, Toronto/Buffalo 1998, 3–21, 13.

25 Durch eine Pflichtabgabe-Regelung mussten und müssen Herausgeber*innen österreichischer Publikationen Belegexemplare an die Österreichische Nationalbibliothek (ONB) abliefern. Glücklicherweise haben sich dadurch auch Herrenmagazine der 1950er Jahre erhalten. So liegt die *Venus* vollständig in der ONB vor. Das Close-Reading basiert auf Anregungen zur Textanalyse von Siegfried Jäger, Kritische Diskursanalyse. Eine Einführung, 7., vollständig überarb. Aufl., Münster 2015. Die Bildanalyse orientiert sich an Werner Faulstich, Bildanalysen. Gemälde, Fotos, Werbebilder, Bardowick 2010.

aber fälschlicherweise als (west-)deutsche Publikation. Hanson schreibt: „The issue from 1949 seems to have been a last gasp of old Berlin; by the early 50s Venus, too, had been reconstructed."[26] Diese Einschätzung ist falsch. Die *Venus* war eine österreichische Publikation und wurde in Wien von drei Männern produziert und herausgegeben.

Das Magazin erschien von 1949 bis 1951 in insgesamt 22 Ausgaben. Eine typische Ausgabe umfasste 32 Seiten und konnte für drei Schilling (heute ungefähr drei Euro) erworben werden.[27] Wie schon oben erwähnt, setzte sich die *Venus* bewusst von sexualreformerischen Zeitschriften ab und bot stattdessen erotische Unterhaltung. Mit dieser Ausrichtung schafften es die Herausgeber rasch, aus der *Venus* eines der erfolgreichsten erotischen Magazine der Zeit zu machen.

Der Gerichtsakt gegen Ausgabe 12/1950 der *Venus* enthält zahlreiche Informationen, mit denen die Produktion und Distribution des Magazins rekonstruiert werden kann. So ist es möglich, die Produktion der Aktfotos detailliert nachzuvollziehen. Die in der *Venus* abgedruckten Fotos wurden häufig von den Herausgebern selbst produziert. In manchen Fällen wurden Fotografien von professionellen Fotostudios gekauft. So griff auch die *Venus* auf die Aufnahmen von Willi Wottle zurück, der sich in Wien um 1950 einen Namen als Aktfotograf gemacht hatte.[28] Generell wurden die Aktfotos der *Venus* doppelt verwertet. Einerseits erschienen sie im Magazin und dienten der Bebilderung von erotischen Kurzgeschichten. Andererseits boten die Herausgeber Fotoserien zum Kauf an, die im Magazin beworben und in den Verlagsräumlichkeiten des Venus-Verlags im 16. Wiener Gemeindebezirk gekauft oder per Postversand bestellt werden konnten. Die Namen der Aktfotograf*innen wurden in der *Venus* nie abgedruckt.

Um Fotomodelle für die Produktion von Aktfotos anzuwerben, schalteten die Herausgeber Anzeigen im Magazin. Für Ausgabe 12/1950 rekrutierten sie drei junge Frauen. Zwei von ihnen waren 20 Jahre, die dritte 22 Jahre alt. Zwei der Frauen hatten eine Anstellung als Lehrlinge, eine war arbeitslos. Die Fotoaufnahmen wurden in Wohnungen und in den Geschäftsräumlichkeiten des Venus-Verlags durchgeführt. Die Modelle bekamen 100 Schilling für drei bis vier Fotoaufnahmen

---

26 Dian Hanson, The History of Men's Magazines, Bd. 1: 1900 to Post-WW II, Köln 2004, 418.

27 Alle angegebenen Umrechnungen basieren auf dem Historischen Währungsrechner der Oesterreichischen Nationalbank (Letztstand für das Jahr 2023) und dürfen nur als Näherungswert verstanden werden, Abfrage: Juni 2024. Siehe https://finanzbildung.oenb.at/docroot/waehrungsrechner/#/.

28 Beispiele für Wottles Fotografien für die *Venus* finden sich in Willi Wottle, Verbotene Bilder. Erotische Fotografie in den 50er Jahren, Wien 2001.

(entspricht ungefähr 100 Euro).[29] Aus dem Strafakt geht nicht hervor, wie viele Fotos mit den Frauen aufgenommen wurden.

Auch wenn die Rekrutierung der drei Fotomodelle problemlos über die Bühne gegangen war, gestaltete sich der Prozess der Fotoproduktion deutlich umständlicher. Die drei Herausgeber der *Venus* betrieben Arbeitsteilung. Einer kümmerte sich um die Fotoproduktion, der andere um die Texte und der dritte um die Gesamtredaktion und den Vertrieb des Magazins. Hermann A., der für die Aktfotografien verantwortlich zeichnete, besaß keine eigene Fotokamera und musste daher eine Kamera von einem Freund ausleihen, wie er in einer Polizeibefragung zu Protokoll gab.[30] Nachdem die Fotos aufgenommen worden waren, kontaktierte A. ein Fotolabor, um die Aufnahmen entwickeln zu lassen. Der Besitzer des Fotolabors lehnte die Zusammenarbeit jedoch ab. Als Begründung gab er bei der Polizei an, er habe von Hausdurchsuchungen im Venus-Verlag gehört und wolle nicht mit kriminellen Verlegern zusammenarbeiten.[31] Hermann A. musste die Fotos also woanders entwickeln lassen. Zu diesem Zweck kontaktierte er eine frühere Angestellte des Fotolabors. Diese war gerade arbeitslos, kümmerte sich als Alleinerzieherin um einen Sohn und hatte Geldsorgen. Daher stimmte sie der Ausarbeitung der Aktfotos zu und entwickelte die Aufnahmen mit einem geborgten Fotoentwicklungsset in ihrer Wohnung. Laut Polizeiaussage produzierte sie 15 bis 20 Abzüge kleinformatiger Aufnahmen und bis zu 200 Kopien von Aktfotos. Für die Ausarbeitung aller Fotografien brauchte sie drei Wochen. Bei der Polizei gab sie an, für diese Dienstleistung 800 bis 1.000 Schilling verdient zu haben (ungefähr 795 bis 994 Euro). Weil sie eine neue Anstellung gefunden hatte, beendete sie die Zusammenarbeit mit A. jedoch bald wieder.[32] Sowohl die Anwerbung der Fotomodelle als auch die Fotoentwicklung zeigen, dass die Produktion von Aktfotos um 1950 ein prekärer Prozess und mit zahlreichen Schwierigkeiten behaftet war. Für viele der Involvierten war die Aussicht auf schnell verdientes Geld offensichtlich die Hauptmotivation.

Auch die Lagerung und Distribution des Magazins bzw. der Aktfotoserien war riskant für die Herausgeber. Nachdem der Venus-Verlag in der Vergangenheit bereits von der Polizei durchsucht worden war, konnten die Fotos nicht einfach in den Verlagsräumlichkeiten aufbewahrt werden. Ein Ermittlungsbericht des in die Untersuchung involvierten Bezirkspolizeikommissariats des 16. Wiener Ge-

29 Wiener Stadt- und Landesarchiv (WStLA), Jugendgerichtshof (JGH), A3 – Vr-Strafakten, Vr 359/50, beigelegter Strafakt Vr 382/50, 71r, 85r, 87r.

30 WStLA, JGH, A3 – Vr-Strafakten, Vr 359/50, 37r.

31 WStLA, JGH, A3 – Vr-Strafakten, Vr 359/50, beigelegter Strafakt Vr 382/50, 45v.

32 WStLA, JGH, A3 – Vr-Strafakten, Vr 359/50, 153r–155r und beigelegter Strafakt Vr 382/50, 37v–39r.

meindebezirks, wo der Venus-Verlag situiert war, gibt Aufschluss darüber, wie die Herausgeber Probleme mit der Exekutive zu verhindern suchten:

> „Vertraulich wird bekanntgegeben, dass im ‚Venus-Verlag', [...] anscheinend Aktaufnahmen obszönen Inhaltes durchgeführt werden. Bei Kontrollen werden die diesbezüglichen Negative in Koloniakübeln [Mülltonnen, Anm. d. Verf.] versteckt und später der weiteren Verwendung zugeführt. Weiters befindet sich auf dem Klosett im Parterre gegenüber dem Stiegenaufgang jeweils ein Paket von beschlagnahmten Exemplaren des ‚Venus-Verlages', die nach Notwendigkeit von dort dem Verkauf zugeführt werden. Die [...] Negative wurden vor 3–4 Wochen anlässlich einer Hausdurchsuchung im Koloniakübel versteckt und dort von Vertrauenspersonen aufgefunden. Des weiteren wurde beobachtet, dass sich männliche Personen mit schwarzen Mascherln [Fliegen, Anm. d. Verf.] (anscheinend Kellner) täglich in den Morgen- und Abendstunden div. Material zum Vertrieb abholen. Zum Kundenkreis gehören auch zum grössten Teil Angehörige der Besatzungsmächte."[33]

Der Bericht ist nicht nur interessant, weil er einen genauen Einblick in die Arbeitsbedingungen des Venus-Verlags bietet, sondern auch, weil die Polizei im Zuge ihrer Ermittlungen gegen die *Venus* offenbar mit Informanten zusammenarbeitete, um an belastende Aussagen zu gelangen.

Sowohl das Magazin *Venus* als auch die Fotoserien wurden über unterschiedliche Distributionskanäle verkauft. Das Magazin konnte abonniert oder bei ‚Zeitungsverschleißern' gekauft, die Fotoserien konnten im Venus-Verlagshaus erworben werden.[34] Außerdem wurden die Produkte des Venus-Verlags von Kellnern auch direkt in Restaurants und Nachtlokalen verkauft. Der oben zitierte Polizeibericht weist darauf hin, dass zunehmend auch Besatzungssoldaten eine der wichtigsten Abnehmergruppen für die *Venus* darstellten. Die Herausgeber adaptierten die visuelle Aufmachung des Magazins in weiterer Folge, um den Wünschen dieser Konsumentengruppe entgegenzukommen. Diese Entwicklung wird im nächsten Abschnitt näher beschrieben.

Aussagen über Produktionskosten und Gewinnspannen sind schwierig zu treffen. Der Gerichtsakt enthält jedoch viele konkrete Zahlen, auf deren Basis zumindest eine Annäherung versucht werden kann. Die *Venus* wurde für 3 Schilling pro Ausgabe verkauft. Die Druckkosten für eine Ausgabe bewegten sich zwischen 1,20 und 1,50 Schilling, das sind im Mittel 1,35 Schilling pro Ausgabe (ungefähr 1,30 Euro). Die Distributionskosten, um die *Venus* im regulären Zeitungsverkauf anzubieten, wurden mit 0,90 Schilling pro Ausgabe beziffert (ungefähr 0,90 Euro). Rechnet man mit diesen Mittelwerten, verdienten die Herausgeber an einem *Venus*-Heft

---

33 WStLA, JGH, A3 – Vr-Strafakten, Vr 359/50, beigelegter Strafakt Vr 382/50, 31r.

34 WStLA, JGH, A3 – Vr-Strafakten, Vr 359/50, 27r und 87r.

0,75 Schilling (ungefähr 0,75 Euro). Die Auflagenhöhe schwankte von Heft zu Heft zwischen 10.000 und 15.000 Stück, durchschnittlich waren das 12.500 Stück. Multipliziert man die Einnahmen pro Heft mit der Auflagenzahl, machten die Herausgeber mit einer durchschnittlichen Auflage einen Umsatz von 9.375 Schilling (ungefähr 9.315 Euro). Im Falle der inkriminierten Ausgabe Nummer 12 können die Produktionskosten jedoch noch genauer bestimmt werden. Die drei Fotomodelle verdienten je 100 Schilling für die Fotoaufnahmen, die Fotoentwicklung kostete 900 Schilling (alles Durchschnittswerte). Zieht man diese Kosten von den 9.375 Schilling Einnahmen ab, so betrug die Gewinnspanne für die *Venus* 12/1950 8.175 Schilling (Nettoeinnahmen; ungefähr 8.122 Euro). Diese Zahlen dürfen aber nur als Annäherung verstanden werden, viele Faktoren bleiben unklar. So betrugen die Kosten für den Verkauf durch Zeitungsverkäufer 0,90 Schilling pro Ausgabe. Die *Venus* wurde aber auch direkt über Zeitschriftenkioske verkauft. Wie viel die Herausgeber für diesen Distributionskanal bezahlen mussten, geht aus dem Gerichtsakt nicht hervor. Auch die Kosten für die Ausarbeitung der Fotonegative ist vermutlich zu hoch bemessen. Im Falle des hier analysierten Gerichtsakts produzierte die Fotoentwicklerin nicht nur Bilder für Ausgabe Nummer 12, sondern auch andere Einzelaufnahmen. Außerdem findet sich im Polizeiprotokoll nur die ungenaue Anmerkung, sie habe zwischen 800 und 1.000 Schilling für die Entwicklung der Fotos bekommen, eine genaue Summe wird nicht genannt. Auch ist unklar, ob der Venus-Verlag Steuern abführte. Neben den Einnahmen durch das Magazin hatte der Verlag zusätzliche Einnahmen durch die separat erwerbbaren Fotoserien. Welchen Stellenwert der Verkauf der Fotoserien für die Gesamteinnahmen des Verlags hatte, kann auf Basis der Quellen nicht beantwortet werden. Aus den Ermittlungsprotokollen geht jedoch hervor, dass ein einzelnes Aktfoto für zwei Schilling (ungefähr zwei Euro) verkauft wurde, Fotoserien mit drei bis zehn Aufnahmen kosteten zwischen vier und zwanzig Schilling (ungefähr vier bis zwanzig Euro). Über die Anzahl der auf diesem Weg verkauften Fotos bzw. Fotoserien gibt es keine Angaben. Wenn man mit ungefähren Einnahmen von zumindest 8.000 Schilling (ungefähr 7.950 Euro) pro Ausgabe rechnet, erschließt sich, dass die Produktion von Herrenmagazinen um 1950 ein lukratives Geschäft war: Ein*e Arbeiter*in verdiente 1950 durchschnittlich 767 Schilling pro Monat (ungefähr 762 Euro), ein*e Angestellte*r durchschnittlich 1.238 Schilling pro Monat (ungefähr 1.230 Euro).[35]

---

35 Österreichisches Institut für Wirtschaftsforschung, Löhne, Gehälter und Masseneinkommen in Österreich 1950–1957, in: Monatsberichte des österreichischen Instituts für Wirtschaftsforschung XXXI, Beilage Nr. 54 (1958), 5.

Von Frankreich nach Amerika: die Ästhetik der *Venus*

Die Venus bemühte sich ab der ersten Ausgabe um ein dezidiert internationales Image. Anfangs orientierten sich die Herausgeber an französischen Herrenmagazinen. Im Vorwort des ersten Heftes heißt es dazu, als Soldaten wären sie in Frankreich stationiert gewesen und hätten die dortigen Zeitschriften kennen- und schätzen gelernt, von denen sie sich nun hätten inspirieren lassen.[36] Frankreich galt seit Langem als Land der Liebe und die französischen Frauen als besonders attraktiv und verführerisch.[37] Dieses französische Image schlägt sich in der *Venus* in Texten mit Titeln wie „Die Seufzerbrücke im Bois de Bologne [sic!]" oder „Nouvel an à Paris" nieder, in denen in Frankreich verortete amouröse Geschichte geboten werden.[38] Auch die in diesen Beiträgen auftretenden Frauenfiguren wurden mit französischen Namen wie „Lucienne" bezeichnet. Zu den in den Erzählungen auftretenden Figuren produzierte der Verlag jeweils eigene Fotoserien. Leser*innen konnten „Lucienne" zunächst also in einer Geschichte (mitsamt Bildern) kennenlernen. Wer mehr von ihr sehen wollte, konnte dann eine ganze Fotoserie mit „Lucienne" erwerben.[39] Das Magazin fungierte somit als Appetizer für die Produktpalette der Fotoserien. Ob die Fotoserien im Stil der im Magazin abgedruckten Bilder gehalten waren oder explizitere Darstellungen boten, konnte nicht eruiert werden, weil sich die Bilderserien nicht erhalten haben.

Ein repräsentatives Beispiel, wie die erotische Unterhaltung der *Venus* funktionierte, ist die Geschichte „Der Weg zu Dinah Belmond" aus der ersten Ausgabe des Magazins. In der Geschichte greifen der Text und die Bilder in einer für das Magazin typischen Art und Weise ineinander. „Der Weg zu Dinah Belmond" erzählt die Geschichte von Norbert Haller, einem Wiener Mittvierziger, und der Femme fatale Dinah Belmond, einer der angesehensten Tänzerinnen Wiens. Typisch für Erzählungen in der *Venus* ist, dass hier Fakt und Fiktion vermischt werden: In der Geschichte ist Dinah Belmond die begehrteste Tänzerin des Nachtklubs Maxim. Das Maxim im ersten Wiener Gemeindebezirk war in der Nachkriegszeit tatsächlich eines der angesagtesten Etablissements in Wien und wird bis heute als Erotikklub geführt.

Die Kurzgeschichte schildert die Annäherung Hallers an Belmond und ist mit erotischen Elementen gespickt. Zu Beginn der Erzählung badet Norbert Haller in einem Fluss (vermutlich der Donau), als er in seiner Nähe eine junge Frau erspäht, die gegen das Ertrinken ankämpft. Haller, ein guter Schwimmer, rettet sie aus dem Fluss. Bereits hier, ganz am Anfang des Textes, ist das erste erotische Element

36 Venus 1 (1949), 2.

37 Eder, National and Racial Images, 2017, 373–375.

38 Siehe Venus 4 (1949) und Venus 6 (1950).

39 Siehe die Auflistung der Fotoserien in Venus 5 (1949), 33.

eingebaut. Bei der Rettungsaktion hat die Frau ihr Bikini-Oberteil verloren. Haller fällt sofort auf, dass die Frau sehr attraktiv ist und auf ihre Nacktheit nicht mit Beschämung reagiert, sobald sie wieder zu Bewusstsein kommt. Die Frau bedankt sich bei Haller und stellt sich als Dinah Belmond, die berühmte Tänzerin aus dem Maxim, vor. Haller bringt sie danach in seinem Wagen zurück in die Stadt. Von seinen Emotionen hin- und hergerissen, macht er ihr noch im Auto einen Heiratsantrag, doch Belmond lehnt ab. Von dieser Abfuhr gekränkt, fasst Haller den Entschluss, sich an ihr zu rächen. Am nächsten Abend besucht Haller das Maxim und beobachtet Belmonds Tanzeinlage. Nach ihrem Auftritt spricht er sie an und die beiden beginnen, miteinander zu flirten. Um Belmond von sich zu überzeugen, erzählt er ihr, dass er 100.000 Schilling bei einem Pferderennen gewonnen hätte und nun gedenke, sich zur Ruhe zu setzen. Außerdem habe er jedes Interesse an Frauen verloren, daher plane er, seinen Ruhestand ledig zu genießen. Haller schlägt Belmond eine Wette vor. Wenn sie es schafft, ihn in dieser Nacht zu verführen, dann zahlt er ihr 20.000 Schilling. Belmond, die von ihrer Wirkung auf Männer überzeugt ist, stimmt der Wette zu. Die beiden fahren in Belmonds Wohnung, wo die Tänzerin versucht, Haller zu verführen und Sex mit ihm zu haben. Um 4:12 Uhr morgens gibt er schließlich nach und die beiden haben Sex. Die Geschichte endet mit einer Überraschung: Haller weigert sich, ihr das versprochene Geld zu geben. Als Erklärung zeigt er ihr die aktuelle Tageszeitung, in der nachzulesen ist, dass die Sonne an diesem Tag um 4:07 aufgeht. Technisch gesehen hat es Belmond daher nicht geschafft, Haller während der Nacht zu verführen.[40]

Die Geschichte ist mit erotischen Elementen durchsetzt. Wie bereits erwähnt, wird Dinah Belmond schon am Anfang der Geschichte oben ohne dargestellt, nachdem sie während der Rettungsaktion ihr Bikinitop verloren hat. Für die narrative Entfaltung der Geschichte ist Belmonds Nacktheit nicht nötig. Durch die entsprechende Passage wird aber von Anfang an ein (heterosexueller) männlicher Blick auf den (halb-)nackten weiblichen Körper gelenkt: „Indes betrachtete er entzückt das rassige Antlitz dieses reizenden jungen Mädchens, die edle Linie ihres Halses … die kleinen, festen Brüste."[41] Die Beschreibung lädt den Text sexuell auf und konstruiert die Frau als attraktiv und begehrenswert. Im Lauf der Geschichte werden Belmonds Verführungsversuche detailliert geschildert, sodass sich ein potenzieller Leser in die Situation einfühlen kann:

> „Mit einem triumphierenden Auflachen ließ sie sich an seiner Seite nieder und schmiegte sich an ihn. Ihre Arme umschlangen seinen Hals, ihre Finger liebkosten seinen Nacken.

40 Venus 1 (1949), 17–24.

41 Venus 1 (1949), 17.

Norbert Haller stöhnte auf in wilder Qual. Er ballte die Fäuste und biß sich tief in die Lippen, um dieser girrenden, ihn umschmeichelnden Sirene nicht zu erliegen."[42]

Die Darstellung des Sexualaktes hingegen fällt deutlich kürzer und verhaltener aus: „Dann fanden zwei Menschen die ersehnte Erlösung ...!"[43] Sex wird hier als „Erlösung" metaphorisiert und durch die Auslassungszeichen nur angedeutet.[44]

Ein anschauliches Beispiel für das Zusammenwirken von Bild und Text ist die Tanzszene im Maxim, die folgendermaßen beschrieben wird:

> „Endlich war es soweit. Nach einem Vorprogramm, welches ihn nicht sonderlich interessiert hatte, kam für ihn der große Augenblick: Dinah Belmond! Blaue und rote Scheinwerfer flammten auf und tauchten das Parkett in ein fast mystisches Halbdunkel, aus welchem sich nun – nackt, bis auf einen kleinen Fransenschurz, Dinah Belmond löste. In wiegenden Tanzschritten zeigte sie nach leisen und melodiösen Klängen zweier Hawaiigitarren den traumverlorenen Rhythmus der Südsee."[45]

Der Text korrespondiert mit einem Schwarz-Weiß-Foto, das die Textpassage illustriert und Dinah Belmond auch im Bild „oben ohne" zeigt (vgl. Abbildung 1). Die Szene wird von hinten eingefangen, was der*dem Betrachter*in den Eindruck vermittelt, als sitze er*sie hinter Norbert Haller im Maxim, gewissermaßen in der zweiten Reihe vor der Bühne. In der ‚ersten Reihe' ist die Silhouette eines Mannes – „Norbert Haller" – zu sehen, der an einem kleinen Tisch sitzt. Auf dem Tischchen befinden sich eine Flasche und ein Glas. Dies korrespondiert mit der Schilderung im Text, dass Haller „edlen Schaumwein" bestellt.[46] Der Fokus des Fotos liegt aber auf der Frau, das heißt „Dinah Belmond". Auch hier wird durch die Dekoration eine Verbindung zwischen Text und Bild hergestellt. Im Text tanzt Belmond zu hawaiianischer Musik, und im Bild trägt sie einen als „hawaiianisch" interpretierbaren Fransenschurz. Auch fotografisch wird der Fokus auf die Frau gelenkt. Sie ist scharf erkennbar, während die Silhouette des Mannes nur verschwommen zu sehen ist. Bild-Text-Kombinationen wie diese waren typisch für die *Venus* und kamen in ein bis zwei Geschichten pro Ausgabe zur Anwendung.

---

42 Venus 1 (1949), 23.

43 Venus 1 (1949), 24.

44 Dies entspricht einer langen literarhistorischen Tradition, siehe Jörg Wesche, Sexualität, in: Gert Ueding (Hg.), Historisches Handbuch der Rhetorik, Tübingen 2007, 886–901, 888.

45 Venus 1 (1949), 20, 22.

46 Venus 1 (1949), 20.

Abbildung 1: Die *Venus* publizierte Schwarz-Weiß-Aktfotografien. Dieses Foto illustriert die erotische Geschichte „Der Weg zu Dinah Belmond", in: Venus 1 (1949), 18.
Quelle: Österreichische Nationalbibliothek (ONB).

„Der Weg zu Dinah Belmond" ist auch repräsentativ durch die Verknüpfung von Sexualität mit einem exklusiven Lebensstil. Dies zeigt sich beispielsweise in Belmonds Reaktion auf Hallers ökonomische Situation. Obwohl sie ihn körperlich attraktiv findet, ist die Zurückweisung seines Heiratsantrags dadurch motiviert, dass sich Haller als einfacher Vertreter mit mittelmäßigem Einkommen vorstellt. „Ja, was dachte sich denn dieser kleine Vertreter Norbert Haller ... daß sie ihre glänzende Karriere aufgeben würde...nur um als Frau Haller mit ein paar lächerlichen hundert Schilling im Monat kümmerlich dahinvegetieren zu können?"[47] Bemerkenswert ist, dass Belmond eine Heirat automatisch mit einem zukünftigen Hausfrauendasein und der Beendigung ihrer eigenen Erwerbstätigkeit verbindet. Weil sie davon ausgeht, dass Haller nur über ein niedriges Einkommen verfügt, ist sie später auch über seinen Besuch im Maxim erstaunt: „‚Aber Herr Haller ..., Sie im Maxim ...? Haben Sie einen Haupttreffer gemacht ...[?]'"[48] Sobald sie jedoch von seinem vermeintlichen Gewinn erfährt, steigt ihr Interesse an Haller: „In Dinahs Augen glomm es seltsam auf. Schmeichelnd, scheinbar unabsichtlich, rückte sie näher. ‚Nun werden Sie sicher ein vielbegehrter Mann sein ...?'"[49] Weil Haller Belmond richtig einschätzt, geht seine List auf. Sobald er ihr von seinem Gewinn erzählt, fühlt sie sich zu ihm hingezogen. Materieller Reichtum, auch wenn nur vorgespielt, eröffnet dem Protagonisten der Geschichte somit die exklusive Welt von Nachtklubs und Tänzerinnen.

Sexualität und Erotik sind in der *Venus* häufig mit bestimmten Konsumpraktiken verknüpft. Der narrative Wendepunkt der Geschichte ist im Maxim – das heißt einem exklusiven Nachtklub, der vor allem von reichen Wiener*innen und wohlhabenden Ausländer*innen frequentiert wurde – angesiedelt. In mehreren Szenen konsumieren die Protagonist*innen alkoholische Getränke. Haller trinkt „edlen Schaumwein", als er sich Dinah Belmonds erotischen Tanz ansieht. Später, in Belmonds Wohnung, trinken beide „einige Gläschen Likör".[50] Als sie ihn zu verführen versucht, unterstreicht Belmond ihre Figur mit Reizwäsche: „Ein leichtes Nachtgewand aus kostbarer Brüsseler Spitze umfloß ihren Körper und gab mehr preis als es verhüllte."[51] In dieser Hinsicht waren die Geschichten in der *Venus* typisch für jene Verknüpfung von Sexualität und der entstehenden Konsumgesellschaft, wie dies Franz X. Eder für die Zeit um 1950 beschrieben hat: „Erotik und Sex galten meist als Inbegriff des (wenn auch noch zukünftigen) besseren Lebens,

47 Venus 1 (1949), 20.
48 Venus 1 (1949), 22.
49 Venus 1 (1949), 22.
50 Venus 1 (1949), 20, 22.
51 Venus 1 (1949), 23.

als nahe Erlebnismöglichkeit und ferne Verheißung des ‚american way of life' sowie der näher rückenden Konsumgesellschaft nach westlichem Vorbild."[52]

Den Leser*innen boten die Geschichten der *Venus* die Möglichkeit, sich in eine exklusive, von Erotik und Konsumfreuden belebte Welt hineinzuversetzen. Für ein zeitgenössisches österreichisches Publikum, das großteils noch mit schwierigen ökonomischen Umständen zu kämpfen hatte, boten derartige Erzählungen einen Resonanzraum für eskapistische Fantasien. Für andere Rezipient*innen, wie die ökonomisch recht potenten Besatzungssoldaten – die vermutlich auch Etablissements wie das reale Maxim besuchten –, boten Texte wie „Der Weg zu Dinah Belmond" erotisch aufgeladene Unterhaltung in einem gewohnten Milieu.

Ästhetisch und inhaltlich kann die *Venus* somit als Abkehr von der Erotik des Nationalsozialismus verstanden werden. In der NS-Zeit kam es zu einer großen Verbreitung erotisch-pornografischer Abbildungen und Inhalte. Körperlichkeit und Nacktheit wurden offen thematisiert und sexual-freundliche Publikationen erlebten große Popularität. Der Nationalsozialismus stilisierte sich vielfach als Abkehr einer christlich-klerikalen Leibfeindlichkeit. Die positive Sexualisierung stand aber unter rassistischen Vorzeichen. Nur arische Nacktheit, Sexualität und Fortpflanzung galten als erwünscht. Der ‚natürlichen' Sexualität arischer Menschen setzte man die Feindbilder des ‚immergeilen Juden' oder die angeblich animalische Enthemmtheit Schwarzer Menschen entgegen, die eine Bedrohung darstellen würden.[53] Sexualität war also klar politisiert. Im Gegensatz dazu verband die *Venus* Sexualität mit Lebensgenuss, dem privaten Glück und der Aussicht auf eine bessere Zukunft. Dies zeigt sich auch in der Bezugnahme auf Images, die während des Nationalsozialismus als Bedrohung gegolten hatten, wie Pin-up-Darstellungen.

Im Laufe der Monate versuchten die Herausgeber, die *Venus* mehr und mehr an den Geschmack von US-amerikanischen Besatzungssoldaten anzupassen, stellten diese doch eine zentrale Gruppe von Abnehmern dar. Eine derartige Strategie war nicht unplausibel. In den Nachkriegsjahren waren bis zu 40.000 US-amerikanische GIs in Österreich stationiert.[54] Für die österreichische Nachkriegsökonomie stellten die Besatzungssoldaten einen wesentlichen Faktor dar. Sie waren nicht nur wichtige Konsumenten österreichischer Güter und Dienstleistungen, sondern trugen – gerade im Fall der US-amerikanischen Besatzungsmacht – auch zur weiteren Etablierung des Konsumkapitalismus bei. Um amerikanische GIs gezielt als Konsumenten anzusprechen, begann die *Venus*, zunehmend über „amerikanische"

52 Eder, Sexualität, 2008, Abs. 20.

53 Eder, Sexualität, 2008, Abs. 4–10. Zur NS-Sexualpolitik siehe auch Dagmar Herzog, Sex after Fascism. Memory and Morality in Twentieth-Century Germany, Princeton/Oxford 2005, 10–63.

54 Klaus Eisterer, Austria Under Allied Occupation, in: Rolf Steininger/Günter Bischof/Michael Gehler (Hg.), Austria in the Twentieth Century, New Brunswick/NJ 2002, 190–211, 201.

Themen wie Hollywoodfilme und Starlets, Schönheitswettbewerbe und Misswahlen sowie amerikanische Magazine wie *Esquire* und *Life* zu berichten.[55] Auch die visuelle Aufmachung veränderte sich. Die *Venus* druckte mehr und mehr Pin-up-Girls ab, um den Sehgewohnheiten der amerikanischen Besatzungssoldaten entgegenzukommen.

Pin-up-Girls entstammen einer typisch US-amerikanischen Bildsprache. Die ersten Darstellungen von Pin-up-Girls reichen bis in das 19. Jahrhundert zurück. Seit den 1930er Jahren entwickelten sie sich hin zu jenem Muster, das vor allem während des Zweiten Weltkrieges Popularität erlangen sollte. Typische Pin-up-Girls stellen weiße, attraktive Frauen der Oberschicht dar, häufig nur mit Reiz- oder Unterwäsche oder Bademode bekleidet, mit teilweise unrealistischen Körperproportionen und in lasziven Posen. Zunächst gemalt, wurden Pin-up-Girls nach und nach auch fotografisch festgehalten. Während des Zweiten Weltkrieges wurden sie zum Symbol einer neuen, starken Weiblichkeit. Als Sujet fanden sie rasch Eingang in die Bilderwelt der US-Armee. Gerade für US-Soldaten, die während des Krieges in Europa kämpften bzw. als Besatzungssoldaten stationiert waren, fungierten Pin-up-Girls als Erinnerung an die weit entfernte Heimat und die zurückgelassenen Frauen. Vermittelt durch US-Truppen und später die allgemeine Amerikanisierung der Populärkultur fanden Pin-up-Darstellungen auch Eingang in die europäische Bildsprache.[56]

---

55 Siehe zum Beispiel V, Sondernummer, 1951.

56 Maria Elena Buszek, Pin-up Grrrls. Feminism, Sexuality, Popular Culture, Durham 2006, 185–231; Isabella Alston, Pin-Up Girls, Charlotte/NC 2014, 4–13. Die Rezeption von Pin-up-Darstellungen in österreichischen Medien ist bislang kaum untersucht worden, siehe nur Eder, National and Racial Images, 2017, und die Diplomarbeit von Jessica Leila Sadeler, Pin-Ups. Eine vergleichende Analyse von US-amerikanischen und österreichischen Pin-Ups der 1930er und 1950er Jahre, unveröffentlichte Diplomarbeit, Universität Wien 2012.

Abbildung 2: Die Zeitschrift *Pin-Up* versuchte, mit der Abbildung von Pin-up-Girls auf die Wünsche US-amerikanischer Besatzungssoldaten einzugehen. Das Foto zeigt das Cover der Ausgabe 1/1950. Quelle: Österreichische Nationalbibliothek (ONB).

Die Herausgeber der *Venus* gründeten außerdem 1950 ein eigenes Magazin namens *Pin-Up. Das Magazin der neuen Linie.*[57] Wie der Name bereits andeutet, war die neue Publikation vollständig der Pin-up-Bildsprache gewidmet (vgl. Abbildung 2). Inhaltlich setzte man auch hier auf „amerikanische" Themen wie Hollywoodfilme und Popmusik. Daneben wurden, ähnlich zur *Venus*, Kurzgeschichten, wiederverwertete Aktfotos aus der *Venus*, gemalte und fotografierte Pin-ups sowie Sujets von US-amerikanischen Bildagenturen publiziert. *Pin-Up* kann als Versuch gewertet werden, US-amerikanische Periodika wie *Esquire* zu imitieren. *Esquire*, das in den 1930er Jahren gegründet worden war, avancierte in den folgenden Jahrzehnten zu einem der einflussreichsten amerikanischen Herrenmagazine. Es gab den Anstoß hin zu einer Neuinterpretation medial vermittelter Geschlechterrollen für Männer, weg von einer rohen Männlichkeit hin zu Darstellungen von Männern als Connaisseurs gehobener Kulinarik, Literatur und schöner Frauen – eine Darstellungstradition, die später von Hugh Hefners *Playboy* auf die Spitze getrieben wurde. *Esquire* setzte stark auf Pin-up-Darstellungen und half, diese in Amerika zu popularisieren.[58] Die Idee der Wiener Zeitschriftenmacher, auf Pin-ups zu fokussieren, ist durchaus nachvollziehbar. Wie Franz X. Eder zeigen konnte, wurden fremdländische Frauentypen wie Pin-up-Girls – und ihre erhofften oder befürchteten Auswirkungen auf die heimische Geschlechterordnung – in Österreich um 1950 intensiv in den Medien diskutiert.[59] Die Polizei interpretierte das neu gegründete Magazin als „ein geschäftliches Manöver, da der Venus-Verlag zu sehr der gerichtlichen Aufsicht unterliegt um […] ungestört arbeiten zu können".[60] *Pin-Up* war letztlich nicht erfolgreich, das Magazin wurde nach nur einer einzigen Ausgabe eingestellt.

Der zunehmende Druck durch die laufenden Polizeiermittlungen wirkte auch im letzten Jahr ihres Erscheinens auf die visuelle Aufmachung der *Venus* ein. Ab den ersten Ausgaben des Jahres 1951 wurden keine Aktfotos mehr publiziert. Stattdessen mussten Leser*innen nun mit Frauen in Bikinis und immer mehr Fotos von großen Bildagenturen wie *Motion Picture Export Association* und *International News Photos* vorliebnehmen.[61] In einem Artikel kommentierten die Herausgeber diese Entwicklung resigniert, indem sie imaginierten, wie harmlos das Magazin im kommenden Jahr werden würde: „1952. Sehen Sie doch, welch obszönes Bild die ‚V'

57 Pin-Up. Das Magazin der neuen Linie 1 (1950).

58 Kenon Breazeale, In Spite of Women. "Esquire" Magazine and the Construction of the Male Consumer, in: Signs. Journal of Women in Culture and Society 20/1 (1994), 1–22; Richard Jaccoma/Dian Hanson, Hugh Hefner. Playboy of the Western World, in: Hanson, Men's Magazines, Bd. 1, 2004, 205–239, 206.

59 Eder, National and Racial Images, 2017, 364 f.

60 WStLA, JGH, A3 – Vr-Strafakten, Vr 359/50, beigelegter Strafakt Vr 382/50, 71v.

61 Siehe beispielsweise Vens 1 (1951).

bringt! Das Dekolleté ist ein Skandal. Man sieht ja fast den Schulternansatz [sic!]!"[62] Durch die vermehrte Verwendung von Fotos US-amerikanischer Bildagenturen auf Kosten von Aktfotos wurde die visuelle Aufmachung der *Venus* einerseits immer amerikanischer, andererseits aber auch weniger erotisch.[63]

Um weiteren rechtlichen Schwierigkeiten und Konfiskationen zu entgehen, begannen die Herausgeber, den Namen des Magazins regelmäßig zu ändern, von *Venus* zu *Vens* zu *Ven* und schließlich zu *V*. Die Idee hinter einem derartigen Manöver war, dass Verbreitungsbeschränkungen nur eindeutig bezeichnete Periodika betreffen könnten. Wenn die Pressepolizei beispielsweise *Ven* Nummer 1 beschlagnahmte, die nächste Ausgabe aber unter dem Titel *V* Nummer 1 erschien, sollte eine Konfiskation nicht möglich sein. Dies war eine typische Strategie von Herausgebern von Schmutz- und Schund-Schriften. Bei der Schaffung des Pornografiegesetzes im Jahr 1950 berücksichtigte der Gesetzgeber derartige Umgehungsstrategien jedoch. Laut § 10 des Gesetzes reichten geringfügige Änderungen des Namens einer Publikation nicht länger aus, um Verbreitungsbeschränkungen zu umgehen.[64] Auch mit häufigen Namenswechseln konnten die Herausgeber Konfiskationen also nicht mehr verhindern.

Im Mai 1951, nach monatelangen polizeilichen Ermittlungen, wurden die Herausgeber der *Venus* wegen der Produktion und Distribution „unzüchtiger" Fotografien angeklagt.[65] Die Anklage wurde im weiteren Verlauf der Ermittlungen auf Erna K., die Frau, die die Fotos für *Venus* 12/1950 entwickelt hatte, ausgedehnt.[66] Die Herausgeber wurden zu Gefängnisstrafen zwischen zwei und vier Monaten unbedingt, Erna K. zu zwei Monaten bedingt verurteilt.[67] Das Urteil wurde folgendermaßen begründet:

> „Dass die pornographischen Bilder unzüchtig sind, bedarf wohl keiner näheren Erörterung, dass aber auch die anderen fotographischen Abbildungen die im Urteilstenor genannt sind, unzüchtig sind, ist deshalb auf der Hand liegend, weil die Sittlichkeit in sexueller Beziehung verletzt und ihrer Art nach zum Geschlechtsleben in Beziehung steht."[68]

Der Urteilsspruch nahm Bezug auf die Judikatur des Obersten Gerichtshofs in der Auslegung des Begriffs „Unzüchtigkeit", der auch im Pornografiegesetz eine große

---

62 V, Mairevue (1951), 30.

63 Für US-amerikanische Fotoagenturen siehe Wagnleitner, Coca-Colonization, 1994, 222–274.

64 Erhart, Gesetz, 1955, 75.

65 WStLA, JGH, A3 – Vr-Strafakten, Vr 359/50, 57r.

66 WStLA, JGH, A3 – Vr-Strafakten, Vr 359/50, 103r.

67 WStLA, JGH, A3 – Vr-Strafakten, Vr 359/50, 171r–173v.

68 WStLA, JGH, A3 – Vr-Strafakten, Vr 359/50, 183v.

Rolle spielte. Die Herausgeber legten Nichtigkeitsbeschwerden und Berufungen gegen das Urteil ein, diesen wurde aber nicht stattgegeben.[69] Auch spätere Gnadengesuche wurden nicht akzeptiert und die Herausgeber mussten ihre Gefängnisstrafe absitzen.[70] Das Gerichtsverfahren gegen Ausgabe 12/1950 war ausschlaggebend dafür, dass die *Venus* nach 22 Ausgaben im Mai 1951 eingestellt wurde. Im Rahmen der Ermittlungen kam es zu acht Hausdurchsuchungen im Venus-Verlag. Bei jeder Durchsuchung wurden inkriminierte Materialien beschlagnahmt, einmal „wurde der Laden total ausgeräumt", wie der zuständige Polizeibeamte zu Protokoll gab.[71]

So wie die *Venus* dem neu geschaffenen Pornografiegesetz zum Opfer gefallen war, erging es auch zahlreichen anderen Magazinen der Zeit. Wirft man einen Blick auf die ersten und letzten Ausgaben ähnlicher Publikationen, wird deutlich, dass die kleine ‚Sexwelle' der Nachkriegszeit im Jahr 1951 zu ihrem Ende fand (vgl. Tabelle 1). Es zeigt sich, dass die ‚Sexwelle' ein kurzfristiges Phänomen war. So überlebten zahlreiche Publikationen nur ein Jahr und veröffentlichten häufig nur eine Handvoll Ausgaben. Mit ihrem fast dreijährigen Erscheinen und den insgesamt 22 Ausgaben gehörte die *Venus* zu den erfolgreichsten Magazinen der ‚Sexwelle' um 1950 – übertroffen nur vom sexualreformerischen *Dr. Faust*, das in knapp vier Jahren 70 Nummern publizierte. Spätestens 1952 waren praktisch alle österreichischen Herrenmagazine vom Markt verschwunden. In seiner Studie zu Schmutz- und Schunddebatten analysiert Christian Flandera, dass bis 1952 mindestens 400 Einzeltitel unter Rückgriff auf das Pornografiegesetz verboten worden waren.[72]

Tabelle 1: Auswahl an österreichischen Magazinen der kleinen ‚Sexwelle' um 1950

Titel	**Jahr der ersten Ausgabe**	**Jahr der letzten Ausgabe**	**Anzahl publizierter Ausgaben**
Das Magazin für Feinschmecker	1949	1950	4
Die Nixe	1950	1950	2
Dr. Faust	1948	1951	70
Kakadu	1950	1950	4
Kleine Pikanterien	1951	1951	4
L'Amour	1949	1949	1
Liebes-Kurier	1949	1950	8

69 WStLA, JGH, A3 – Vr-Strafakten, Vr 359/50, 191r–191v, 193r–193v, 223r.

70 WStLA, JGH, A3 – Vr-Strafakten, Vr 359/50, 249r–251v, 267r–267v, 275r–281v, 283r–283v.

71 WStLA, JGH, A3 – Vr-Strafakten, Vr 359/50, 161v.

72 Flandera, Schmutz, 2000, 230 f.

Titel	Jahr der ersten Ausgabe	Jahr der letzten Ausgabe	Anzahl publizierter Ausgaben
Liebesnest	1950	1950	3
Mephisto	1949	1951	8
Neues Decamerone	1950	1950	2
Sexual-Probleme	1949	1950	4
Venus	1949	1951	22
Wien – Hollywood	1950	1950	1
Wiener Cocktail	1949	1952	nicht bekannt

Quelle: Online-Katalog der Österreichischen Nationalbibliothek (ONB), eigene Darstellung.

Die *Venus* im internationalen Kontext

Mit dem Aufkommen von Herrenmagazinen wie der *Venus* um 1950 lag Österreich im internationalen Trend. Auch in anderen europäischen Ländern entstand zur selben Zeit ein vergleichbarer Markt für Erotikhefte. In Frankreich setzte die (Neu-)Schaffung derartiger Publikationen unmittelbar nach Kriegsende ein. Bereits 1946 wurde erstmals *Paris –Hollywood* herausgegeben, ein Periodikum, das sich anfangs dem Thema Film widmete, aber schnell auf Erotik setzte. Laut Dian Hanson war die Zeit zwischen 1949 und 1955 die „goldene Ära" französischer Herrenmagazine.[73] Auch in Frankreich bekamen die Herausgeber erotischer Publikationen rechtliche Schwierigkeiten, und viele Magazine mussten unter dem Ladentisch verkauft werden. Anders als in Österreich gab es in Frankreich aber kein vergleichbar strenges Pornografiegesetz. Daher konnte sich das Genre der Herrenmagazine bis in die 1970er Jahre erhalten. „Die Rückkehr der Männermagazine war ein Schritt zurück zur emotionalen Gesundung", meint Hanson.[74] Gemeint ist damit, dass Herrenmagazine gerade einem männlichen Publikum nach Jahren des Krieges und den damit verbundenen Entbehrungen Normalität und Lebensfreude suggerierten. In dieser Hinsicht waren sich französische und österreichische Publikationen also ähnlich. Wie oben bemerkt, zielte auch die *Venus* auf leichte Unterhaltung ab und bot ihren Leser*innen Eskapismus in Form von Erotik.

In Schweden entstand in den Nachkriegsjahren ebenfalls ein Markt für Sexhefte. Laut Lena Lennerhed bildeten sich Herrenmagazine in den 1950ern als eigenständiger Typus heraus, der sich ähnlich wie in Frankreich auch in den Folgejahrzehnten

73 Hanson, Men's Magazines, Bd. 1, 2004, 353–357.

74 Ebd., 333.

am Markt behaupten konnte.[75] Im Lauf der 1960er Jahre wurden die Magazine zunehmend gewagter und begannen, explizite Sexfotos oder auch homosexuelle Inhalte zu publizieren. Wie Klara Arnberg beschrieben hat, teilte sich der Erotik-Printmarkt in den 1960er Jahren auf: Hardcore-Sexmagazine, die mit dem Topos der „schwedischen Sünde“ spielten, wurden vor allem für den internationalen Vertrieb produziert, während sich Publikationen im Stil der Herrenmagazine der 1950er Jahre, mit ihren im Vergleich harmlosen Darstellungen, für den schwedischen Inlandsmarkt halten konnten.[76]

Herrenmagazine entstanden auch in der anglo-amerikanischen Welt. Christopher Hilliard hält fest, dass „the formula of a few photographs of naked or semi-naked women, spaced out with jokes, line drawings, and short fiction was also standard for magazines catering primarily to adult men“.[77] Der britische Obscene Publications Act – ein Gesetz ähnlich dem österreichischen Pornografiegesetz – wurde erst 1959 implementiert, sodass britische Herrenmagazine in den 1950er Jahren noch relativ problemlos verkauft werden konnten. Auch in den USA kamen seit den Nachkriegsjahren mehr und mehr Sexhefte auf den Markt. Der 1953 erstmals erschienene *Playboy* sollte das Genre international beeinflussen und fand Nachahmer in vielen Ländern. Seit Mitte der 1950er Jahre nahm der rechtliche Druck gegen Herrenmagazine zwar zu; die komplexe rechtliche Lage der USA verhinderte es jedoch, Magazine mit sexuellen Inhalten einfach aus dem Verkehr zu ziehen, wie Whitney Strub betont.[78]

Auch in Westdeutschland entstand in den Nachkriegsjahren ein Markt für Herrenmagazine. Publikationen wie *Er* oder *Gondel* schlossen an Vorkriegstraditionen an und präsentierten leicht bekleidete Frauen. Vollständige Nacktheit als Hauptattraktion setzte sich laut Pascal Eitler in dieser Phase noch nicht durch, dies kam erst mit den 1960er Jahren.[79] Die westdeutsche Situation ist vergleichbar mit jener in Österreich. Die kleine ‚Sexwelle‘ um 1950 führte zu einer visuellen Omnipräsenz erotischer Darstellungen in der Öffentlichkeit und befeuerte Rufe nach rechtlichen Gegenmaßnahmen. Schließlich wurde auch in Westdeutschland 1953 ein

---

75 Lena Lennerhed, Sexual Liberalism in Sweden, in: Gert Hekma/Alain Giami (Hg.), Sexual Revolutions, Basingstoke 2014, 25–45, 35.

76 Klara Arnberg, Under the Counter, Under the Radar? The Business and Regulations of the Pornographic Press in Sweden 1950–1971, in: Enterprise & Society 13/2 (2012), 350–377, 362. Zum Topos der „Schwedischen Sünde“ siehe Frederick Hale, ‚Time‘ for Sex in Sweden. Enhancing the Myth of the ‚Swedish Sin‘ during the 1950s, in: Scandinavian Studies 75/3 (2003), 351–374.

77 Christopher Hilliard, A Matter of Obscenity. The Politics of Censorship in Modern England, Princeton 2021, 66.

78 Whitney Strub, Perversion for Profit. The Politics of Pornography and the Rise of the New Right, New York 2011, 25–30.

79 Eitler, „Porno-Welle“, 2015, 91 f.

Schmutz- und Schund-Gesetz eingeführt, woraufhin die meisten Magazine vom Markt verschwanden.[80]

Im Licht dieser internationalen Entwicklungen erscheint die österreichische ‚Sexwelle' um 1950, die sich in Publikationen wie der *Venus* ausdrückte, als zeittypische Entwicklung. Ähnlich wie in anderen Ländern wurden auch in Österreich sexualreformerische Magazine veröffentlicht, die in der Tradition der Zwischenkriegszeit standen. Publikationen wie die *Venus* hingegen sind ein Beispiel dafür, dass Herausgeber bewusst auf zeitgenössische Trends wie Pin-up-Darstellungen reagierten und versuchten, ihre Produkte an konkrete Abnehmergruppen wie US-amerikanische Besatzungssoldaten anzupassen. Der sozioökonomische Kontext beeinflusste die Entstehung erotischer Printmedien also unmittelbar. Durch die im internationalen Vergleich sehr frühe Etablierung des österreichischen Pornografiegesetzes im Jahr 1950 war es den Behörden – anders als in anderen Ländern – jedoch möglich, den ohnehin prekären Markt für Erotikhefte frühzeitig unter rechtliche Überwachung zu stellen, weshalb es zum abrupten Ende der ‚Sexwelle' in den frühen 1950er Jahren kam. Das Pornografiegesetz konnte das erneute Aufkommen österreichischer Sexhefte für fast zwei Jahrzehnte unterdrücken. Erst ab den frühen 1970er Jahren entstand erneut ein Markt mit in Österreich produzierten Sexmagazinen, wie beispielsweise Peter Janischs *Nacht-Bote*.[81]

Conclusio

Die Analyse hat gezeigt, dass das Herrenmagazin *Venus* ein Produkt der spezifischen sozioökonomischen Rahmenbedingungen um 1950 war. Durch die Anwesenheit US-amerikanischer Besatzungstruppen in Österreich gab es finanzstarke Abnehmer für Erotikzeitschriften. Das dadurch in Umlauf gebrachte Geld ermöglichte für einige Jahre die Entstehung eines Marktes für entsprechende Publikationen. Die Herausgeber der *Venus* erkannten das finanzielle Potenzial der Besatzungssoldaten und versuchten, gezielt auf deren Wünsche einzugehen. Daher entwickelte sich die Bildsprache der Zeitschrift von „französischen" Sujets schrittweise hin zu „amerikanischen" Inhalten wie Pin-up-Girls. Die Herausgeber hofften, durch diese Adaption am Pin-up-Hype um 1950 partizipieren zu können und das Magazin an die Wünsche der US-amerikanischen Kundschaft anzupassen.

Die spezifische sozioökonomische Situation der Nachkriegs- und Besatzungsjahre beeinflusste die Zeitschrift auch inhaltlich. Sowohl auf einer textlichen als auch

80 Sybille Steinbacher, Wie der Sex nach Deutschland kam. Der Kampf um Sittlichkeit und Anstand in der frühen Bundesrepublik, München 2011, 27–29.

81 Siehe dazu Horntrich, Pornography in Austria, 2023, 219–259.

auf einer bildlichen Ebene setzte die *Venus* einen konsumorientierten Lebensstil US-amerikanischer Prägung in Szene. Die in den Geschichten dargestellte Erotik wurde häufig mit materiellem Wohlstand assoziiert. Die Zeitschrift konstruierte somit Bilder eines (künftigen) guten Lebens, in denen offen ausgelebte, unbeschwerte Sexualität und Erotik mit Konsumfantasien verschränkt wurden.

Wie die Analyse weiters gezeigt hat, war die Produktion und Distribution von Herrenmagazinen um 1950 ein in mehrfacher Hinsicht prekärer Prozess. Die Prekarität ergab sich einerseits durch die rechtliche Situation. Aufgrund des 1950 eingeführten österreichischen Pornografiegesetzes war die Produktion von Erotikmagazinen de facto einem Totalverbot unterworfen. Herausgeber entsprechender Publikationen agierten daher am Rande, häufig auch jenseits der Grenzen des Strafrechts. Dies schränkte ihren Handlungsspielraum in Bezug auf die Produktion und Distribution des Magazins deutlich ein. Andererseits erschwerte auch die immer noch weitverbreitete Materialknappheit die Produktion. Im Fall der *Venus* zeigt sich dies beispielsweise daran, dass der gesamte Produktions- und Distributionsprozess ad hoc organisiert werden musste, eine Standardisierung der Abläufe war nicht möglich.

Trotz aller Schwierigkeiten lagen die Herausgeber der *Venus* mit ihrem erotischen Magazin im internationalen Trend. Auch in anderen europäischen Ländern etablierten sich um 1950 Magazine, die auf erotische Geschichten und Aktfotos setzten und primär von einem männlichen, heterosexuellen Publikum konsumiert wurden. Da das österreichische Pornografiegesetz im internationalen Vergleich jedoch früh etabliert und von den Behörden strikt ausgelegt wurde, ebbte die kleine ‚Sexwelle' in Österreich rasch wieder ab. Die eingangs zitierten „Stunden der Entspannung", die die *Venus* ihren Lesern ab 1949 bieten wollte, waren daher 1951 schon wieder vorbei.

Nora M. Lehner

„Für den GV hatte ich vom Anzeiger keinen Betrag verlangt, rechnete aber mit einem Geldgeschenk."*[1]

(Ver-)Handlungstaktiken in der sexuellen Arbeit in Wien in den 1950er und 1960er Jahren

Abstract

"For the Intercourse, I Did Not Ask the Complainant for an Amount, but Expected a Monetary Gift."– (Negotiation) Tactics in Sexual Labour in 1950s and 1960s Vienna. This contribution provides a comprehensive analysis of the socio-economic and legal contexts of sexual labour in 1950s and 1960s Vienna, using court and police records and applying both micro-historical and discourse-historical approaches to explore the negotiation tactics employed by women in this precarious field. Despite the heterogeneity of these tactics, common patterns emerged, revealing how women navigated the legally unstable market of urban commercial sexual labour. Tactics such as upfront payment ensured financial security in the absence of legal recourse. Women made calculated decisions based on the advantages and disadvantages of different economic, social and legal tactics, often operating in a grey area between legality and illegality. The study highlights how both registered and unregistered women selling sex faced economic and legal precariousness, with many opting for sexual work due to limited opportunities in other female-dominated professions. Through case studies, the article illustrates the long-term dependence on sexual labour as a stable source of income. It concludes that, despite the financial benefits, sexual labour was characterized by various risks, social stigma, and a precarious legal environment, requiring women to develop adaptive tactics for survival and economic independence in precarious socio-economic and legal contexts.

---

* Accepted for publication after external and internal peer review (double blind)
Nora M. Lehner, c/o, Institut für Wirtschafts- und Sozialgeschichte, Universität Wien, Universitätsring 1, 1010 Wien, Österreich; nora.lehner@univie.ac.at

1 Wiener Stadt- und Landesarchiv (WStLA), Landesgericht für Strafsachen (LG Straf), Vr 403/1958, Niederschrift, 42. Die Namen aller der in den Polizei- und Gerichtsakten Genannten wurden durch gängige zeitgenössische Vor- und Nachnamen ersetzt und damit anonymisiert. Die Gerichtsakten wurden händisch paginiert, neben der Aktenbezeichnung gebe ich die Paginierung einzelner Dokumente an. Der vorliegende Aufsatz basiert auf einem Unterkapitel meiner an der Universität Wien durchgeführten Dissertation mit dem Titel „Sexuelle Arbeit. Akteur:innen, Praktiken und Reglementierung von kommerziellem Sex in Wien (1945–1975)".

Keywords
sexual labour | street-based commercial sex | economy of makeshifts | negotiation tactics | agency | Vienna | 1950s | 1960s

Einleitung

> „Er frug mich, wieviel es kostet, und ich nannte ihm den Preis von 300 S. [Anm.: Schilling] Er frug mich wie lange es dauern würde, und ob es nett sein würde. Ich erwiderte darauf, dass es bestimmt nett sein würde, dass ich aber eine Zeit nicht angeben könne, das hänge davon ab, wie lange er brauche, um ein Mal fertig zu werden. Von 1/2 Stunde oder 1 Stunde wurde nicht gesprochen. Dies ist auch gar nicht üblich, da mit dem Vollzug des Geschlechtsaktes meine Leistung erfüllt ist."[2]

Als 1961 die „Kontrollprostituierte" Frieda Komolka im Rahmen eines Gerichtsprozesses, in dem es um die Körperverletzung durch einen Kunden ging, befragt wurde, gab sie ausführlich Auskunft über das Verhandlungsgespräch mit diesem sowie ihren Arbeitsalltag an sich. Für nicht näher genannte sexuelle Dienstleistungen verlangte sie einen Fixpreis von 300 Schilling. Im gegenständlichen Fall kam es jedoch hinsichtlich der konkret durchgeführten Handlungen und deren Dauer zu einem Konflikt, der in Körperverletzung durch den Kunden, einer polizeilichen Anzeige und einem Schuldspruch für diesen endete. Derartige Verhandlungsgespräche zwischen Frauen, die der sexuellen Arbeit nachgingen, und Kunden – meist fanden diese Zwiegespräche auf der Straße oder in Lokalen statt – sind nur dann in Behördendokumenten nachvollziehbar, wenn es zu Konflikten, Gewalt oder Diebstahl kam. Im Wien des 20. Jahrhunderts war der „Gassenstrich", also die Anbahnung kommerzieller Kontakte im öffentlichen Raum, die gängigste Form der sexuellen Arbeit.[3] Frauen, die dieser Tätigkeit nachgingen, mussten sich da-

2 WStLA, LG Straf, Vr 9129/1961, Zeugenvernehmung, 32 f.

3 1927 wurden die polizeilich tolerierten Bordelle geschlossen und blieben, ausgenommen die NS-Zeit, das gesamte 20. Jahrhundert verboten, siehe Herwig Czech, Venereal Disease, Prostitution, and the Control of Sexuality in World War II Vienna, in: East Central Europe 38/1 (2011), 64–78, 74–76, https://doi.org/10.1163/187633011X566111. Mehrere Lokale in Wien wurden jedoch bordellähnlich genutzt. Die Zulassung von Bordellen wurde während der 1960er Jahre medial wie polizeiintern laufend diskutiert, wegen unklarer politisch-organisatorischer Zuständigkeiten jedoch nicht umgesetzt. In Anlehnung an den Begriff Sexarbeit verstehe ich unter „sexueller Arbeit" das Verkaufen sexueller und erotischer Dienstleistungen, beispielsweise sexuelle Handlungen mit oder ohne Geschlechtsverkehr, die Tätigkeit als „Animiermädchen" oder Stripteasetänzerin. Im vorliegenden Aufsatz fokussiere ich lediglich auf geschlechtliche Handlungen und deren Anbahnung im Kontext des Wiener Straßenstrichs der 1960er Jahre. Der gegenwärtig gängige Begriff der Sexarbeit erscheint für die 1960er Jahre anachronistisch. Er wurde im Zuge des Sex

bei entlang des reglementaristischen Prostitutionsregimes in ein enges Korsett an Regeln einpassen.[4] Für die Erbringung sexueller Dienstleistungen konnten sie kriminalisiert werden, wenn sie die laufend angepassten Vorgaben nicht einhielten oder diese durch Nichtanmeldung – als sogenannte „Geheimprostituierte“ – unterwanderten. Kunden und deren Konsum sexueller Dienstleistungen unterlagen hingegen keinen rechtlichen Auflagen. Generell agierten auch „Kontrollprostituierte“ – also im Polizeiregister Eingetragene – auf rechtlich unsicherem Terrain, denn sie konnten ihre als „sittenwidrig“ geltenden Dienstleistungen rechtlich nicht einfordern. Die rechtlichen und sozialen Rahmenbedingungen der „Unzucht als Gewerbe“ führten – so meine These – dazu, dass Frauen sowohl gegenüber Kunden als auch anderen Akteur*innen bestimmte Taktiken entwickeln mussten, um auf diesem rechtlich prekären Markt zu arbeiten.[5]

Im Beitrag frage ich danach, wie sich das wirtschaftliche und soziale Handeln von Frauen, die sexuelle Dienstleistungen verkauften, vor dem Hintergrund dieser rechtlich und ökonomisch prekären Rahmenbedingungen gestaltete. Erstens untersuche ich, welche (Ver-)Handlungstaktiken sie in der Anbahnung der sexuellen

---

Workers’ Rights Movements in den späten 1970er und 1980er Jahren als emanzipatorischer Begriff geprägt, beschreibt ein breites Spektrum erotischer und sexueller Dienstleistungen und versteht diese als Arbeit, siehe Almuth Waldenberger, Die Hurenbewegung. Geschichte und Debatten in Deutschland und Österreich, Wien 2016, 16, sowie Judith R. Walkowitz. The Idea of Sex Work, in: Radical History Review 149 (2024), 81–110, 81 f., https://doi.org/10.1215/01636545-11027496. Den Begriff Prostituierte verwende ich wegen seiner negativen, mitunter diffamierenden Konnotation lediglich als Quellenbegriff, z. B., um von „Kontrollprostituierten“ zu sprechen, also Frauen, die im Prostitutionsregister eingetragen waren.

4 Obwohl es in den Quellen Hinweise auf die sexuelle Arbeit von Personen gibt, die dem gegenwärtigen Verständnis von Geschlechtsidentität folgend als trans* oder nicht-binäre Personen verstanden werden können, reicht die Quellenlage nicht aus, um auf die hier verfolgte Fragestellung eingehen zu können. Ebenso ausgeklammert bleiben mann-männliche kommerzielle Kontakte, da diese durch die Gesetzgebung zu Homosexualität kriminalisiert (§ 129 I b StG 1852) und von einer anderen Polizeiabteilung geahndet wurden als Kontakte in einem heterosexuellen Kontext, siehe Helga Amesberger/Luzenir Caixeta/Elisabeth Greif/Birgit Sauer, Austria, in: Synnøve Økland Jahnsen/Hendrik Wagenaar (Hg.), Assessing Prostitution Policies in Europe, London 2019, 122–135, 122, https://doi.org/10.4324/9781138400238; Elisabeth Greif, Verkehrte Leidenschaft. Gleichgeschlechtliche Unzucht im Kontext von Strafrecht und Medizin. Aus- und Verhandlungsprozesse vor dem Landesgericht Linz 1918–1938, Wien 2019, 140. Der Begriff der sogenannten Prostitutionsregime meint Varianten der staatlichen Regulierung der Prostitution. Mit dem abolitionistischen, dem prohibitiven, dem reglementaristischen Regime sowie dem „Sexwork-Regime“ wird meist zwischen vier Modi der Regulierung unterschieden, siehe Birgit Sauer, Zweifelhafte Rationalität. Prostitutionspolitiken in Österreich und Slowenien, in: Sabine Grenz/Martin Lücke (Hg.), Verhandlungen im Zwielicht. Momente der Prostitution in Geschichte und Gegenwart, Bielefeld 2006, 77–94, 79.

5 Bei der Definition des Begriffs Taktik lehne ich mich an Michel de Certeau an, siehe Michel de Certeau, Die Kunst des Handelns, Berlin 1988.

Kontakte anwandten. Wie verhandelten sie in konkreten Tausch- bzw. Verkaufssituationen, um ihre Geldforderungen durchzusetzen, Gewinne zu erzielen und ihre Verdienste in diesem rechtlich nicht stabilisierten Markt abzusichern? Der Markt der urbanen kommerziellen Sexualität wurde von diversen Akteur*innen reguliert, mitbestimmt und strukturiert. Neben Frauen, die der legalen wie illegalen sexuellen Arbeit nachgingen, waren dies Kunden und Polizeibeamte, in der Nachtgastronomie Tätige sowie als „Zuhälter" verstandene Vermittler, die teilweise auch (romantische) Partner der Frauen waren. Diese Akteur*innen verfolgten je eigene Interessen, Logiken und Taktiken, die oftmals miteinander konkurrierten oder dazu führten, dass sie Gesetze missachteten oder unterwanderten. In einem zweiten Schritt frage ich nach den Handlungstaktiken, die die Frauen, die der sexuellen Arbeit nachgingen, gegenüber diesen Personen(gruppen) anwandten, und fokussiere damit auf die Handlungsmacht bzw. Agency von Frauen, die am Wiener „Gassenstrich" der 1960er Jahre tätig waren. Mit diesen Taktiken konterten sie den ökonomisch prekären Rahmenbedingungen der 1960er Jahre sowie den rechtlich prekären Rahmenbedingungen der „Unzucht als Gewerbe". Sie zielten darauf ab, ihre rechtlich nicht einklagbaren Verdienste abzusichern oder diese zu maximieren und ihre Arbeit so sicher wie möglich zu gestalten. Die Entscheidung für oder gegen das Eintragen im Polizeiregister trafen Frauen abhängig davon, welcher Rechtsrahmen für ihre Lebensrealität passender war, wobei sich ihr Registrierungsstatus auf ihre Handlungsmöglichkeiten auswirkte. „Geheimprostitution" war per se strafbar, doch auch die Taktiken der „Kontrollprostituierten" bewegten sich innerhalb eines Spektrums, das von Legalität bis Illegalität reichte. In der Analyse berücksichtige ich daher strafrechtlich relevante ebenso wie legale Taktiken und verorte diese im sozioökonomischen, gesellschaftlichen und rechtlichen Kontext der 1960er Jahre.

Die Reglementierung der Prostitution führte zu einem umfassenden Bestand an Behördendokumenten wie Polizei-, Straf- und Verwaltungsgerichtsakten, der bislang kaum beforscht wurde.[6] Verkaufs- und Verhandlungstaktiken werden darin insbesondere im Kontext von konflikthaften Tausch- oder Verkaufssituationen oder verbaler, sexueller oder körperlicher Gewalt thematisiert. Gehäuft finden sich dabei Akten zum Vorwurf des sogenannten „Unzuchtsdiebstahls", worunter die Behörden

6 Im WStLA sind für den Zeitraum 1958 bis 1968 165 Akten des Wiener Landesgerichts für Strafsachen sowie des Jugendgerichts Wien erhalten, die folgende Paragrafen betreffen: Zuhälterei, Kuppelei, häusliche/sexuelle Gewalt, Erpressung/Mord durch Kunden/Partner*innen/der Zuhälterei verdächtigter Personen, Diebstahl an/durch Frauen, die der (illegalen) sexuellen Arbeit nachgingen sowie Verstöße gegen das „Vagabundengesetz". Davon sind 86 Akten für meine Fragestellung relevant, neun ziehe ich für diesen Aufsatz für eine Feinanalyse heran. Die Jahrgänge 1969–1970 wurden noch nicht an das Archiv abgetreten. Verwaltungsgerichtsakten sind nur dann erhalten, wenn diese in Strafgerichtsakten aufgenommen wurden.

den Diebstahl sich prostituierender Frauen an (potenziellen) Kunden verstanden.[7] Der Entstehungszusammenhang dieser Quellen verursacht einen Bias, da alltägliche kommerzielle Kontakte ohne behördliches Einschreiten, bestimmte Arbeitsweisen wie regelmäßige Absprachen mit Stammkunden oder Arbeitsorte wie Nobelhotels darin kaum sichtbar werden. Dennoch sind derartige normative Quellen oftmals die einzigen erhaltenen Archivalien, die Einblicke in das Leben marginalisierter Personen oder Hinweise auf kommodifizierte sexuelle Praktiken ermöglichen. Sozialhistoriker*innen gehen davon aus, dass das Lesen dieser Quellen „gegen den Strich", also „aus anderen Gründen als denen, die von den Aufzeichnern beabsichtigt waren", es ermöglicht, „nicht-elitäre Stimmen" in offiziellen, „elitären" Quellen zu finden.[8] Zudem sind in behördlichen Beständen wiederholt Ego-Dokumente wie (tagebuchartige) Kalender und Notizbücher, Briefe und Postkarten erhalten, die als Beweismittel aufgenommen wurden und Auskunft über den sozioökonomischen Kontext und die Handlungslogiken der Verfasser*innen geben. Für diesen Aufsatz werte ich ein Sample von Strafgerichtsakten und Polizeiakten aus den späten 1950er und 1960er Jahren diskurs- und mikrohistorisch aus, wobei ich mich auch auf das Konzept der „economy of makeshifts" nach Olwen Hufton beziehe.[9] Intersektionale Kategorien wie Geschlecht, sozioökonomische Herkunft, Alter, Staatsbürgerschaft, Personenstand und den rechtlichen Status hinsichtlich der Prostitutionsvorschriften berücksichtige ich in der Analyse ebenso.

Zunächst skizziere ich, inwiefern sich die historische Sexarbeitsforschung bislang mit Handlungstaktiken, Agency und dem ökonomischen Handeln von Sexarbeiterinnen beschäftigte. Danach zeige ich die rechtlichen Rahmenbedingungen und deren polizeiliche Umsetzung auf, wobei ich auch gesellschaftliche Sichtweisen auf Prostitution herausarbeite. Vor dem Hintergrund des geschlechtersegregierten Arbeitsmarktes der 1960er Jahre lege ich dar, wie viele Frauen in diesem Zeitraum der (il)legalen sexuellen Arbeit nachgingen und welche Verdienstmöglichkeiten diese eröffnete. Basierend auf der Analyse der Strafgerichtsakten frage ich erstens

7 Für die 1960er Jahre und insbesondere 1963 lässt sich eine Häufung von Akten feststellen, die den Zwang zur sexuellen Arbeit durch (Ehe-)Partner sowie Gewalt im Rotlichtmilieu zum Gegenstand haben. Dies kann vermutlich auf die polizeiliche Aufmerksamkeit gegenüber Zuhälterei und „Geheimprostitution" zurückgeführt werden.

8 Franca Iacovetta/Wendy Mitchinson, Introduction, in: Franca Iacovetta/Wendy Mitchinson (Hg.), On the Case. Explorations in Social History, Toronto 2016, 3–22, 13; siehe hierzu auch Stephen Robertson, What's Law Got to Do with It? Legal Records and Sexual Histories, in: Journal of the History of Sexuality 14/1–2 (2005), 161–185, 162–164; alle Übersetzungen durch die Autorin.

9 Achim Landwehr, Historische Diskursanalyse, Frankfurt am Main 2008; Carlo Ginzburg/Carlo Poni, The Name and the Game. Unequal Exchange and the Historiographic Marketplace, in: Edward Wallace Muir/Guido Ruggiero (Hg.), Microhistory and the Lost Peoples of Europe. Selections from Quaderni storici, Baltimore 1991, 1–10.

nach den Verkaufs- und Verhandlungstaktiken in der Anbahnung und Durchführung sexueller Arbeit, wobei ich hier insbesondere auf Preisabsprachen fokussiere. Zweitens lege ich dar, welche Handlungstaktiken Frauen gegenüber den diversen, am urbanen Markt des kommerziellen Sex beteiligten Akteur*innen anwandten.

Handlungstaktiken, Agency und ökonomische Aspekte sexueller Arbeit

Die historische Prostitutionsforschung entwickelte sich seit den 1980er Jahren zu einem florierenden Feld.[10] Konsens besteht in der Forschungscommunity darüber, das Verkaufen sexueller Dienstleistungen analytisch als Arbeit zu fassen, welche über Jahrhunderte hinweg eine Überlebensstrategie von (finanziell) unterprivilegierten Frauen darstellte.[11] Unter dieser Perspektive wurden Prostitution und Sexarbeit im österreichischen Kontext kaum beleuchtet, insgesamt gibt es vor allem für die zweite Hälfte des 20. Jahrhunderts großen Forschungsbedarf. Mit Arbeiten zu Wien um 1900, zur NS-Zeit sowie zum ersten Nachkriegsjahrzehnt wurde das Thema bisher nur schlaglichtartig beleuchtet.[12] Um Lebens- und Arbeitsbedingun-

---

10 Einen fundierten Überblick über die Entwicklung des Feldes und den Forschungsstand bieten Magaly Rodríguez García, Ideas and Practices of Prostitution Around the World, in: Paul Knepper/Anja Johansen (Hg.), The Oxford Handbook of Crime and Criminal Justice, New York 2016, 132–153; Philippa Hetherington/Julia Laite, Editorial Note: Special Issue „Migration, Sex, and Intimate Labor", in: Journal of Women's History 33/4 (2021), 7–39, https://doi.org/10.1353/jowh.2021.0043; Sonja Dolinsek/Siobhán Hearne, Introduction. Prostitution in Twentieth Century Europe, in: European Review of History/Revue européenne d'histoire 29/2 (2022), 121–144, 124 f., https://doi.org/10.1080/13507486.2022.2029361.

11 Judith R. Walkowitz, History and the Politics of Prostitution. Prostitution and the Politics of History, in: May-Len Skilbrei/Marlene Spanger (Hg.), Prostitution Research in Context. Methodology, Representation and Power, London 2017, 20, 19–32; Sabine Kienitz, Geschäfte mit dem Körper. Sexualmoral und Überlebensstrategien von Frauen aus der Unterschicht Anfang des 19. Jahrhunderts in Württemberg, in: Historische Anthropologie 3/3 (1995), 433–459, 441–447; Dietlind Hüchtker, Strategies and Tactics. The Politics of Subsistence in Berlin, 1770–1850, in: International Review of Social History 49/3 (2004), 435–453, 446 f., https://doi.org/10.1017/S0020859004001749; Magaly Rodríguez García/Lex Heerma van Voss/Elise van Nederveen Meerkerk, Sex Sold in World Cities, 1600s–2000s. Some Conclusions to the Project, in: Magaly Rodríguez García/Lex Heerma van Voss/Elise van Nederveen Meerkerk (Hg.), Selling Sex in the City. A Global History of Prostitution, 1600s–2000s, Leiden/Boston 2017, 861–880, 861, https://doi.org/10.1163/9789004346253.

12 Karin J. Jušek, Auf der Suche nach der Verlorenen. Die Prostitutionsdebatten im Wien der Jahrhundertwende, Wien 1994; Markian Prokopovych, Prostitution in Vienna in the Nineteenth Century, in: United Nations (Hg.), Trafficking in Women (1924–1926). The Paul Kinsie Reports for the League of Nations, New York 2017, 232–237, https://doi.org/10.18356/ec5cc5ab-en; Nancy M. Wingfield, The World of Prostitution in Late Imperial Austria, Oxford 2017, https://doi.org/10.1093/oso/9780198801658.001.0001; Czech, Venereal Disease, 2011; Heide Köfinger, Gerichtliche Verfolgung von prostitutionsverdächtigen Frauen während der NS-Zeit in Österreich, unveröf-

gen in diesen Arbeitskontexten zu analysieren, bedarf es entsprechender Kategorien, Begriffe und Konzepte, wobei insbesondere das von Olwen Hufton geprägte Konzept der „economy of makeshifts" (Notbehelfsökonomie) vielfach angewandt wurde. Es fasst das Verkaufen sexueller Dienstleistungen als eine von mehreren möglichen Überlebensstrategien von Frauen der unteren sozialen Schichten.[13] Da der Verkauf sexueller Dienstleistungen in den meisten Kontexten reglementiert oder kriminalisiert wurde, mussten Sexarbeiterinnen in ihrem Arbeitsalltag diverse Taktiken entwickeln, etwa um Polizeiinterventionen zu umgehen, ihre Arbeit sicherer zu gestalten oder sich an technologische Entwicklungen anzupassen.[14] Wie Julia Laite darlegt, tauschten sie sich mit Kolleginnen aus, prägten sich das Aussehen von (Zivil-)Polizist*innen ein oder veränderten ihre Arbeitsorte, ihr Erscheinungsbild oder die Art und Weise, mit Kunden in Kontakt zu treten.[15] Steffi Brüning stellt fest, dass sich die „alltäglichen Handlungsstrategien von Prostituierten" in sozialistischen wie nicht-sozialistischen Staaten auffallend ähnelten, woraus sie folgert, dass diese „weniger durch die politische Ausrichtung des jeweiligen Systems als durch die Kriminalisierung an sich bedingt waren".[16] Der Fokus auf die (Ver-)Handlungstaktiken macht die Agency bzw. Handlungsmacht und -fähigkeit von Frauen, die der sexuellen Arbeit nachgingen, sichtbar. Agency soll mit Thaddeus Gregory Blanchette „nicht als Synonym für den freien Willen" missverstanden werden. Viel eher gehe es darum, ein „Verständnis des Wie und Warum der Handlungen eines

---

fentlichte Diplomarbeit, Universität Wien 2016; Helga Amesberger/Brigitte Halbmayr/Elke Rajal, „Arbeitsscheu und moralisch verkommen". Verfolgung von Frauen als „Asoziale" im Nationalsozialismus, Wien 2019; Ingrid Bauer, Überlebensprostitution, weiblicher Überlebenshunger und die Anziehungskraft der Sieger. Besatzungsbeziehungen im Wien der Jahre 1945 bis 1955, in: Andreas Brunner u. a. (Hg.), Sex in Wien. Lust. Kontrolle. Ungehorsam, Wien 2016, 160–165; zu den 1970er Jahren siehe Waldenberger, Hurenbewegung, 2016.

13 Olwen H. Hufton, The Poor of Eighteenth-Century France, 1750–1789, Oxford 1974, zu Prostitution siehe 306–317; sowie Kienitz, Geschäfte, 1995, 441–447; Marion Pluskota, „We Use Our Bodies to Work Hard, So We Need to Get Legitimate Workers' Rights". Labour Relations in Prostitution, 1600–2010, in: Rodríguez García/Heerma van Voss/van Nederveen Meerkerk (Hg.), Sex, 2017, 651–676, https://doi.org/10.1163/9789004346253_026, sowie der Beitrag von Sarah Frenking in diesem Band. Hufton entwickelte das Konzept zu Frankreich im 18. Jahrhundert, für weitere Forschung zum 19. und 20. Jahrhundert siehe Walkowitz, History, 2017, 24 f.

14 Judith R. Walkowitz, Feminism and the Politics of Prostitution in King's Cross in the 1980s, in: Twentieth Century British History 30/2 (2019), 231–263, 236–240, https://doi.org/10.1093/tcbh/hwz011; Dolinsek/Hearne, Introduction, 2022, 129; Hüchtker, Strategies, 2004.

15 Julia Laite, Common Prostitutes and Ordinary Citizens. Commercial Sex in London, 1885–1960, Houndmills 2012, 84–86.

16 Steffi Brüning, Prostitution in der DDR. Eine Untersuchung am Beispiel von Rostock, Berlin und Leipzig, 1968 bis 1989, Berlin 2020, 15.

Individuums angesichts eines sozial eingeschränkten Horizonts von Möglichkeiten" herauszuarbeiten.[17]

Im Kontext der reglementaristischen Prostitutionspolitik war das Verkaufen sexueller Dienstleistungen durch Frauen im Österreich der 1960er Jahre unter gewissen Umständen geduldet bzw. konnte legal ausgeübt werden, wobei eine Vielzahl von Verhaltensweisen rechtswidrig war und sanktioniert werden konnte. Vor dem Hintergrund der rechtlichen Lage sowie des gesellschaftlichen Stigmas kann das Verkaufen sexueller Dienstleistungen mit Jens Beckert und Matías Dewey als „irreguläre Arbeit" auf einem (teils) „illegalen Markt" verstanden werden.[18] Irreguläre oder illegale Märkte ermöglichten es insbesondere Frauen, am Wirtschaftskreislauf teilzunehmen, auch wenn sie dort meist schlechtere Arbeitsbedingungen, aber mitunter bessere Bezahlung vorfanden als in der regulären Wirtschaft.[19] Wie Magaly Rodríguez García feststellt, waren die Arbeitsbedingungen und Handelsstrukturen des Marktes für kommerziellen Sex stets von der „staatlichen und gesellschaftlichen Einstellung zur Prostitution sowie von den (außer-)rechtlichen, marktwirtschaftlichen, technologischen und medizinischen Kräften beeinflusst, die die Frauenarbeit im Allgemeinen"[20] bestimmten.

Die „Unzucht als Gewerbe" in Recht, Polizeipraxis und Gesellschaft

Der Verkauf sexueller Dienstleistungen war in Österreich nach dem Ende der Nazi-Herrschaft geduldet und durch mehrere Straf- bzw. Verwaltungsgesetze, die mehrheitlich Frauen betrafen, reglementiert.[21] In Wien lag mit dem „Prostituti-

---

17 Thaddeus Gregory Blanchette, Seeing Beyond Prostitution. Agency and the Organization of Sex Work, in: Rodríguez García/Heerma van Voss/van Nederveen Meerkerk (Hg.), Sex, 2017, 748–774, 752.

18 Jens Beckert/Matías Dewey, Introduction. The Social Organisation of Illegal Markets, in: Jens Beckert/Matías Dewey (Hg.), The Architecture of Illegal Markets. Towards an Economic Sociology of Illegality in the Economy, Oxford 2017, 1–34, 2.

19 Thomas Buchner/Philip R. Hoffmann-Rehnitz, Introduction. Irregular Economic Practices as a Topic of (Modern) Urban History – Problems and Possibilities, in: Thomas Buchner/Philip R. Hoffmann-Rehnitz (Hg.), Shadow Economies and Irregular Work in Urban Europe 16th to Early 20th Centuries, Wien 2011, 3–36, 23.

20 Rodríguez García, Ideas, 2016, 142.

21 Diese waren: § 5 des „Vagabundengesetzes" (89. Gesetz vom 24. Mai 1885, womit polizeistrafrechtliche Bestimmungen in Betreff der Zulässigkeit der Anhaltung in Zwangsarbeits- und Besserungsanstalten getroffen werden, RGBl. 89/1885) bzw. das 1951 wiederverlautbarte Arbeitshausgesetz (211. Kundmachung der Bundesregierung vom 24. Juli 1951 über die Wiederverlautbarung des Arbeitshausgesetzes), mehrere Paragrafen des Strafgesetzes von 1945 (d. h. des wiederverlautbarten StG 1852) sowie des „Geschlechtskrankheitengesetzes" (StGBl. 152/1945). Das Büro zur Bekämpfung von Geschlechtskrankheiten und Mädchenhandel (GM) wandte zudem das Melde-

onsnormale“ zudem eine polizeiliche Dienstanweisung umfassende Richtlinie zur polizeilichen Überwachung vor.[22] Wollten Frauen sexuelle Dienstleistungen verkaufen, mussten sie sich polizeilich registrieren und bestimmte Vorgaben beachten, die ihr Verhalten, die wöchentliche Gesundheitsuntersuchung, die Arbeitszeiten und -orte, aber auch ihre privaten Beziehungen betrafen. Sowohl Übertretungen der Prostitutionsvorschriften als auch „Geheimprostitution“ wurden mit Haftstrafen von acht Tagen bis zu drei Monaten geahndet.[23] Nach sechs bis acht dieser polizeilichen Verwaltungsstrafen beantragten Polizeibeamte die strafgerichtliche Verfolgung, wobei der Zeitpunkt der Anzeige in der Entscheidungsmacht und Willkür einzelner Beamter lag.[24] Aufgrund der unkonkreten Formulierungen und des vagen Rechtsrahmens besaßen insbesondere die Beamten des Büros zur Bekämpfung von Geschlechtskrankheiten und Mädchenhandel (GM) enormen Handlungsspielraum.[25]

Die gesellschaftliche Auseinandersetzung mit kommerzieller Sexualität und ihre Regulierung diente in westlichen Gesellschaften vielfach dazu, Sexualität und

und das Passgesetz an, um Frauen zu kontrollieren, die sexuelle Dienstleistungen verkauften oder der „Geheimprostitution“ oder einer Geschlechtskrankheit verdächtigt wurden, siehe WStLA, 2.5.1.2.B3, GM-Strafprotokoll: Prostituierte, 1946–1954.

22 Das „Prostitutionsnormale“ blieb von 1911 bis Ende der 1960er Jahre in einer gleichbleibenden Fassung in Kraft und ist in Karl F. Kocmata, Die Prostitution in Wien. Streifbilder vom Jahrmarkt des Liebeslebens, Wien 1925, 52–71, abgedruckt. Während die Bundesgesetze von Mitte 1945 bis 1974 unverändert blieben, passte die Wiener Polizei die Prostitutionsvorschriften laufend an, siehe Abschnitt „Handlungstaktiken gegenüber dem rechtlichen Rahmen und Akteur*innen im Feld“.

23 Siehe § 5/1 und § 5/2/2 RGBl. 89/1885.

24 Sammlung der Landespolizeidirektion Wien (SLPDW), Prost. 1963–1968, Prost.-Allg. 1965–1966–1968; IV–124/66-Amtshandlungen gegen Prostituierte im Zentraljournaldienst. Rundschreiben [Entwurf], ohne Datum [vmtl. Anfang März 1966], 2.

25 Wie die Polizeibehörde im Allgemeinen war das GM – ausgenommen von Sekretariatstätigkeiten – eine Männerdomäne, weshalb ich hier generisches Maskulinum verwende. Anfang der 1950er Jahre wurden in Wien rund 30 Polizeifürsorgerinnen als „weibliche Kriminalbeamte“ ausgebildet, sie waren für Amtshandlungen mit Kindern, unter 18-jährigen Mädchen und Frauen zuständig, siehe Werner Sabitzer, Frauen im Polizeidienst, in: Öffentliche Sicherheit. Das Magazin des Innenministeriums 11/12 (2011), 7–9, 6 f. Ab Oktober 1951 übernahm eine Kriminalbeamtin im GM die Einvernahme sich prostituierender oder prostitutionsverdächtiger weiblicher Jugendlicher, siehe Österreichisches Staatsarchiv (OeStA), Archiv der Republik (AdR), Bundesministerium für Inneres (BMI), Gruppe D. Grundsatzakten 1426 bis 1434, Karton 23, Aktenzeichen 1430-19/73, Betreff: Int. Übereinkommen betr. die Bekämpfung d. Mädchenhandels v. 4.5.1910, Umschlagmappe OZ1-OZ4; GZ 24.249-13/52, Ggst: Frauen- und Kinderhandel, alte Uebereinkommen, Abschrift, 6. Ab September 1961 wirkten Kriminalbeamtinnen gelegentlich bei Amtshandlungen und Streifen im Zusammenhang mit sexueller Arbeit mit, siehe SLPDW, Prost. 1947–1962, P-ZH 1961, Zl. Präs-235-S/61, Bekämpfung des Prostitutions- und Zuhälterwesens in der Inneren Stadt, 22.9.1961, 2.

Sexualverhalten zu normieren.[26] „Die Prostituierte“ fungierte in dieser Auseinandersetzung oftmals als Negativfolie, um das Ideal der sittlich anständigen (Ehe-)Frau herzustellen und um gesellschaftliche Grenzen und Bruchlinien festzulegen.[27] Der österreichische Rechtsrahmen lässt zeitgenössische normative Geschlechter- und Arbeitsideale deutlich erkennen, denn Verheiratete durften sich, neben Schwangeren und sexuell zuvor nicht Aktiven, nicht registrieren. Zudem konnten Frauen nach mehreren Verurteilungen auf Grundlage des „Vagabundengesetzes“ bis 1973 in Arbeitshäuser eingewiesen werden, wo sie entlang normativer und vergeschlechtlichter Vorstellungen von Arbeit an einen „rechtschaffenen und arbeitsamen Lebenswandel […] gewöhn[t]“[28] werden sollten. Auch in der gesellschaftlichen Auseinandersetzung diente das Sprechen über die marginalisierte und gleichermaßen skandalisierte kommerzielle Sexualität dazu, normierte Denk- und Sprechweisen über Sexualitäten, Sexualmoral und Geschlechterbilder hervorzubringen. Insbesondere die „Geheimprostitution“ wurde in (polizeilichen) Diskursen als Transgression geschlechterspezifischer Normen und als Gefahr für die heteronormative Kleinfamilie dargestellt. Während das Verkaufen sexueller Dienstleistungen in den ersten Nachkriegsjahren als Gesundheitsproblem – eng verbunden mit sexuell übertragbaren Infektionskrankheiten – verstanden wurde, nahm die Polizei die Prostitution zunehmend als Problem der öffentlichen Sicherheit, der Moral und als eine Bedrohung Jugendlicher wahr. Sie wurde auch im Kontext von Debatten über ‚normale‘ Arbeit und Arbeitsmoral verhandelt.[29] Obwohl die 1950er und 1960er Jahre in Österreich oftmals als eine Zeit konservativer Sexualmoral erinnert werden, kam es zu einer zunehmenden Medialisierung und Kommerzialisierung der Sexualität bzw. der Sexualkultur.[30] Die beginnende gesellschaftliche Liberalisierung der 1960er Jahre wirkte sich dabei jedoch kaum auf die Bewertung der Prostitution aus. Diese war von unzähligen Rückschlägen gezeichnet, Ausgrenzung, Marginalisierung und

26 Marie-Louise Janssen, Prostitution, in: Gert Hekma (Hg.), A Cultural History of Sexuality in the Modern Age, Oxford/New York 2011, 177–202, 202.

27 Dies hat etwa Sybille Steinbacher für die ersten drei Nachkriegsjahrzehnte in Westdeutschland aufgezeigt, siehe Sybille Steinbacher, Wie der Sex nach Deutschland kam. Der Kampf um Sittlichkeit und Anstand in der frühen Bundesrepublik, München 2011, 95 f.

28 Bundeskanzleramt (Hg.), Arbeitshausgesetz 1951, Wien 1951, § 1.

29 Diese polizeiliche und behördliche Deutung der (Geheim-)Prostitution ist zudem im Kontext von beginnender Touristifizierung, städtischen Transformationsprozessen und Gentrifizierung sowie dem geänderten Freizeit- und Konsumverhalten der 1960er Jahre zu verstehen, siehe Nora Lehner, „Auch diese üble Erscheinung hat im Laufe der letzten Jahre eine Wandlung erfahren“. Der Zuhälter als (Sicherheits-)Problem im Wien der 1960er Jahre, in: Moderne Stadtgeschichte 2 (2023): Stadtrevier. Polizei und Sicherheit in urbanen Räumen, hg. von Martin Göllnitz u. Sabine Mecking, 101–120.

30 Franz X. Eder, Sex, Popular Beliefs, and Culture, in: Hekma (Hg.), A Cultural History of Sexuality, 2011, 149–175, 165.

Diskriminierung gewisser Personen(gruppen) bestanden fort.[31] Sonja Dolinsek und Siobhán Hearne halten fest, dass die rechtliche und gesellschaftliche Situation von Sexarbeiter*innen die „Grenzen der sexuellen Liberalisierung auf dem europäischen Kontinent“[32] verdeutliche, ein Befund, der sich auch anhand der österreichischen Rechtslage exemplifizieren lässt: Im Zuge der „Kleinen Strafrechtsreform“ im Juli 1971, welche insbesondere das Sexualstrafrecht novellierte, blieb der Paragraph zur weiblichen Prostitution (§ 509 StG 1852) unverändert.[33]

(Sexuelle) Arbeit in den 1950er und 1960er Jahren – quantitative Aspekte und Verdienstmöglichkeiten

Frauen hatten in stark geschlechtersegregierten Arbeitsmärkten der 1950er und 1960er Jahre oftmals geringe Wahlmöglichkeiten, im urbanen Raum standen ihnen meist nur gering bezahlte oder saisonale Tätigkeiten als Arbeiterinnen oder Hilfskräfte in traditionell ‚weiblichen‘ Berufssparten wie Schneiderei, Hausarbeit oder Gastronomie offen. Der erschwerte Zugang zum regulären Arbeitsmarkt und dessen Unattraktivität machten sexuelle Arbeit für manche Frauen zu einem Arbeitsfeld, für das sich einige kurzzeitig – etwa zur Überbrückung zwischen saisonaler Tätigkeiten oder zur Aufstockung ihrer Einkünfte –, manche aber auch langfristig entschieden.[34] Sexuelle Arbeit ermöglichte ihnen ein, im Vergleich zu anderen feminisierten Wirtschaftszweigen, höheres Einkommen, wobei ihre Arbeitsbedingungen stets von der gesellschaftlichen wie rechtlichen Stellung der Prostitution abhingen.[35] Auch im österreichischen Kontext lassen sich sowohl die höheren Einkommenschancen durch sexuelle Arbeit als auch die prekäre und benachteiligte Stellung von Frauen auf dem Arbeitsmarkt feststellen: Österreichs Wirtschaft stabilisierte sich von 1949 bis in die 1960er Jahre und entwickelte sich von einer

31 Dagmar Herzog, Sexuality in Europe. A Twentieth-Century History, Cambridge 2011, 218; Dolinsek/Hearne, Introduction, 2022, 123.

32 Dolinsek/Hearne, Introduction, 2022, 123.

33 Erst ab der Strafrechtsreform 1975 wurde das Verkaufen sexueller Dienstleistungen nur mehr verwaltungsrechtlich auf Länderebene geregelt, siehe Helga Amesberger, Sexarbeit in Wien. Von Regulierungsversuchen, Arbeitsbedingungen und Resistenz, in: Brunner u. a. (Hg.), Sex, 2016, 176–183, 178. § 5 des „Vagabundengesetzes“ hob der Verfassungsgerichtshof 1973 wegen Unbestimmtheit auf. Mann-männliche Prostitution wurde weiterhin mit einer zweijährigen Freiheitsstrafe sanktioniert, siehe Alice Sadoghi, Offene Rechtsfragen zur Prostitution in entwicklungsgeschichtlicher Perspektive, Linz 2005, 43 f., 47.

34 Raelene Frances, Working and Living Conditions, in: Rodríguez García/Heerma van Voss/van Nederveen Meerkerk (Hg.), Sex, 2017, 677–706, 684 f.; Blanchette, Prostitution, 2017, 759.

35 Rodríguez García, Ideas, 2016, 142; Blanchette, Prostitution, 2017, 761.

Produktions- zur Konsumgesellschaft.[36] Ab Mitte der 1950er Jahre kam es zum „Wirtschaftswunder“: Zwischen 1955 und 1968 verdoppelte sich das verfügbare persönliche Einkommen und die Reallöhne stiegen entsprechend. Die Einkommen von Männern und Frauen drifteten jedoch auseinander.[37] Zeitgenössische Frauenlöhne verdeutlichen die prekäre Stellung von Frauen am Arbeitsmarkt: Frauen verdienten zwischen 41 Prozent (1946) und 35,2 Prozent (1960er Jahre) weniger als Männer, die im gleichen Sektor tätig waren. Zudem waren sie bei der Arbeitslosenunterstützung benachteiligt, schieden oftmals aufgrund der Kindererziehung zeitweise aus der Erwerbsarbeit aus oder waren als Teilzeitbeschäftigte vom Einkommen des Ehepartners abhängig.[38]

Wie viele Frauen in den 1960er Jahren der sexuellen Arbeit nachgingen, kann anhand behördlicher Prostitutionsstatistiken nur grob eingeschätzt werden, da diese keine Angaben zu den unangemeldet Tätigen beinhalten.[39] Im Verlauf der 1960er Jahre waren in Wien zwischen 545 (1962) und 655 (1969) Frauen polizeilich gemeldet, wobei sich 1964 die wenigsten (69) und 1965 die meisten (126) Frauen neu anmeldeten (vgl. Abbildung 1). Auch wenn hinsichtlich des Ausmaßes der „Geheimprostitution“ keine validen Aussagen getroffen werden können, vermittelt die Zahl der aufgrund von Prostitutionsverdacht kontrollierten Frauen einen groben Eindruck der behördlichen Wahrnehmung. Die Zahl der bei Polizeikontrollen Angehaltenen lag zu Beginn des Jahrzehnts bei 1.490 verschiedenen Frauen (1960), erreichte von 1962 bis 1965 ein Plateau von jährlich knapp über 2.000 Frauen – mit einem Peak von 2.136 kontrollierten Frauen 1964 – und sank danach bis 1970 (1.254) kontinuierlich (vgl. Abbildung 2).[40] Die fragmentarischen polizeilichen

---

36 Eder, Sex, 2011, 167.

37 Franz X. Eder, Privater Konsum und Haushaltseinkommen im 20. Jahrhundert, in: Franz X. Eder/Peter Eigner/Andreas Resch/Andreas Weigl (Hg.), Wien im 20. Jahrhundert. Wirtschaft, Bevölkerung, Konsum, Innsbruck/Wien/München/Bozen 2003, 224, 201–285; Johanna Gehmacher/Maria Mesner, Land der Söhne. Geschlechterverhältnisse in der Zweiten Republik, Innsbruck 2007, 44.

38 Gehmacher/Mesner, Land, 2007, 46–48; Eder, Konsum, 2003, 226; Irene Bandhauer-Schöffmann, Gender Gap. Ökonomische Ungleichheit zwischen Frauen und Männern in Wien während des 20. Jahrhunderts, in: Andreas Weigl/Peter Eigner/Ernst Gerhard Eder (Hg.), Sozialgeschichte Wiens 1740–2010. Soziale und ökonomische Ungleichheiten, Wanderungsbewegungen, Hof, Bürokratie, Schule, Theater, Wien 2015, 261–354, 306, 345 f.

39 Schätzungen der Polizei werden in der historischen Sexarbeitsforschung als zu niedrig, jene von (kirchlichen) Fürsorgeeinrichtungen stets als zu hoch eingeschätzt, was auf die jeweiligen politischen Agenden der Institutionen zurückzuführen ist. Zum Umgang mit und Kritik an behördlichen Prostitutionsstatistiken siehe Laite, Prostitutes, 2012, 22; Timothy J. Gilfoyle, City of Eros. New York City, Prostitution and the Commercialization of Sex, 1790–1920, New York/London 1992, 57–59.

40 Statistisches Amt der Stadt Wien, Statistisches Jahrbuch der Stadt Wien 1962, Wien 1963, 95; Statistisches Amt der Stadt Wien, Statistisches Jahrbuch der Stadt Wien 1966, Wien 1967, 99; Statistisches Amt der Stadt Wien, Statistisches Jahrbuch der Stadt Wien 1970, Wien 1971, 108.

Prostitutions- und Arreststatistiken geben nur selten Auskunft über die Häufigkeit und Intensität der Streifen und Razzien. In Streifenprotokollen aus der Mitte der 1960er Jahre sind jedoch intensivere Streifen und härteres Vorgehen vermerkt. Die vermehrten Aufgriffe in diesem Zeitraum können darauf sowie auf die gesteigerte polizeiliche Aufmerksamkeit gegenüber „Geheimprostitution“ und Zuhälterei zurückgeführt werden.

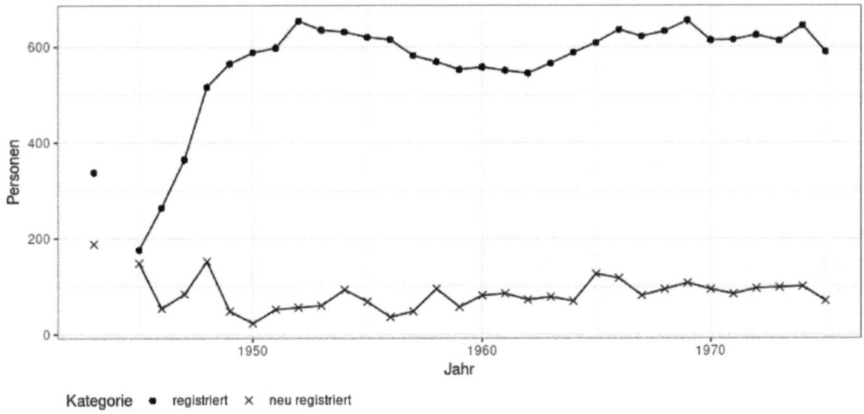

Abbildung 1: Registrierte „Kontrollprostituierte“ in Wien, 1943–1975: 1962 waren beispielsweise 545 Frauen polizeilich gemeldet, 1969 waren es 655. In den 1960er Jahren erfolgten die wenigsten Neuanmeldungen im Jahr 1964 (69), die meisten im Jahr darauf (126).
Quelle: Polizeistatistiken aus den Jahrbüchern der Stadt Wien, Bände 1943–1975; eigene Berechnung. Für 1944 sind keine Daten erhalten geblieben, jene von 1945 beschränken sich auf den Zeitraum September bis Dezember.

Die Frage, welches Einkommen Frauen durch sexuelle Arbeit erreichen konnten, wurde aufgrund der Steuerfreiheit medial oft skandalisierend debattiert.[41] Den Frauen wurde mitunter vorgeworfen, „auf möglichst leichte Weise möglichst rasch

---

In der Statistik ist dabei von „bei Streifungen angehaltenen Frauen“ die Rede, weshalb ich davon ausgehe, dass damit das Aufgreifen verschiedener Frauen und nicht die Anzahl der Kontrollen angegeben wird. Meine Auswertung von Vergleichsquellen wie den Protokollbüchern des GM oder der Statistik der städtischen Beratungsstelle für Geschlechtskranke legen ebenso nahe, dass in der Statistik verschiedene Frauen angeführt wurden.

41 Ab 1985 waren Einkünfte aus der Sexarbeit steuerpflichtig, siehe Birgit Sauer, Taxes, Rights and Regimentation. Discourses on Prostitution in Austria, in: Joyce Outshoorn (Hg.), The Politics of Prostitution. Women's Movements, Democratic States and the Globalisation of Sex Commerce, Cambridge 2004, 41–61, 52, https://doi.org/10.1017/cbo9780511489044.004.

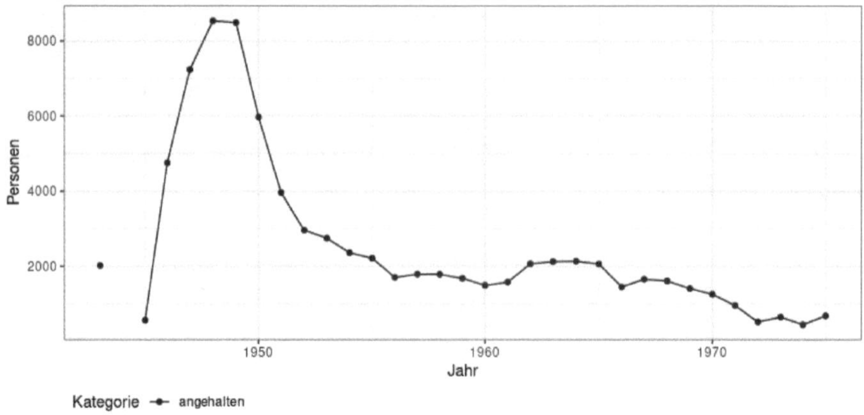

Abbildung 2: Zahl der Frauen, die im Zeitraum 1943 bis 1975 bei Polizeikontrollen („Streifungen") angehalten wurden.
Quelle: Polizeistatistiken aus den Jahrbüchern der Stadt Wien, Bände 1943–1975; eigene Berechnung.

zu viel Geld" gelangen zu wollen.[42] Üblicherweise einigten sich die Frauen im Zuge der Anbahnung auf der Straße mit den Kunden auf ein Honorar, das sie vorab entgegennahmen. Diese „Vorabkasse" war notwendig, weil auch legal Tätige keinen Rechtsanspruch auf vereinbarte, aber zurückgehaltene Geldleistungen hatten. Da „die geschlechtliche Hingabe gegen Entgelt" bis 2012 als „sittenwidrig" galt, konnten in der Sexarbeit tätige Frauen keine rechtsverbindlichen (mündlichen) Verträge schließen und damit ihr Entgelt nicht einklagen.[43] Meist verlangten sie keine Stundenhonorare, sondern Preise für konkrete Dienstleistungen; polizeiliche Quellen nennen zwischen zehn und 300 Schilling pro Kundenkontakt.[44] Frauen konnten im ersten, vierten und sechsten Bezirk deutlich höhere Honorare – in der Behördensprache als „Schandlohn"[45] bezeichnet – verlangen.[46] So hieß es in einem

42 Erich Groling, Wiens Unterwelt hat sich gewandelt. An die Stelle von „Spezialisten mit eigenem ‚Ehrenkodex'" sind Gewalttäter und Zuhälter getreten, in: Die Presse, 5.8.1965, o. S.

43 Urteil Oberster Gerichtshof, 3Ob45/12g, 18.4.2012. Die „Vorabkasse" dürfte auch gegenwärtig üblich sein, siehe Helga Amesberger, Sexarbeit in Österreich. Ein Politikfeld zwischen Pragmatismus, Moralisierung und Resistenz, Wien 2014, 161.

44 Zu den enormen Preisdifferenzen, die einzelne Sexarbeiter*innen erzielen konnten, siehe Frances, Conditions, 2017, 686; Laite, Prostitutes, 2012, 80.

45 Exemplarisch SLPDW, Prost. 1969–1970, Prost. GM Streifen Leopoldst(adt). 1962/1969, GM-Streife, 30.4.1969, 2.

46 SLPDW, Prost. 1947–1962, Kampf gegen die Prostitution und Zuhälterei, 1962, Kampf gegen Prostitution und Zuhälter [vermutlich 1961], o. S.

Polizeibericht Ende Oktober 1969, dass im ersten Bezirk der „sogenannte[.] ‚Anschlag' pro Gast 300.- S oder 15 bis 18 Dollar beträgt", wobei in „anderen Bezirken [...] der Preis zwischen 70.- und 150.- Schilling" liege. Für die Hotelkosten kämen stets die Kunden auf.[47] Um ihre Arbeit so einträglich wie möglich zu gestalten, versuchten Frauen, in Bezirken zu arbeiten, in denen sie die höchsten Honorare erzielen konnten.

Eine Vielzahl intersektionaler Faktoren – etwa der Registrierungsstatus, das Alter und Aussehen der Frauen oder welche Kunden sie akzeptierten – wirkte sich auf die Preisforderungen der Frauen, ihre Verhandlungsbasis und Verdienstmöglichkeiten sowie ihre Vulnerabilität gegenüber Kunden aus. Die Honorare dürften zudem durch gewisse Orte beeinflusst gewesen sein, worauf Konflikte über „Stellplätze" hinweisen.[48] Es ist davon auszugehen, dass die Frauen untereinander Preisabsprachen trafen, die als informelle Regeln den Markt und die Transaktionen mitbestimmten. In Städten, in denen Frauenlöhne die Hälfte oder weniger von jenen der Männer betrugen, konnten Sexarbeiterinnen für eine „schnelle Nummer", also einen Sexualkontakt, der direkt nach der Ejakulation des Kunden beendet wurde, meist eine Summe verlangen, die dem Tageslohn eines männlichen Arbeiters entsprach.[49] Welchen Anteil sie einbehalten konnten, war von ihrer Arbeitssituation abhängig, also ob Vermittler*innen involviert waren, sie für die Gesundheitsuntersuchung selbst aufkommen mussten oder Kosten gegenüber Bordellbetreiber*innen anfielen.[50] Gegenwärtig gilt in den meisten Teilen der Welt der „Straßenstrich" oftmals als die „‚niedrigste', entwürdigendste und gemeinste Form der Prostitution".[51] Eine derartige Hierarchisierung ist im damaligen Wien nicht nachweisbar, da die Anbahnung generell im öffentlichen Raum, meist auf der Straße und manchmal in Lokalen stattfand. Die Unterscheidung zwischen verschiedenen ‚Kategorien' der sexuellen Arbeit oder den Frauen, die diese ausführten, war weitaus subtiler und bezog sich auf das Aussehen, das Verhalten oder die Preisforderungen der Anbieterinnen sowie deren Arbeitsorte und Registrierungsstatus. Polizeibeamte verglichen beispielsweise die Frauen, die im ersten Bezirk arbeiteten, wiederholt mit jenen, die im zweiten Bezirk tätig waren, wobei sie erstere als angepasster und meist als jünger und attraktiver bewerteten.[52]

---

47 SLPDW, Prost. 1969–1970, Besondere Verbotszonen Innere Stadt 1969, Präs-221/S/69, Prostitutionsunwesen im 1. Bezirk, Stand: September/Oktober 1969, 27.10.1969, 1 Rs.

48 Siehe exemplarisch WStLA, LG Straf, Vr 2686/1959.

49 Frances, Conditions, 2017, 685.

50 Ebd., 687 f. Die verpflichtende wöchentliche Untersuchung war in Wien kostenlos.

51 Laite, Prostitutes, 2012, 80.

52 Siehe exemplarisch SLPDW, Prost. 1969–1970, Bes. Verbotszonen Innere Stadt 1969, Zl. II/69/GM, Beschwerde über angebliche Unzukömmlichkeiten durch Prostituierte in der Kärtnerstraße, 2.10.1969, 6.

Unklar bleibt in den polizeilichen Aufzeichnungen hingegen, welche konkreten Dienstleistungen die Frauen anboten und wie viel Zeit diese in Anspruch nahmen. Es ist davon auszugehen, dass für bestimmte Handlungen unterschiedliche Preise vereinbart wurden und die Kundenkontakte nur von kurzer Dauer waren.[53] Ein Notizbuch, welches einem Gerichtsakt zu Zuhälterei als Beweismittel beiliegt, deutet auf eine derartige gestaffelte Preisgestaltung hin (vgl. Abbildung 3). Zudem gibt es Einblicke in den Arbeitsalltag von Margit Neuhuber, die 1967 im zweiten Bezirk unangemeldet der sexuellen Arbeit nachging. Auf der ersten Heftseite findet sich eine systematische Buchführung, in welcher Datum und Uhrzeit der Kundenkontakte, Autokennzeichen, -typen und -farben sowie in zwei Fällen Namen vermerkt sind. Zuletzt sind auch unterschiedliche Honorare eingetragen, wobei diese mit vier verschlüsselten Symbolen korrespondieren. Für 20 Schilling ist beispielsweise „×“, für 100 „•“ und für 200 Schilling „••“ vermerkt, woraus geschlussfolgert werden kann, dass Neuhuber für gewisse Dienstleistungen Fixpreise verlangte, die sie, vermutlich aufgrund der Illegalität ihrer Arbeit, verschlüsselte.[54]

Die Polizeibeamten gingen jedoch davon aus, dass ihr Partner über ihre Tätigkeit Buch führte und sahen darin einen Beweis für dessen Zuhälterei. Neuhuber gab hingegen zu Protokoll, sie schreibe „in mein Notizbuch die Autokennzeichen der Männer [,] mit denen ich verkehre“.[55] Weiters gehe sie „fast täglich“ der illegalen sexuellen Arbeit nach, weil ihr Partner dies verlange. Dieser vermittle ihr keine Kontakte, halte sich aber in ihrer Nähe auf um „aufzupassen“ und behalte ihre Einkünfte, bis auf einen kleinen Betrag für Zigaretten und Verhütungsmittel.[56] Neben der Frage, wer die Aufzeichnungen anfertigte, muss offenbleiben, warum Kennzeichen oder Autotypen notiert wurden. Möglich ist, dass diese Details als Sicherheitsvorkehrung im Falle von Gewalt durch Kunden oder zur Wiedererkennung von Stammkunden dienten. Dennoch gibt das Notizbuch ungewöhnlich genaue Einblicke in Neuhubers Arbeitsalltag: Sie arbeitete meist abends oder nachts, an allen Wochentagen außer samstags und verdiente täglich circa 150 Schilling. An zehn Arbeitstagen zwischen 10. und 21. April 1967 verdiente sie insgesamt fast 1.400 Schilling, was etwa der Kaufkraft von 670 Euro entspricht.[57] Verglichen mit Frau-

---

53 Zelizer weist ebenfalls darauf hin, dass eine nach Kunden und Tätigkeit differenzierte Preisgestaltung üblich sei: Viviana A. Zelizer, The Purchase of Intimacy, in: Law & Social Inquiry 25/3 (2000), 817–848, 822.

54 WStLa, LG Straf, Vr 398/1968, Beilage Notizbuch, nicht pag. Mit „–“ ist ein Kunde, jedoch kein Honorar vermerkt, was bedeuten konnte, dass dieser nicht bezahlte oder ein angebahnter Kontakt abgebrochen wurde.

55 WStLa, LG Straf, Vr 398/1968, Niederschr. [Niederschrift] Auss. [Aussage] Neuhuber, 14.

56 WStLa, LG Straf, Vr 398/1968, Niederschr. Auss. Neuhuber, 14.

57 Siehe Historischer Währungsrechner der Oesterreichischen Nationalbank, https://finanzbildung.oenb.at/docroot/waehrungsrechner/#/ (19.5.2025).

enlöhnen des Jahres 1967 ermöglichte ihr diese Tätigkeit ein vergleichsweise hohes Einkommen, gleichzeitig war diese von Illegalität und diversen Risiken geprägt.

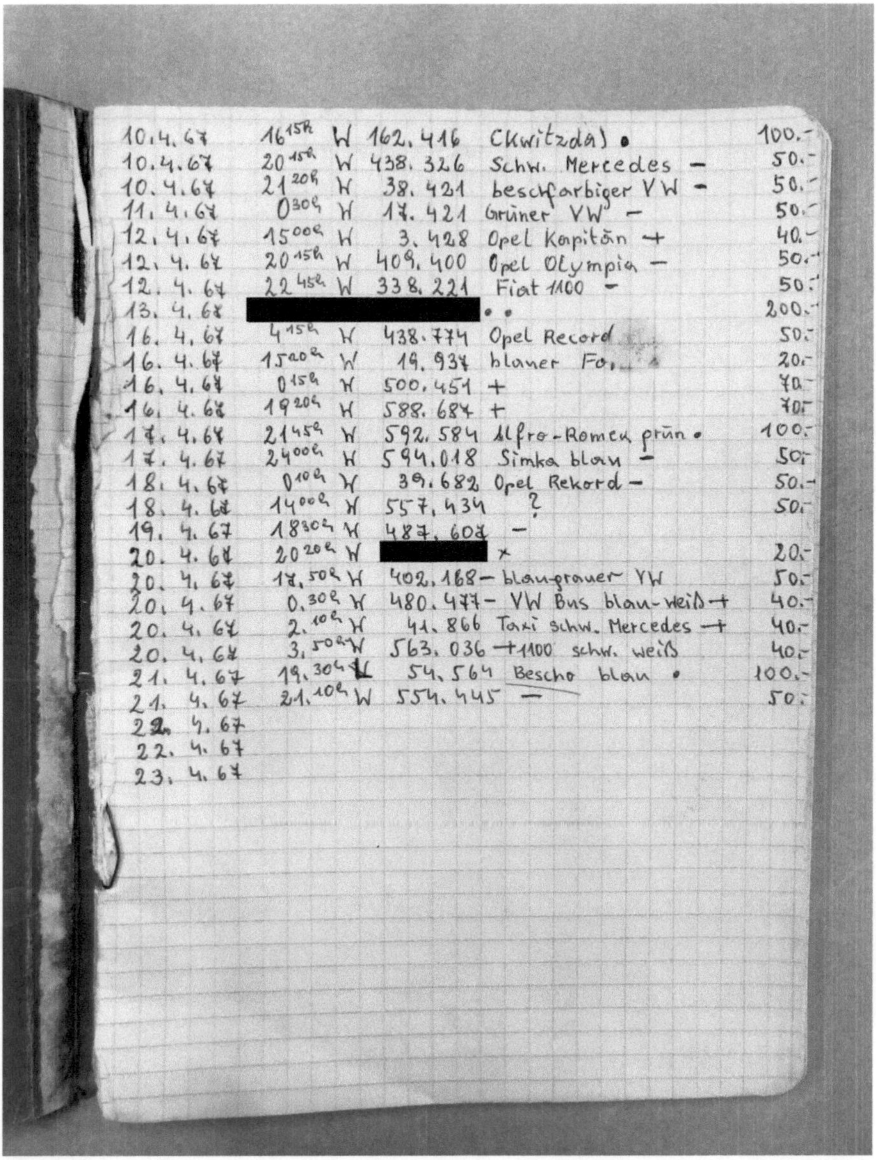

10.4.67	16^{15h}	W	162.416	(Kwitzda) •	100.-
10.4.67	20^{15h}	W	438.326	Schw. Mercedes –	50.-
10.4.67	21^{20h}	W	38.421	beschfarbiger VW –	50.-
11.4.67	0^{30h}	W	17.421	Grüner VW –	50.-
12.4.67	15^{00h}	W	3.428	Opel Kapitän +	40.-
12.4.67	20^{15h}	W	409.400	Opel Olympia –	50.-
12.4.67	22^{45h}	W	338.221	Fiat 1100 –	50.-
13.4.67	[redacted]			• •	200.-
16.4.67	4^{15h}	W	438.774	Opel Record	50.-
16.4.67	15^{20h}	W	19.937	blauer Fo...	20.-
16.4.67	0^{15h}	W	500.451	+	70.-
16.4.67	19^{20h}	W	588.687	+	70.-
17.4.67	21^{45h}	W	592.584	Alfa-Romeo grün •	100.-
17.4.67	24^{00h}	W	594.018	Simka blau –	50.-
18.4.67	0^{10h}	W	39.682	Opel Rekord –	50.-
18.4.67	14^{00h}	W	557.434	?	50.-
19.4.67	18^{30h}	W	487.607	–	
20.4.67	20^{20h}	W	[redacted]	x	20.-
20.4.67	$17.^{50h}$	W	402.168	– blaugrauer VW	50.-
20.4.67	$0.^{30h}$	W	480.477	– VW Bus blau-weiß +	40.-
20.4.67	$2.^{10h}$	W	41.866	Taxi schw. Mercedes +	40.-
20.4.67	$3.^{50h}$	W	563.036	+ 1100 schw. weiß	40.-
21.4.67	$19.^{30h}$	W	54.564	Bescho blau •	100.-
21.4.67	$21.^{10h}$	W	554.445	–	50.-
22.4.67					
22.4.67					
23.4.67					

Abbildung 3: Notizbuch von Margit Neuhuber, nicht pag.
Quelle: Wiener Stadt- und Landesarchiv, Landesgericht für Strafsachen, Vr 398/1968, Beilage. Foto: Nora Lehner

Verkaufs- und Verhandlungstaktiken im Zuge von Anbahnung und Preisabsprache

Welche Verkaufs- und Verhandlungstaktiken Frauen im Zuge der Anbahnung von kommerziellen Sexualkontakten anwenden konnten, war von den räumlichen wie zeitlichen Angaben der Prostitutionsvorschriften abhängig. Die Anbahnung fand meist auf der Straße oder in Lokalen statt, wenn die Betreiber*innen dies erlaubten. Der „Gassenstrich" erstreckte sich, den regelmäßig veränderten „Verbotszonen" folgend, über verschiedene Bezirke.[58] Für die Ausübung der sexuellen Arbeit wurden (Stunden-)Hotels, Fahrzeuge, Privatwohnungen, Grünanlagen sowie illegale Hinterzimmer von Lokalen oder Separees bordellähnlich genutzt. Wie geschildert, vereinbarten die Frauen mit ihren Kunden meist vorab fixe Summen.

Verhörprotokolle, die während polizeilicher Ermittlungen zu Gewalt und Konflikten mit Kunden angefertigt wurden, zeigen, dass Frauen ihre Dienstleistung meist als erbracht ansahen, wenn der Kunde „einmal ‚fertig'"[59] wurde, also ejakuliert hatte. Denn Kundenkontakte mussten kurz sein, um lukrativ zu bleiben.[60] Forderten Frauen während des Aktes weitere Geldleistungen oder brachen den Kontakt ab – weil die Zeit zum Beispiel aufgrund von Erektionsproblemen oder der Alkoholisierung des Kunden fortgeschritten war oder er zuvor nicht vereinbarte Leistungen verlangte –, reagierten die Kunden zuweilen mit Gewalt, weigerten sich zu bezahlen oder beschuldigten die Frauen des Diebstahls.[61] Im Gegensatz zu legal Tätigen mussten sich „Geheimprostituierte" bei der Anbahnung stets in Acht vor der Polizei nehmen, besonders unauffällig agieren und sich rasch mit Kunden einigen. Dies dürfte ihre Verhandlungsmöglichkeiten gemindert und riskante Entscheidungen gefördert haben, da sie weniger Zeit hatten, um einen Eindruck von (potenziell gefährlichen) Kunden zu erlangen.

Verhandlungsgespräche über Preise und sexuelle Praktiken lassen sich anhand eines Akts aus dem Jahr 1961, in dem es um einen gewalttätigen Übergriff eines Kunden geht, gut nachvollziehen. Im Rahmen der Vernehmung wird Frieda Komolka über die Anbahnung mit dem Kunden Faris Aydin befragt. Über das Honorar

---

58 Historisch bedeutende Straßenstrichgebiete befanden sich in Straßenzügen im ersten Bezirk (v. a. Kärntner Straße), im zweiten (v. a. Parkanlage Prater), fünften und sechsten Bezirk (v. a. Mariahilfer Straße) sowie auf dem Gürtel, einer die neun Innenbezirke begrenzenden Hauptverkehrsader, siehe Lehner, Zuhälter, 2023, 105.

59 WStLA, LG Straf, Vr 9129/1961, Zeugenvernehmung, 32 f.

60 Janet Lever und Deanne Dolnick halten fest, dass kommerzielle Sexualkontakte insbesondere am Straßenstrich oftmals nicht länger als 15 Minuten dauerten, siehe Janet Lever/Deanne Dolnick, Clients and Call Girls. Selling Sex and Intimacy, in: Ronald Weitzer (Hg.), Sex For Sale. Prostitution, Pornography, and the Sex Industry, New York/London 2010, 187–203, 194.

61 Siehe exemplarisch WStLA, LG Straf. Vr 2034/1964, Vernehmung des Beschuldigten, 51–54, sowie Vr 153/1964, Beschuldigtenverhör, 37.

habe sie sich mit Aydin auf Englisch abgesprochen. Auf seine Frage nach Preis und Dauer nannte sie ihm eine Summe von 300 Schilling und erklärte, dass ein Stundenhonorar nicht üblich sei, sondern er dafür bezahle, „ein Mal fertig zu werden". Weiters führte sie aus, dass sich die beiden nicht über konkrete Zeitangaben unterhalten hätten, dies sei „auch gar nicht üblich", da Komolka „mit dem Vollzug des Geschlechtsaktes [ihre] Leistung [als] erfüllt" betrachtete.[62] Der Kunde war jedoch mit der kurzen Dauer der Dienstleistung unzufrieden, denn er sei der Meinung gewesen, er habe für eine Stunde bezahlt. Sie habe ihn im Hotelzimmer mit der Hand befriedigt und danach weggeschickt, woraufhin er seiner Aussage zufolge darauf bestanden habe, „einen regulären Geschlechtsverkehr" durchzuführen. Als Komolka dies ebenso ablehnte wie eine Rückerstattung des Geldes, habe Aydin sie ihrer Aussage zufolge gewürgt und versucht, ihre Tasche an sich zu reißen.[63] Der 24-jährige Angezeigte, der aus der Türkei stammte und aus beruflichen Gründen in Wien war, erklärte sein Verhalten folgendermaßen: Er habe vor Komolka bereits mit einer anderen Frau über ein Honorar verhandelt. Diese hätte 300 Schilling für eine Stunde und 200 Schilling für 30 Minuten verlangt, woraufhin er 300 Schilling für den „allgem. Tarif für 1 Stunde"[64] gehalten habe. Während des Prozesses wurde wiederholt über das Honorar gesprochen.[65] Als Verteidigungsstrategie wurde ein Brief von Aydins Vater verlesen, in dem dieser die Preise in der Türkei schilderte und betonte, dass sich diese stets auf die gesamte Nacht belaufen würden.[66] Die vom Angeklagten abgestrittenen Gewalthandlungen galten vor Gericht jedoch als erwiesen, und er wurde zu zehn Wochen „schwerem Kerker" und zwei „harten Lagern" verurteilt.[67]

Eine konträre Vereinbarung zeigt sich in einem Gerichtsprozess aus dem Jahr 1958, der einen sogenannter „Unzuchtsdiebstahl" zum Gegenstand hatte. Anhand der Aussagen von Franziska Rest und dem Kunden wird ersichtlich, dass es keine Vereinbarung über ein Honorar gab; stattdessen sei jedoch für beide klar gewesen, dass der Kontakt kommerzieller Natur war. Es dürfte sich um eine unausgesprochene Konvention gehandelt haben, wonach sie kein Geld verlangte, aber er ein „Geldgeschenk" gab. Der Anzeiger Fritz Blochberger – ein 36-jähriger Direktor eines größeren chemischen Betriebes, der geschäftlich in Wien war[68] – gab bei

62 WStLA, LG Straf, Vr 9129/1961, Zeugenvernehmung, 32 f.

63 WStLA, LG Straf, Vr 9129/1961, Niederschr. Auss. Komolka, 11, Vernehmung des Beschuldigten, 23a Hs.

64 WStLA, LG Straf, Vr 9129/1961, Vernehmung des Beschuldigten, 23a.

65 WStLA, LG Straf, Vr 9129/1961, Hauptverhandlungsprotokoll (HV-Prot.), 57–76.

66 WStLA, LG Straf, Vr 9129/1961, HV-Prot., 61.

67 WStLA, LG Straf, Vr 9129/1961, Urteil, 77. Die Strafverschärfung „hartes Lager" bedeutete, dass der Verurteilte an zwei Tagen auf Brettern nächtigen musste.

68 WStLA, LG Straf, Vr 403/1958, Zeugenvernehmung Rest, 87 f.

seiner Befragung durch die Polizei folgendes zu Protokoll: „R. hat vor dem GV kein Geld dafür verlangt. Ich hätte ihr nachher ein Geldgeschenk gemacht."[69] Bevor er ihr jedoch diese nicht näher genannte Summe geben konnte, habe sie, so Blochbergers Aussage, das Hotelzimmer verlassen und ihm 2.300 Schweizer Franken gestohlen.[70] In Franziska Rests Aussage zeigte sich, dass ihre mitunter riskante Taktik wiederholt darin bestand, keine konkreten Beträge zu verlangen, sondern auf „Geldgeschenke" ihrer Kunden zu warten. Basierend auf Kalkül und Erfahrung würde sie dadurch größere Beträge erhalten, als wenn sie „vor dem Vollzug des GV […] Geldforderungen anmelde", so Rest.[71] Der Wirtschaftssoziologin Viviana A. Zelizer zufolge stelle der Umstand, ob eine „Zahlung als Geschenk (Trinkgeld, Bestechung, Wohltätigkeit, Ausdruck der Wertschätzung) und nicht als Anspruch (Lohn, Gehalt, Prämie, Provision) oder Entschädigung (Lohn, Gehalt, Zulage, Provision)" bezeichnet werde, „Behauptungen über die Beziehung zwischen Zahler und Zahlungsempfänger" auf.[72] Ein Beispiel dafür ist die im New York der 1920er und 1930er Jahre gängige Praxis des „treating". Junge Frauen, sogenannte „charity girls", tauschten dabei „sexuelle Gefälligkeiten" und abendliche Begleitung gegen Abendessen oder materielle Güter. Da sie keine monetäre Gegenleistung erhielten, verstanden sie ihre Tätigkeit nicht als Prostitution.[73] Polizei und Gericht interpretierten Franziska Rests Taktik jedoch folgendermaßen: Sie habe ihren Kunden wiederholt Geld gestohlen und gebe, wenn sie dieser Diebstähle überführt wurde, lediglich die ihr nachweisbare Summe zu.[74] Sie sei, so hieß es im Gerichtsurteil, „auf Unzuchtsdiebstähle offenbar spezialisiert".[75]

Obwohl es anhand des Quellenmaterials nicht möglich ist, quantitative Aussagen darüber zu machen, dürften Diebstähle an Kunden – in den Medien als „Galandiebstahl" oder Diebstahl „galanter Art" bezeichnet[76] – für manche Frauen eine Taktik

69 WStLA, LG Straf, Vr 403/1958, Niederschr. Auss. Blochberger, 30.

70 WStLA, LG Straf, Vr 403/1958, 87 f. Laut der Umrechnung des Gerichts entsprach dies damals 13.800 Schilling – eine Summe, die knapp unter dem Jahreslohn der Angklagten lag. Für die gelernte Spinnerin hätte dieser, bei 52 Wochen mit je 48 Stunden, ca. 14.300 Schilling betragen. Der Wochenlohnsatz lag 1957 bei diesem Stundenausmaß ab dem vollendeten 18. Lebensjahr zwischen 240 und 310 Schilling, siehe Österreichisches Statistisches Zentralamt (Hg.), Statistisches Handbuch für die Republik Österreich, Wien 1958, 179.

71 WStLA, LG Straf, Vr 403/1958, Niederschr. Auss. Rest, 41.

72 Zelizer, Purchase, 2000, 826.

73 Siehe Elizabeth Clement, Love for Sale. Courting, Treating, and Prostitution in New York City, 1900–1945, Chapel Hill 2006.

74 WStLA, LG Straf, Vr 403/1958, Anklageschrift, 78.

75 WStLA, LG Straf, Vr 403/1958, Urteil, 110.

76 WStLA, LG Straf, Vr 403/1958, Zeitungsausschnitte (nicht pag.). Dass der Kunde als „Betrogener" ab Mitte des 20. Jahrhunderts eine übliche Trope im Prostitutionsdiskurs darstellte, wirkte sich sicherlich auf die sensationalistische Berichterstattung aus, siehe dazu Laite, Prostitutes, 2012, 50.

dargestellt haben. Die Delikte reichten von heimlichem Entwenden kleinerer und größerer Geldbeträge bis hin zu Erpressung und Gewaltdrohungen. Franziska Rest blieb bis zum Ende der Verhandlung dabei, Fritz Blochberger lediglich eine Summe von 640 Franken, rund 3.900 Schilling, entwendet zu haben. In den Polizei- und Hauptverhandlungsprotokollen wurde hingegen von einem „Unzuchtsdiebstahl“ und von Rest als einer „Unzuchtsdiebin“ gesprochen, der beteiligte Mann wurde – obwohl er Österreicher war und in Liechtenstein lebte – als „der Schweizer“ bezeichnet. Auch Blochberger bezeichnete Rest in seinen Aussagen als „die Diebin“.[77] Während der Verhandlung gelang es ihm, sich als gefährdetes Opfer darzustellen, etwa wenn er meinte, dass ihn bereits in einem anderen Lokal eine „Bardame“ in ein Separee habe „locken“ wollen, er dieser aber „entkommen“ war.[78] Ihm wurde vor Gericht zudem zugutegehalten, dass er „die Angekl. nach dem GV. ohnedies belohnt“[79] hätte. Die Konvention des möglichen Geldgeschenks wurde in den Polizei- und Gerichtsakten nicht weiter thematisiert. Den Aussagen von Franziska Rest schenkte das Gericht in der Hauptverhandlung im März 1958, die in Abwesenheit des Klägers stattfand, keinen Glauben. Insbesondere ihr langes Vorstrafenregister, mehrere Verurteilungen und ihre längere Tätigkeit als „Geheimprostituierte“ wurden zu ihrem Nachteil ausgelegt.[80] Schließlich wurde sie aufgrund des ihr angelasteten Diebstahls sowie des wiederholten Begehens ähnlicher Delikte zu einer zweijährigen Haftstrafe verurteilt.[81]

Im Gegensatz zu gewalttätigen oder konflikthaften Verkaufs- oder Verhandlungssituationen lassen sich regelmäßige und einer gewissen Routine folgende Treffen und finanzielle Absprachen mit Stammkunden in den Quellen selten ausmachen. Die Ermittlungen zum ungeklärten Mord an der 59-jährigen Leopoldine Ratzky geben jedoch einen Einblick in diesbezügliche Vereinbarungen: Anhand von Visitenkarten und Korrespondenzen ermittelten Beamte mehrere langjährige Stammkunden. Ein einvernommener und zunächst verdächtigter Wiener Neustädter kam über acht Jahre hinweg meist zwei Mal pro Jahr nach Wien. Seine Besuche kündigte er postalisch an, ging mit Ratzky ins Theater und übernachtete dann bei ihr, wofür er ihr 200 Schilling gab.[82] Weiters traf die Frau jede Woche

77 WStLA, LG Straf, Vr 403/1958, Niederschr. Amtshandlung, 30.

78 WStLA, LG Straf, Vr 403/1958, Zeugenvernehmung Rest, 88.

79 WStLA, LG Straf, Vr 403/1958, Urteil, 112.

80 WStLA, LG Straf, Vr 403/1958, Anklageschrift, 76.

81 WStLA, LG Straf, Vr 403/1958, Aktenvermerk, 117; Urteil, 106; Bed. Entlassung a. d. Arbeitshaus, n. p. Da Franziska Rest gegen ihre Bewährungsauflagen verstieß, wurde sie zu einer 14-monatigen Arbeitshausunterbringung verurteilt.

82 WStLa, LG Straf, Vr 3680/1957, Polizeidir. [Polizeidirektion] Wien Sicherheitsbüro (SB), Befragung, Zl. II-6457/SB/57, 13.5.1957, 97–100.

einen Stammkunden aus „Aristokratenkreisen", wie eine Kollegin berichtete.[83] Ein dritter Stammkunde erzählte, dass er stets an Ratzkys Wohnungstüre klopfte und sie ihn, sobald er seinen Namen nannte, eintreten ließ. Nachdem er 40 Schilling auf die Kommode gelegt hatte, kam es zu einem „Mund- und normale[n] Geschlechtsverkehr", nach knapp dreißig Minuten verließ er die Wohnung.[84] Die Kontakte zu den drei Stammkunden folgten somit einer jeweils eigenen Routine, wobei Ratzky unterschiedliche Preise vereinbart hatte.

Handlungstaktiken gegenüber dem rechtlichen Rahmen und Akteur*innen im Feld

Das Konzept der „economy of makeshifts" versteht das Verkaufen sexueller Dienstleistungen, wie eingangs dargelegt, grundsätzlich als eine Taktik von Frauen. Vor dem Hintergrund der geltenden Gesetze und Verordnungen entschieden sie selbst, in welchem Rechtsstatus sie der sexuellen Arbeit nachgingen. Trugen sie sich nicht im Polizeiregister ein, so trafen sie die wissentliche Entscheidung, ihre wirtschaftlichen Interessen oder ihre existenzielle Notlage über eine rechtliche Absicherung zu stellen. Sie bewegten sich bewusst auf rechtlich prekärem bzw. rechtlosem Terrain, da sie in der Anmeldung keine Vorteile sahen. Die polizeiliche Registrierung brachte die wöchentliche, zum Teil erniedrigende Gesundheitskontrolle mit sich, führte oftmals zu gesellschaftlicher Stigmatisierung und erschwerte den Wechsel in andere Berufe. Verheiratete, schwangere oder geschlechtskranke Frauen sowie jene ohne österreichische Staatsbürgerschaft durften sich ohnehin nicht registrieren und konnten folglich nur illegal der sexuellen Arbeit nachgehen.[85] Unter 21-Jährige wurden nur in Ausnahmefällen – wenn sich aus polizeilicher Sicht keine

83 WStLa, LG Straf, Vr 3680/1957, Polizeidir. Wien SB, Befragung, Zl. II-6457/SB/57, 16.5.1957, 217.

84 WStLa, LG Straf, Vr 3680/1957, Polizeidir. Wien SB, Befragung, Zl. II-6457/SB/57, 28.5.1957, 379–380.

85 Obwohl die Staatsbürgerschaft bei der Registrierung eine entscheidende Rolle spielte (§ 5 und § 8 des „Prostitutionsnormale", siehe Kocmata, Prostitution, 1925, 53–55), sind Hinweise auf Nationalität sowie rassifizierende Zuschreibungen im Quellenmaterial äußerst selten. In Ausnahmefällen wurden ausländische bzw. staatenlose Frauen registriert, laut der Wiener Polizei waren 1957 90 Prozent der registrierten Frauen Österreicherinnen, siehe OeStA, AdR, BMI, Gruppe D, Grundsatzakten 1426 bis 1434, K 23, Az 1430-19/73, Betreff: Int. Übereinkommen betr. die Bekämpfung d. Mädchenhandels v. 4.5.1910, Umschlagmappe OZ1-OZ4, GZ 67.708 13/57, Unterdrückung des Menschenhandels und Ausbeutung der Prostitution anderer. Bericht an die UNO (UNO-Fragebogen für die Kalenderjahre 1951–1956), Frage 11, n.p.

„Besserungsmöglichkeit“ abzeichnete – angemeldet.[86] Trotz der unzuverlässigen Schätzungen verdeutlichen die polizeilichen Aufzeichnungen, dass weitaus mehr Frauen unangemeldet sexuelle Dienstleistungen verkauften als jene, die sich registrierten. Bei einer polizeilichen Umfrage unter 568 „Kontrollprostituierten“ im Jahr 1951 gaben rund 82 Prozent der Befragten an, schon vor der „Kontrollstellung“ der sexuellen Arbeit nachgegangen zu sein, teilweise für eine Dauer von bis zu 25 Jahren.[87] Vor allem jene, die nur gelegentlich der sexuellen Arbeit nachgingen, dürften sich nicht oder erst nach mehreren Aufgriffen registriert haben.[88] Exemplarisch kann dies an der polizeilichen „Personenakte“ von Grete Gerstl nachgezeichnet werden: Sie registrierte sich im Alter von 20 Jahren erstmals, nachdem sie zuvor als Dienstmädchen und Bardame gearbeitet hatte und mehrmals wegen „Geheimprostitution“ angezeigt worden war. Sie blieb, mit wenigen kurzen Unterbrechungen, von 1926 bis 1973 im Polizeiregister eingetragen.[89]

Aber auch legal tätige „Kontrollprostituierte“ unterwanderten die geltenden Auflagen: Sie arbeiteten beispielsweise, obwohl sie die Gesundheitsuntersuchung nicht eingehalten oder ihre Kontrollkarte vergessen hatten sowie außerhalb der erlaubten Uhrzeiten und Zonen, etwa tagsüber oder vor Hotels.[90] In einem Bezirksstrafgerichtsakt wurde festgehalten, dass die 20-jährige Juliane Ircher im Juni 1967 von einem Streifenpolizisten angezeigt wurde, da sie zur Mittagszeit in der Kleinen Stadtgutgasse im zweiten Bezirk „hin und her“ ging. Laut dem Polizisten geschah dies „offensichtlich in der Absicht, um Männerbekanntschaften zwecks Ausübung der Prostitution“ zu machen. In dem für Polizeiprotokolle typischen formelhaften Stil heißt es weiter, dass sie „unschwer als Prostituierte zu erkennen“

---

86 SLPDW, Prost. 1963–1968, Prost.-Allg. 1965–1966–1968, Befragung der unter Kontrolle stehenden Prost. nach ihren persönlichen Verhältnissen zum Zwecke der weiteren wirksamen Bekämpfung der Zuhälterei, 7.2.1965, 2.

87 SLPDW, Prost. 1947–1962, Prostitution in Wien, Stichtag 1.10.1951, Bericht: Die Prostitution in Wien. 4. Für die 1960er Jahre liegt keine derartige Umfrage vor, die Anmeldemuster dürften aber ähnlich gewesen sein.

88 Karin Jušek stellt dies für das späte 19. Jahrhundert fest. Die im ausgehenden 19. Jahrhundert und in den 1940er bis 1960er Jahre geltenden Gesetze unterschieden sich kaum, siehe Jušek, Suche, 1994, 117.

89 SLPDW, Prost.-Erkennungsdienst. Grete Gerstl, Evidenznr. 219, Verfügung, 5.7.1926, 2. Gerstl konnte sich trotz Minderjährigkeit anmelden. Die Beamten begründeten dies mit ihrer finanziellen Notlage, da kurz zuvor ihre Mutter verstorben war. Außerdem sahen sie ihre Registrierung als „sanitäre Maßnahme“, da sie zuvor bereits der „Geheimprostitution“ nachgegangen und wegen einer Geschlechtskrankheit behandelt worden war

90 WStLA, LG Straf, Vr 1689/67, Akt Strafbezirksgericht Wien 19 U 673/67/Staf. 7148/67, Verpflichtungsniederschr., 15–18 sowie 19 U 784/86/Staf. 8542/67, n. p.

gewesen sei, sie mit ihrem Auftreten und Verhalten Passant*innen belästigt und so die „Ordnung an einem öffentlichen Orte empfindlich gestört" habe.[91]

Zudem wandten legal wie illegal tätige Frauen Taktiken an, die aufgrund des Verwaltungs- und Strafrechts kriminalisierbar waren. Wie bereits geschildert bestahlen sie Kunden, wobei sie ausnutzten, wenn diese eingeschlafen oder betrunken waren. Als illegalen Zuverdienst verkauften sie auch Aktaufnahmen von sich und anderen Frauen.[92] Während der Erwerb und Konsum von pornografischem Material straffrei war, standen unter anderem Herstellung, Beförderung und Anbieten „in gewinnsüchtiger Absicht" unter Strafe.[93] Diese Handlungen waren von der oftmals prekären sozioökonomischen Situation der Frauen geprägt. Aber auch die komplexen Prostitutionsvorschriften und deren oftmals willkürliche Anwendung dürften es erschwerten haben, sich an alle Vorgaben zu halten.

Bei Verstößen gegen die Prostitutionsvorschriften, dem „geheimen" Anbieten sexueller Dienstleistungen sowie anderen Straftaten kamen Frauen, die (il)legal der sexuellen Arbeit nachgingen, mit Polizeibeamten in Kontakt. Diese sozialen Interaktionen waren stets von einem Spannungsverhältnis geprägt, das sich zwischen Repression, Schutz und Kooperation bewegte. Dass Frauen, die sexuelle Dienstleistungen verkauften – egal ob sie dabei polizeilich gemeldet waren oder nicht –, als potenziell straffällig gesehen wurden, hat eine lange Kontinuität.[94] Während das Einhalten und Unterwandern der gesetzlichen Rahmenbedingungen gut überliefert sind, lassen sich Polizeigewalt, Korruption und (sexueller) Missbrauch durch Beamte im Aktenmaterial generell nur schwer aufspüren.[95] Dennoch finden sich

---

91 WStLA, LG Straf, Vr 1689/67, Akt Strafbezirksger. Wien 19 U 1203/67/Staf. 13451/67 Strafsache, Anzeige 16.6.1967, 9. Aufgrund wiederholter Diebstähle und Verstöße gegen die Prostitutionsvorschriften wurde Ircher zu einer sechsmonatigen Haftstrafe verurteilt, die wegen Schwangerschaft erst 1968 vollzogen werden konnte. Nach der Haft folgte eine Arbeitshausstrafe, deren Länge aus den Akten nicht hervorgeht, siehe Urteil 110–111, Beschluss 119, Bericht über den Strafvollzug, 139.

92 Im Zuge des schon erwähnten Mordfalls an Leopoldine Ratzky ermittelte die Polizei hinsichtlich Herstellung, Vertrieb und Preis „obszöner Bilder", siehe WStLA, LG Straf, Vr 3680/1957, II-6457/S/57, 211. Zum illegalen Verkauf von Aktfotos als Zuverdienst am Beispiel der DDR siehe Brüning, Prostitution, 2020, 257–260.

93 Zu § 1 Abs. 1 des „Pornographiegesetzes" siehe Sabine Scholz, Die Entwicklung der österreichischen Pornographiegesetzgebung seit 1740, Frankfurt am Main/Wien 1999, 162–166.

94 Zu Caesare Lombrosos Theorie der „geborenen" Prostituierten siehe Mary Gibson/Nicole Hahn Rafter, Editors' Introduction, in: Mary Gibson/Nicole Hahn Rafter (Hg.), Criminal Woman, the Prostitute, and the Normal Woman, Durham/London 2004, 3–33.

95 Oral-History-Forschung könnte hierzu Einblicke ermöglichen, insbesondere da Betroffene in bisherigen Interviews, etwa im Dokumentarfilm „Aufzeichnungen aus der Unterwelt" (Regie: Tizza Covi/Rainer Frimmel, Ö 2021), Polizeigewalt als gängige und alltägliche Praxis schildern. Zu Polizeigewalt in Ego-Dokumenten von Sexarbeiter*innen siehe Rodríguez García, Ideas, 2016, 144.

in polizeilichen Protokollen auch Hinweise auf verbotene Verhörmethoden und Amtsmissbrauch. Eine 23-Jährige, die vor Gericht mit ihren widersprüchlichen Aussagen konfrontiert wurde, erklärte ihr Verhalten damit, dass bei der polizeilichen Einvernahme auf sie „eingeredet" worden sei.[96] Polizeiliche Unterlagen betonten wiederholt, dass ältere, speziell geschulte Kriminalbeamte für GM-Streifen herangezogen und Jüngere stets von diesen begleitet werden sollten.[97] Bei Vernehmungen sollten die Beamten Distanz wahren, um „späteren Anschuldigungen unsittlicher Annäherung den Boden [zu] entzieh[en]"; eine „Vorsichtsmaßnahme", die aufgrund „langjähriger Erfahrung" notwendig schien.[98] Die einvernommenen Frauen wurden – je nach der moralischen Einschätzung der Beamten – unterschiedlich behandelt: „Weiber" und „geschwätzige [...] Dirnen" sollten nur von langjährigen Beamten befragt werden. Diese seien „abgestumpft [...] gegen alle Lockungen käuflicher Erotik" und würden „weder Lust noch Ekel" aus den Schilderungen der Frauen und den „obszönen Lichtbildern" gewinnen.[99]

Im Umgang mit Polizeibeamten mussten Frauen daher Taktiken entwickeln, wobei insbesondere das Benutzen von falschen Identitäten und Spitznamen überliefert ist.[100] Gegenüber der Polizei versuchten registrierte Frauen, die behördlich auferlegten Vorgaben zu erfüllen bzw. sich an die laufenden Änderungen anzupassen. GM-Beamte konnten die Prostitutionsvorschriften verschärfen, indem sie die „Verpflichtungsniederschrift" anpassten. Dieses Dokument listete Verhaltensrichtlinien und Verbotszonen auf, außerdem jeweils den Tag und die Uhrzeit der wöchentlichen Gesundheitsuntersuchung sowie den Bezirk, in dem die Frauen den „Gassenstrich" ausüben durften. Bei der erstmaligen Registrierung und bei jedem Verstoß gegen die Prostitutionsvorschriften mussten Frauen dieses Dokument unterschreiben. Vor allem in den 1960er Jahren waren Anpassungen häufig und bezogen sich meist auf die zunehmend als Bedrohung wahrgenommene Zuhälterei. Ab Herbst 1961 war es beispielsweise verboten, mit Personen, die der Zuhälterei verdächtigt waren, „herumzustreichen" oder deren Anwesenheit in der „unmittelbaren Nähe [...] auch nur zu dulden".[101] Die GM-Beamten konnten so auch die bezirksspezifischen Verbotszonen verändern, vor allem im ersten und zweiten

96 WStLA, LG Straf, Vr 4632/1960, Kr 469/60, Vernehmung der Beschuldigten, 42–45; HV-Protokoll, 71.

97 SLPDW, Prost. 1947–1962, Prost. 1947–1962, Kampf gegen die Prostitution und Zuhälterei, 1962, Kampf gegen Prostitution und Zuhälter [vermutlich 1961], o. S.

98 Karl Springer, Die österreichische Polizei. Eine theoretische Untersuchung, Hamburg 1961, 157.

99 Springer, Polizei, 1961, 157.

100 Siehe bspw. SLPDW, Prost.-Erkennungsdienst, Ev.-Nr. 84, Luise Gugg, Pst-3646/32, 12.10.1932 sowie WStLA, LG Straf, Vr 403/1958, Bericht, 12.1.1958, 23.

101 SLPDW, Prost. 1947–1962, P-ZH 1961, Verpflichtungsniederschrift 1961, 2, sowie Vr 403/1958, Bericht, 39.

Bezirk verschärften sie diesbezügliche Richtlinien häufig. In Streifenprotokollen hoben Beamte wiederholt hervor, dass registrierte Frauen darauf achteten, die auferlegten Vorgaben einzuhalten. Meist betonten sie dabei ihr vorheriges hartes Eingreifen gegenüber jenen, die diese nicht befolgt hatten. So konstatierten sie eine Differenz zwischen ‚guten', polizeilich gemeldeten Frauen, und jenen, die sich nicht anmeldeten. Als Konsequenz bei der Nichteinhaltung der Vorschriften drohten der Entzug der Kontrollkarte – und damit die legale Möglichkeit, sexuelle Dienstleistungen zu verkaufen – oder ein bis zu einjähriges „Stadtverbot", das heißt ein Betretungs- und damit Arbeitsverbot im ersten Bezirk. Polizeibeamte wussten über die enormen, bezirksspezifischen Honorardifferenzen Bescheid und nutzten dieses Wissen, um Prostituierte zu disziplinieren und zu strafen.[102]

Wie in anderen reglementaristischen Prostitutionsregimen konnten sich in der sexuellen Arbeit tätige Frauen auch in Wien bei Übergriffen oder Erpressung seitens ihrer Kunden nur dann an die Polizei wenden, wenn sie im Polizeiregister eingetragen waren.[103] In einem Streifenprotokoll aus dem Oktober 1965 ist beispielsweise vermerkt, dass eine Frau einen GM-Streifenpolizisten wegen einer Rechtsauskunft ansprach, da ein Pkw-Lenker sie heimlich fotografiert hatte.[104] Während Karin Jušek für Wien um 1900 feststellt, dass die Registrierung Frauen „keinerlei Vorteile, nicht einmal gesetzlichen Schutz"[105] bot, zeigen Beispiele wie dieses, dass die Registrierung es den Frauen zumindest ermöglichte, sich Hilfe oder Auskunft bei der Polizei holen zu können. Hätten „Geheimprostituierte" Hilfe bei der Polizei gesucht, wäre dies einer Selbstanzeige gleichgekommen. Ob und in welchem Ausmaß die Beamten hilfesuchende, gewaltbetroffene Frauen unterstützten, ist jedoch kaum systematisch eruierbar.

Judith R. Walkowitz argumentiert anhand der Straßenprostitution in Großbritannien, dass sich zwischen Sexarbeiterinnen und Polizist*innen eine „Verhandlungskultur" entwickeln konnte.[106] Ähnliches lässt sich in Wien feststellen: So meldeten manche Frauen den Polizisten die im Bezirk tätigen nicht-registrierten Prostituierten, wobei aus den Akten nicht hervorgeht, unter welchen Umständen sie diese Informationen weitergaben.[107] Zum Ausdruck kommt hier die Konkurrenz zwischen angemeldeten und nicht-angemeldeten Frauen. Insbesondere die

---

102 SLPDW, Prost. 1969–1970, Bes. Verbotszonen Innere Stadt 1969, Erhebungsbericht über Beschwerden im ersten Bezirk wegen Prost., o. S.

103 Rodríguez García, Ideas, 2016, 142.

104 SLPDW, Prost. 1963–1968, Prost.-Allg. 1965–1966–1968, Bericht über den Verlauf der GM-Streife vom 5.10. auf 6.10.1965, 6.10.1965, 2.

105 Jušek, Suche, 1994, 117.

106 Walkowitz, History, 2017, 26.

107 SLPDW, Prost. 1969–1970, Prost.-GM Streifen, Innere Stadt 1965; 1966, Streife vom 11.–12.7.1966, o. S.

„Geheimprostitution" galt den Polizisten – aufgrund der fehlenden medizinischen Untersuchungen, aber auch der vermuteten vermehrten Zusammenarbeit mit Zuhältern – als Gesundheits- und Sicherheitsproblem. Da polizeiliche Sanktionen wie vermehrte Streifen und Razzien auch gemeldete Frauen betrafen, lässt sich das Melden von „Geheimprostituierten" auch als eine Taktik verstehen.

Im Gegensatz dazu unterhielten registrierte Frauen kollegiale Netzwerke mit teils mehrjähriger Zusammenarbeit und bauten Freundinnenschaften auf, wobei sich auch in diesem Kontext Konkurrenz und Konflikte feststellen lassen.[108] Dennoch dienten diese Netzwerke zum Schutz – etwa wenn die Frauen Personenbeschreibungen oder Kfz-Kennzeichen von gewalttätigen oder verdächtigen Kunden weitergaben – sowie zur Zusammenarbeit bei gemeinsamen Kunden. Wenn Frauen innerhalb des ihnen zugewiesenen Bezirks stets dieselben Standplätze nutzten, konnten sie nicht nur Kontakte zu Stammkunden aufbauen, sondern auch in der Nähe von Kolleginnen arbeiten.[109] Zusätzlich spielten Netzwerke und Bekanntschaften mit Hotelpersonal eine Rolle, denn viele mieteten immer dasselbe Hotel(-zimmer) und pflegten Kontakte mit dem Personal wie den Portieren oder „Stubenmädchen".[110] (Stunden-)Hotels nutzten die Frauen außerdem, um während der Arbeit persönliche Gegenstände oder Geld zu verwahren, Zimmer ohne Anmeldung zu verwenden oder tagsüber in diesen zu schlafen. Darüber hinaus verfügten Frauen, die der sexuellen Arbeit nachgingen, über persönliche Verbindungen mit anderen Personen, die in der Vergnügungs- und Nachtgastronomie tätig waren.[111] Beziehungen zu Taxilenkern, Hotelportieren, Türstehern und Kellner*innen dienten dazu, Kundenkontakte anzubahnen sowie ihren Arbeitsalltag sicherer zu gestalten, indem sie sich an ihnen bekannte Personen wenden konnten. Auf illegalen Märkten – die von Transaktionsrisiken, fehlender Qualitätsbeurteilung und drohender Strafverfolgung charakterisiert sind – stellen Netzwerke letztlich auch Reputation her.[112] Unklar bleibt, ob und welche Gegenleistungen, etwa Trinkgeld, diese Akteur*innen verlangten.

108 Laite, Prostitutes, 2012, 85.

109 WStLA, LG Straf, Vr 5381/1965, Einvernahme Zeugin H. durch GM, 41. Ab der „Prostitutionsnormale" 1961 war es jedoch verboten, dass mehr als zwei Frauen, die der sexuellen Arbeit nachgingen, zusammenstanden.

110 WStLA, LG Straf, Vr 8159/1961, Aussage Stubenmädchen, 77.

111 Diese Berufsgruppen gerieten wiederholt in den Blick der Polizeibehörden, die sie der Zuhälterei, Kuppelei oder „Geheimprostitution" verdächtigten. Kellnerinnen, Bardamen, Tänzerinnen und vor allem „Animiermädchen" – die Gäste zum Alkoholkonsum ermutigen sollten – verdächtigten GM-Beamte grundsätzlich der „Geheimprostitution". Sie wurden in „Evidenz-Listen" vermerkt und die Beamten forderten wiederholt, dass auch sie regelmäßig vom Gesundheitsamt untersucht werden sollten, siehe SLPDW, Prost. 1963–1968, Prost.-Allg. 1965–1966–1968; ohne GZ, Bericht 22.11.1968, 2.

112 Beckert/Dewey, Introduction, 2017, 20 f.

Sowohl Frauen, die der legalen, wie auch solche, die der illegalen sexuellen Arbeit nachgingen, arbeiteten teilweise mit Männern zusammen, die sie vor der Polizei warnten, ihre Einkünfte verwahrten oder aufpassten, indem sie Kunden beobachteten oder vor dem Hotel warteten. Gaben Frauen diesen Männern dafür – oder generell – (Teil-)Beträge ihres Verdienstes, so konnten sie als Zuhälter kriminalisiert und bestraft werden. Dies traf auch zu, wenn Frauen ihren Partnern freiwillig Geld gaben oder damit zum gemeinsamen Haushalts- bzw. Familieneinkommen beitrugen.[113] Die polizeiliche Überwachung von Zuhältern kann damit gleichermaßen als Überwachung der Partnerschaften sich prostituierender Frauen verstanden werden.[114] Der Polizeibehörde zufolge waren insbesondere illegal Tätige gefährdet, von Zuhältern ausgebeutet zu werden. In den Quellen zeigt sich, dass sich die Art dieser Zusammenarbeit und die jeweiligen Beziehungen sehr divers gestalteten und von Freiwilligkeit, Romantik oder Freundschaft, aber auch von Zwang, Gewalt und Konflikten geprägt sein konnten. Insbesondere wenn Frauen – nach Streit oder Trennungen – aufhörten, ihren (ehemaligen) Partnern Geld zu geben, konnte eine zunächst konsensuale Zusammenarbeit in Zwang übergehen.[115] So erstattete 1962 Katharina Pattermann, die zu diesem Zeitpunkt seit 14 Jahren der sexuellen Arbeit nachging, Anzeige gegen ihren Expartner. Im Zuge ihrer mehrmonatigen Beziehung gab sie ihm zunächst freiwillig Geld. Als es zu einem Bruch kam, erpresste er sie und drohte mit körperlicher Gewalt, woraufhin sie sich an die Polizei wandte.[116]

Ihren Kunden gegenüber wandten „Geheim-“ wie „Kontrollprostituierte“ eine Reihe von Taktiken an, die sich ebenfalls auf einem Spektrum zwischen Illegalität, Legalität und Absicherung vor Gewalt bewegten.[117] Wie schon thematisiert, verhandelten sie mit ihren Kunden meist auf der Straße oder in Lokalen über das Honorar, das sie vorab einforderten und erhielten. Sie stellten Verhaltensregeln auf, etwa indem sie auf Safer-Sex-Praktiken bestanden oder die Art der erlaubten Intimität festlegten. Eine Vielzahl dieser Regeln beschrieb die eingangs zitierte Frieda Komolka, die im Zuge eines Gerichtsverfahrens – ein Kunde hatte sie miss-

---

113 § 5 RGBl. 89/1885.

114 Annalisa Martin, Managing Commercial Sex in West Germany, 1950s–1980s, unveröffentlichte Dissertation, Birkbeck College 2022, 173. Zu analytisch oftmals schwer fassbaren Beziehungen zwischen Frauen, die der sexuellen Arbeit nachgehen, und deren (Arbeits-)Beziehungen zu zuhältereiverdächtigen Personen siehe ebenso Blanchette, Prostitution, 2017, 768 f.

115 Siehe beispielsweise WStLA, LG Straf, Vr 5381/1965.

116 WStLa, LG Straf, Vr 2325/1962, hier II-642-GM/62 Dr. Pu, 26.3.1962, 5. Katharina Pattermanns Ex-Partner wurde u. a. wegen Zuhälterei zu drei Monaten „strengem Arrest“ und einer Arbeitshausstrafe verurteilt, Urteil, 78.

117 Kunden sind nur marginal beforscht, obwohl sie die größte in die sexuelle Arbeit involvierte Gruppe sind und ihre Bedürfnisse, ihr Einkommen und Freizeitverhalten diesen Markt prägen, siehe Laite, Prostitutes, 2012, 44.

handelt und versucht, sie auszurauben – über die Anbahnung und den Ablauf ihrer Tätigkeiten polizeilich befragt wurde.

> „Ich streifte dem Besch. das Präservativ über. Dabei gab es die ersten Schwierigkeiten, weil er den Geschlechtsverkehr ohne Schutzmittel ausüben wollte, obwohl ich bereits auf der Straße davon Mitteilung gemacht hatte. [...] Der Geschlechtsakt war bald vorüber. Irgendwelche Vorspiele fanden nicht statt. Ich lasse mich in Küssereien, Streicheln und dergleichen überhaupt nicht ein. Wenn der Besch. angibt, er habe mich im Gesicht und am Hals geküsst, so ist dies unrichtig, überhaupt wenn er damit die Rötungen an meinem Hals erklären will.“[118]

Für Komolka waren Verhütungsmittel und das Unterbinden von Zärtlichkeiten Teil ihres Arbeitsalltags, wobei letzteres in der Forschung als gängige Abgrenzungstaktik beschrieben wird.[119] Darüber hinaus gehen eine Reihe von Taktiken aus den Quellen hervor, die Frauen zum Schutz vor gewalttätigen Kunden anwandten. Eine Frau, die seit acht Jahren im Prostitutionsregister eingetragen war, erklärte vor Gericht – ein Kunde hatte sie attackiert –, dass sie „prinzipiell nicht mit Betrunkenen“ mitgehe.[120] Der Selbstschutz konnte, wie ein Gerichtsakt aus dem Jahr 1960 zeigt, bis hin zur Bewaffnung reichen. Franziska Meier, die einen Kunden mit einer Schreckschusspistole bedroht hatte und wegen „öffentlicher Gewalttätigkeit“ angeklagt war, verteidigte sich folgendermaßen: „In unserem Beruf kommt viel vor und ich habe mir deshalb zum persönlichen Schutz die Pistole gekauft.“[121] Besonders auffällig trat in diesem Fall vor Gericht jedoch der Schutz des Kunden zutage, der sich zum Tatzeitpunkt als „Strohwitwer“ bezeichnete und als argloses Opfer darstellte: Mit Rücksichtnahme auf seine Familie und seine berufliche Stellung bat er, wenn auch erfolglos, darum, zur Hauptverhandlung nicht geladen zu werden. Aus „Gründen der öffentlichen Sicherheit“[122] fand diese zumindest nicht öffentlich statt.

Wurden Kunden gewalttätig, so wandten sich legal tätige Frauen mitunter an die Polizei, eine Handlungsoption, die Nichtregistrierten nicht offenstand. Manche

---

118 WStLA, LG Straf, Vr 9129/1961, Zeugenvernehmung, 33.

119 Elizabeth Bernstein, Buying and Selling the ‚Girlfriend Experience‘. The Social and Subjective Contours of Market Intimacy, in: Mark B. Padilla (Hg.), Love and Globalization. Transformations of Intimacy in the Contemporary World, Nashville 2007, 186–202, 191.

120 WStLA, LG Straf. Vr 8971/1961 HV-Prot., 115.

121 WStLA, LG Straf, Vr 4632/1960, HV-Prot., 70. Da Franziska Meier damit jedoch ihren Kunden um 100 Schilling erpresste, wurde sie zu einer sechsmonatigen schweren Kerkerstrafe verurteilt, siehe Urteil, 79.

122 WStLA, LG Straf, Vr 4632/1960, HV-Prot., 69.

Männer waren sich deren rechtloser Lage bewusst und versuchten, diese auszunutzen. Das zeigt sich in einem Gerichtsakt aus dem Jahr 1964, in welchem der Diebstahl zweier Männer an einer sich prostituierenden Frau verhandelt wurde. Johanna Labaczka fuhr mit einem vermeintlichen Kunden auf einen abgelegenen Parkplatz, wo sich herausstellte, dass sich in dessen Pkw drei weitere Männer versteckt hatten. Mit drei von ihnen kam es, gegen ein vorab bezahltes Honorar von je 200 Schilling, zu Sex. Daraufhin stahlen zwei der Männer – sie waren Wiener, die der Prostitutionsvorschriften kundig waren; die anderen beiden waren deutsche Staatsbürger – der Frau über 1.000 Schilling sowie ihre Handtasche. Einer der Deutschen gab zu Protokoll, dass er versucht hatte, den Raub zu verhindern, woraufhin einer der Wiener entgegnete, dass er keine rechtlichen Konsequenzen fürchte. Denn: „Wenn das Mädchen nicht legal auf den Strich gehe, könnte sie ja keine Anzeige machen."[123] Labaczka war jedoch registriert und wandte sich an die Polizei. Die Täter aus Wien konnten nicht ermittelt werden; die beiden Deutschen wurden bei einer Polizeikontrolle aufgehalten und wegen „Teilnehmung am Raub" (§ 196 StG) angezeigt und schuldig gesprochen.[124]

Conclusio

Gerichts- und Polizeiakten bieten einen umfangreichen, wenngleich hochgradig vermittelten Einblick in die (Ver-)Handlungstaktiken von Frauen, die der sexuellen Arbeit nachgingen. Die Analyse dieser Quellen verdeutlicht die sozioökonomischen wie rechtlichen Kontexte sexueller Arbeit im Wien der 1950er und 1960er Jahre sowie die teils prekäre Alltagsgeschichte der kommerziellen Sexualität. Die Verhandlungstaktiken, die Frauen am rechtlich nicht stabilisierten Markt der urbanen kommerziellen Sexualität anwandten, waren heterogen. Sie reichten vom sogenannten „Unzuchtsdiebstahl" über das Warten auf „Geldgeschenke" bis hin zu konkreten Geldforderungen. Frauen nutzten Taktiken, um Honorare zu vereinbaren, ihre Geschäfte aufrecht zu erhalten oder ihre Sicherheit zu gewährleisten. Dennoch zeigen sich gewisse Muster: Die „Vorabkasse" war beispielsweise üblich, um vereinbarte Honorare abzusichern, da diese rechtlich nicht eingeklagt werden konnten. Honorare behielten sie mitunter ein, auch wenn Kunden sie bedrohten, erpressten oder ihnen Gewalt antaten. Die Taktiken dienten sowohl dem wirtschaftlichen Interesse der Frauen als auch ihrem Schutz vor gewalttätigen oder

123 WStLA, LG Straf, Vr 4017/1964, Kr 652-Dt/64, 35.

124 WStLA, LG Straf, Vr 4017/1964, 29b Vr 4017/64, 55; Strafantrag, 69; 652-Dt/64/Dr. Kn. 115; Urteil 135–140. Labaczka schloss sich als Privatbeteiligte an und erhielt das gestohlene Geld und einen Schadensersatz.

übergriffigen Kunden und umfassten legale Handlungen ebenso wie verwaltungs- und strafrechtlich relevante, illegale und strafbare Handlungen.

Frauen wogen die jeweiligen ökonomischen und sozialen Taktiken basierend auf den Vor- und Nachteilen ab, wobei sich Grauzonen und fließende Übergänge zwischen legalen und illegalen Vorgehensweisen feststellen lassen. Sowohl „Geheimprostituierte" als auch „Kontrollprostituierte" operierten in ökonomisch wie rechtlich prekären Situationen. Sie wählten sexuelle Arbeit als lukrativere Alternative zum geschlechtersegregierten österreichischen Arbeitsmarkt mit seinen für Frauen schlechten Ausbildungsmöglichkeiten und niedrigen Löhnen. Der dokumentierte Einblick in die Verhandlungen über Honorare verdeutlicht, dass das Verkaufen sexueller Dienstleistungen ihnen ein besseres Einkommen verschaffte als von ihnen erlernte Berufe oder Tätigkeiten, die sie vor oder parallel zur sexuellen Arbeit ausübten. Besonders Frauen aus unteren sozialen Schichten, in prekären Beschäftigungsverhältnissen oder mit mangelnder Ausbildung wählten sexuelle Arbeit als eine, im Sinne der „economy of makeshifts" verstandene Möglichkeit. Polizeiakten belegen, dass manche Frauen mitunter ihr gesamtes Erwerbsleben, andere wiederum nur temporär auf diese Option zurückgriffen. Ein Beispiel ist Grete Gerstl, die die sexuelle Arbeit jahrzehntelang ausübte und sich nur für kürzere Zeiträume abmeldete, um andere Berufe zu ergreifen. Ihre langfristige Tätigkeit – sie war 47 Jahre, von 1926 bis 1973, im Polizeiregister eingetragen – verdeutlicht die Stabilität dieser Einkommensquelle. Typisch ist dabei, dass Gerstl zunächst unangemeldet der sexuellen Arbeit nachging und sich erst nach mehreren Anzeigen wegen „Geheimprostitution" ins Polizeiregister eintragen ließ, eine Taktik, die viele Frauen verfolgten. Die Entscheidung für eine legale oder illegale Tätigkeit beeinflusste die Arbeitsbedingungen erheblich. Vergleicht man die Arbeitssituation von angemeldeten und nicht angemeldeten Frauen, so zeigt sich, dass erstere die Möglichkeit hatten, sich in Konfliktsituationen an die Polizei zu wenden, wobei offenbleiben muss, welche Unterstützung sie erhielten. Nicht angemeldete Frauen waren somit vulnerabler, da sie limitierte Handlungsoptionen hatten, wenn sie Ausbeutung und Gewalt erfuhren. Dennoch sprachen für sie gewichtige Gründe gegen eine Eintragung im Polizeiregister, wie etwa der einfachere Wechsel in andere Tätigkeiten oder das Umgehen der verpflichtenden Gesundheitsuntersuchung. Schwangerschaft, Ehe oder nicht-österreichische Staatsbürgerschaft verhinderten eine Anmeldung ohnehin. Unklar bleibt anhand des Aktenmaterials hingegen, inwiefern sich der Registrierungsstatus auf Preisforderungen auswirkte, wobei anzunehmen ist, dass illegal Tätige sich rascher mit Kunden einigen mussten und daher weniger Zeit hatten, zu verhandeln oder etwaige Risiken abzuschätzen.

Unabhängig vom rechtlichen Status mussten Frauen Taktiken im Umgang mit den diversen Akteur*innen im Feld entwickeln: Polizeibeamten, mit denen sie verhandelten oder deren Vorgaben sie unterwanderten, oder Kunden, mit denen sie Honorare vereinbarten, die sie bedrohten oder bestahlen. Netzwerke mit anderen

Frauen, die sexuelle Dienstleistungen verkauften, und Personen aus der Nachtgastronomie halfen, Kontakte anzubahnen oder (sichere) Arbeitsorte zu schaffen. Die gewählten Taktiken hingen von mehreren Faktoren ab, etwa dem Umstand, ob Frauen im Prostitutionsregister eingetragen waren und sich bei Gewalt, Erpressung oder Übergriffen an die Polizeibeamten wenden konnten. Die rechtlose Situation illegal arbeitender Frauen nutzten manche Kunden aus. Trotz der finanziellen Vorteile prägten Risiken, gesellschaftliches Stigma, Anfeindungen und eine prekäre rechtliche Lage den Arbeitsalltag. Die regelmäßigen Gesundheitsuntersuchungen und Polizeigewalt – wenngleich im Quellenmaterial kaum aufspürbar – spielten ebenfalls eine Rolle. Die Kundennachfrage, die Anzahl der (nicht) gemeldeten Anbieterinnen sowie Vermittler*innen, darunter insbesondere als Zuhälter etikettierte Männer, bestimmten darüber hinaus den urbanen Markt der kommerziellen Sexualität und die Arbeitsbedingungen der Anbieterinnen.

Hans-Peter Weingand, Paul M. Horntrich

„Beate rief, und alle, alle kamen"

Aufstieg und Fall des Beate-Uhse-Konzerns in Österreich 1970–2019*

Abstract

"Beate Called and Everyone, Everyone Came". The Rise and Fall of the Beate Uhse Group in Austria. This article analyses the expansion of the Beate Uhse Group into Austria. Based on the company archives of the Beate Uhse AG and the estate of the company founder, Beate Rotermund, the economic conduct of the Beate Uhse AG is reconstructed. This includes the company's entry into the Austrian market around 1970 with the establishment of a mail order business, the opening of the first branches in the 1990s, and the bankruptcy in 2019. It also examines the reception of Beate Uhse's economic commitment in the media and the use of the "Beate Uhse myth" in Austria. The analysis is based on planning documents and internal information from the Beate Uhse AG, the reconstruction of sales data, further research in commercial and insolvency databases, and media reports. The study argues for taking a closer look at legal regulations that have often stood in the way of the commercialization of sexuality since 1945. Using the example of market studies that show the increasing economic importance of female consumers of sex products, it furthermore illustrates that commercialization was also a driver of the scientification of sexuality.

Keywords

Beate Uhse | commercialization | pornography | female customers | Austria | sex stores

---

* Accepted for publication after external and internal peer review (double blind)
Hans-Peter Weingand, freischaffender Historiker, Graz; weingand@gmx.at
Paul M. Horntrich, Department für Bildungswissenschaften, Pädagogische Hochschule Niederösterreich, Campus Baden, Mühlgasse 67, 2500 Baden, Österreich; paul.horntrich@gmail.com

Einleitung

Noch 2010 gab es in Österreich 52 Beate-Uhse-Sexshops. Seit 1970 bot der westdeutsche Erotikkonzern auch in Österreich seine Waren an. Die breite Produktpalette, von Vibratoren über erotische Bildbände bis zu Pornofilmen, hat dazu geführt, dass „Beate Uhse“ in Österreich für eine ganze Generation zu einem Synonym für den käuflichen Erwerb sexbezogener Artikel geworden ist.

Beate Köstlin, verehelichte Uhse (1939) bzw. Rotermund (1949),[1] wurde 1919 in Ostpreußen als Tochter eines Gutsbesitzers und einer Ärztin geboren, war im Zweiten Weltkrieg Pilotin und wurde 1946 Unternehmerin, zunächst mit Handzetteln zur Aufklärung für Frauen über natürliche Empfängnisverhütung nach der Knaus-Ogino-Methode („Schrift X“). Ihr 1951 gegründetes „Versandhaus Beate Uhse“ für den Vertrieb von Aufklärungsmaterial baute sie bis zu ihrem Tod (2001) zum börsennotierten, europaweit tätigen Konzern aus. Das 1962 in Flensburg eröffnete „Fachgeschäft für Ehehygiene“, das Magazine, Bücher, Verhütungsmittel, pharmazeutische Präparate und Stimulationsartikel verkaufte, gilt als erster „Sexshop“ der Welt. Der von Beate Rotermund befürwortete offene Umgang mit Sexualität und Erotik war gesellschaftlich lange umstritten: Im Sommer 1951 stand sie wegen des Versandes von Kondomen innerhalb der Bundesrepublik Deutschland erstmals wegen „Beihilfe zur Unzucht“ vor Gericht.[2] Bis zu ihrem Tod ermittelten Polizei und Staatsanwaltschaft in rund 2.000 Strafverfahren gegen sie und den Konzern, etwa wegen der Verbreitung unzüchtiger Schriften, Abbildungen und Darstellungen. 700 Verfahren führten zu Gerichtsprozessen. Beate Rotermund trug zur Liberalisierung der Sexualmoral (in der BRD) bei, aber auch zur Pornografisierung der Gesellschaft.[3]

Elizabeth Heineman hat die Aktivitäten des Beate-Uhse-Konzerns sowie dessen Einfluss auf die Sexualitätsgeschichte der BRD gründlich erforscht. Die Historikerin ist sowohl der Etablierung des „Beate-Uhse-Mythos“[4] – das heißt der bewussten In-

---

1 Im Folgenden bezeichnen wir mit „Beate Rotermund“ die Person und mit „Beate Uhse“ den Konzern.

2 Elizabeth Heineman, Before Porn Was Legal. The Erotica Empire of Beate Uhse, Chicago/London 2011, 134, 203.

3 Markus Würz, Biografie Beate Uhse, in: LeMO-Biografien, Lebendiges Museum Online, Stiftung Haus der Geschichte der Bundesrepublik Deutschland, http://www.hdg.de/lemo/biografie/beate-uhse.html (11.1.2024). Die juristischen Auseinandersetzungen stehen auch in dem 2011 von Hansjörg Thurn mit Franka Potente umgesetzten deutschen Spielfilm „Beate Uhse – Das Recht auf Liebe“ im Zentrum.

4 Elizabeth Heineman, Der Mythos Beate Uhse. Respektabilität, Geschichte und autobiographisches Marketing in der frühen Bundesrepublik, in: WerkstattGeschichte 40 (2005), 69–92; zur Biografie: Beate Uhse/Ulrich Pramann, „Ich will Freiheit für die Liebe“. Beate Uhse. Die Autobiographie, München 2001 [aktualisierte u. erw. Taschenbuch-Ausgabe der unter dem Titel *Mit Lust und*

szenierung von Beate Rotermunds Biografie als Vorkämpferin für sexuelle Freiheit und sexuellen Konsum – als auch der Wirtschaftsgeschichte des Unternehmens nachgegangen. Die Marke „Beate Uhse" spielte aber nicht nur in der BRD eine Rolle, sondern entfaltete auch in den Niederlanden und Österreich, in der ehemaligen DDR und in Osteuropa ihre Wirkung. Der vorliegende Beitrag beleuchtet erstmals die Konzernaktivitäten in Österreich, von den ersten Planungen für den Markteintritt in den frühen 1970er Jahren bis hin zum Konkurs der Österreich-Niederlassung im Jahr 2019. Der Beate-Uhse-Konzern stellt ein interessantes Fallbeispiel dar, um der zunehmenden Kommerzialisierung und Internationalisierung der Sexualkultur in europäischen Gesellschaften seit 1945 nachzuspüren.

Im ersten Abschnitt werden die wesentlichen Eckdaten zu den Aktivitäten des Konzerns in Österreich und die juristischen, ökonomischen und technischen Rahmenbedingungen rekonstruiert. Der zweite Teil widmet sich der Rezeption der Konzerntätigkeiten in der österreichischen Medienlandschaft und der Etablierung des „Beate-Uhse-Mythos" in Österreich. Der dritte Abschnitt diskutiert die zunehmende Verwissenschaftlichung der Planungsaktivitäten des Beate-Uhse-Konzerns, der Frauen als wichtige Konsumentinnengruppe in den Fokus brachte. Quellenseitig stützt sich die Studie auf Dokumentationen und Interna des Konzerns.[5]

Heineman hat Anfang der 2000er Jahre keine klassische Konzerngeschichte geschrieben. Deshalb wird in diesem Beitrag die nach ihrer Anregung erfolgte Archivierung von Teilen des privaten Nachlasses von Beate Rotermund bzw. der Konzerndokumentation genutzt, um möglichst viele Daten der Beate Uhse AG und ihrer wirtschaftlichen Aktivität (in Österreich) zu rekonstruieren: Das betrifft Angaben zur Umsatzentwicklung, zu den Konsumgütern und zu den Konsument*innen, zu den strategischen Überlegungen und zur Marktforschung. Denn der Konzern ist heute Geschichte. Nach stetig wachsenden Umsätzen ab 1960 und einem Wachstumsschub rund um den Börsengang 1999 folgte ab 2005 der Absturz. Letztlich führten die Trends und Umbrüche im Pornografie-Markt[6] dazu, dass der Konzern 2018 am Hauptsitz in Flensburg Insolvenz und 2019 auch am Österreich-Standort

---

Liebe – Mein Leben 1989 erschienenen 1. Aufl.]; Katrin Rönicke, Beate Uhse. Ein Leben gegen Tabus, Salzburg 2019.

5 Die Forschungsstelle für Zeitgeschichte in Hamburg (FZH) verwahrt die Dokumentation des Konzerns bzw. den Nachlass von Beate Rotermund. Zum Bestand siehe Angela Voss, Zur Zeitgeschichte der Sexualität. Das Beate-Uhse-Archiv in der FZH, in: Forschungsstelle für Zeitgeschichte in Hamburg (Hg.), Zeitgeschichte in Hamburg 2005, Hamburg 2006, 81–85.

6 Vgl. Franz X. Eder, Von der Revolution zur Selbstführung – die Geschichte der Sexualkultur seit den sechziger Jahren, in: Franz X. Eder/Hubert C. Ehalt/Suleika Mundschitz, Sex zwischen Befreiung und neuer Disziplinierung, Wien 2016, 25–51; Madita Oeming, Porno. Eine unverschämte Analyse, Berlin [2]2023.

in Innsbruck Konkurs anmelden musste.[7] Daraufhin verschwand „Beate Uhse“ in Österreich aus dem Sex-Angebot, aus dem Straßenbild, aus den Medien und – bei der jüngeren Generation – auch aus dem Bewusstsein.

Beate Uhse expandiert nach Österreich

Seit der Eröffnung des ersten Beate-Uhse-Shops in Flensburg im Jahr 1962 konnte der Konzern konstante Umsatzzuwächse verzeichnen. Die positive wirtschaftliche Entwicklung der Bundesrepublik führte dazu, dass die Deutschen ihr Geld neben Konsumwaren wie Kleidung, Autos und neuen Häusern vermehrt auch in Produkte für „Ehehygiene“ investierten, wie sie von Beate Uhse angeboten wurden.[8]

Welche Waren hatte das Unternehmen Beate Uhse damals zu bieten? Im Rahmen eines Firmenbesuchs am 25. März 1968 präsentierte der Konzern den Pressevertretern voller Stolz seine hochmoderne Datenverarbeitung mit Lochkarten. Mit deren Hilfe wurden bereits 1968/69 die Daten von zwei Millionen Kund*innen verwaltet sowie 5.000 Päckchen und 8.000 Abo-Bücher täglich und eine Million Werbesendungen monatlich in der BRD versandt.[9] Auf mehreren Tafeln wurde den Journalisten bei ihrem Besuch die „Computerauswertung“ der Zusammensetzung der 1.715.000 Produkte präsentiert, die an 583.441 Kund*innen in den letzten drei Monaten verkauft worden waren. Aufklärungsliteratur sowie sittengeschichtliche und sexualwissenschaftliche Literatur machten 24,2 Prozent der Waren aus, Dias, Fotoserien und Aktbildbände 14 Prozent. Mit 2,9 Prozent war der Anteil von „Modell-Wäsche“ noch gering. 29,9 Prozent entfielen auf Verhütungsmittel für Männer bzw. Frauen, 5,7 Prozent auf „Hilfsmittel zur Überwindung körperlicher Kontaktschwierigkeiten“ und 21,8 Prozent auf „Präparate zur Anregung und Stärkung“.[10] Weitere Aufstellungen der meistgekauften Artikel machen deutlich, in welchen Bereichen der Konzern die höchsten Umsätze machte. An der Spitze lagen Bücher. Mit ca. 45.000 Stück der Romane *Die Nackten von Amensenlund* und *Doch hinter ihren Türen* wurden in nur drei Monaten um den Jahreswechsel 1967/68 921.000 DM umgesetzt. Die rund 18.000 verkauften Aufklärungsbücher *Sexuelle Technik* und *Quelle der Erotik* brachten 448.000 DM in die Kassen. Zum Vergleich: 1 DM

7 Vgl. „Beate Uhse“ in der dynamischen Insolvenzdatei https://edikte.justiz.gv.at/edikte/edikthome.nsf (11.4.2024).

8 Heineman, Before Porn Was Legal, 2011, 101 f.

9 FZH, 18-9, 2.3 (Beate-Uhse-Archiv, Firmengeschichte), Bd. 2, hausinterne Informationsmitteilung vom 6.8.1969. Bereits seit 1965 wurden Bestellungen bei Beate Uhse mittels EDV abgewickelt, siehe Heineman, Before Porn Was Legal, 2011, 137.

10 Alle Zahlen: FZH, 18-9, 2.3 Firmengeschichte, Bd. 2, Besprechungszusammenfassung, 12.3.1968.

1967/68 würde 2024 ca. 2,20 Euro Kaufkraft in Deutschland entsprechen.[11] Bücher wie *Sexuelle Technik* oder der *Sexual-Atlas für Erwachsene* (vgl. Abbildung 1) verkauften sich nicht nur gut, sondern bewirkten auch die schrittweise Verschiebung der Grenzen des Zeigbaren hin zu immer expliziteren Darstellungen, wie Elizabeth Heineman gezeigt hat.[12] In der Produktgruppe Verhütung konnte man auf 224.064 Kondome „secura total" verweisen, die in den vorangegangenen drei Monaten um 1 DM das Stück verkauft worden waren. Bei den „Hilfsmitteln" brachten 10.538 verkaufte Portionen „longtime männercreme" 104.000 DM Umsatz.[13] Das Geschäft mit Sexartikeln lief also schon in den 1960er Jahren, als die Firma ausschließlich in der Bundesrepublik Deutschland operierte, gut. 1969 betrieb Beate Uhse bereits zwölf Läden in der BRD, plante jedoch insgesamt 16 zum Jahresende und dann jährlich die Eröffnung von sechs bis sieben neuen Filialen.[14]

Bislang hatte es noch kein aktives Engagement im Ausland gegeben.[15] Doch in den Planungsunterlagen des Unternehmens mit dem Titel „Beate-Uhse-Läden 1970" hielt Beate Rotermund am 14. November 1969 fest: „Entsprechend der Entwicklung im Versand Läden in Österreich, Holland, evtl. Schweiz planen."[16] Aufgrund der offenbar regen Bestelltätigkeit aus dem Ausland, die per Nachnahme abgewickelt wurde, und grenzüberschreitender Shop-Besuche war der Beginn eines Engagements in einigen Nachbarländern naheliegend. Die Umsätze des Unternehmens hatten sich in den 1960er Jahren verfünffacht, dies sah Beate Rotermund als gute Ausgangsbasis für eine Expansion ins Ausland (vgl. Tabelle 1).[17]

---

11 Deutsche Bundesbank, Kaufkraftäquivalente historischer Beträge in deutschen Währungen, https://www.bundesbank.de/resource/blob/615162/4162e577aa9cb1691714327342d6156b/472B63F073F071307366337C94F8C870/kaufkraftaequivalente-historischer-betraege-in-deutschen-waehrungen-data.pdf (12.12.2024).

12 Heineman, Before Porn Was Legal, 2011, 142–144.

13 Alle Zahlen: FZH, 18-9, 2.3, Firmengeschichte, Bd. 2, Besprechungszusammenfassung, 12.3.1968.

14 FZH, 18-9, 2.3, Firmengeschichte, Bd. 2, Informationsmitteilung, 6.8.1969.

15 FZH, 18-9, 2.3, Firmengeschichte, Bd. 2, „Versandhaus Beate Uhse", Organisationsplan, 25.1.1968.

16 FZH, 18-9, 1.1, Firmengeschichte, Bd. 2, Jahrespläne 1970–1976.

17 FZH, 18-9, 2.3, Firmengeschichte, Bd. 1, Gesamt-Umsatz 1959–1978 (korrekt: ab 1960) und FZH, 18-9, 2.3, Firmengeschichte, Bd. 6, Jahrespläne 1980, Umsatzstatistik.

Abbildung 1: Der *Sexual-Atlas für Erwachsene* von Beate Uhse und Günther Hunold, ein leicht verständliches Aufklärungsbuch mit zahlreichen Abbildungen, erschien erstmals 1971.
Quelle: Beate-Uhse-Archiv, FZH, 18-9, 2.3, Firmengeschichte, Bd. 40, PR-Aktion für „Sexual-Atlas".

Für Österreich als Standort einer möglichen Expansion sprach in den ausgehenden 1960er Jahren einiges. Das Land hatte sich seit dem Ende des Krieges ökonomisch nicht nur erholt, sondern vergleichbar mit Westdeutschland eine Entwicklung in Richtung Wohlstandsgesellschaft eingeschlagen. Auch wenn es während der 1960er Jahre in Bezug auf die Zuwachsraten des Bruttoinlandsprodukts im Vergleich zu den enormen Zuwächsen der 1950er Jahre einen kleinen Dämpfer gegeben hatte, stabilisierte sich die Wirtschaftsleistung auf hohem Niveau.[18] Um 1970 lagen die durchschnittlichen jährlichen Wachstumsraten der Wirtschaftsleistung bei 5,2 Prozent.[19] Immer mehr Menschen konnten sich ihren Lebensunterhalt immer besser leisten und Geld zur Seite legen. Waren und Dienstleistungen, die lange als Luxus gegolten hatten, wurden erschwinglich. „[D]ie dramatischen Einkommenssteigerungen dieser Periode“ ließen „für die große Mehrheit der Bevölkerung neue Konsummuster, einen neuen Lebensstil“ entstehen, resümiert der Wirtschaftshistoriker Felix Butschek.[20] Die Schritt für Schritt abgesenkte Arbeitszeit bei gleichzeitig gestiegenen Reallöhnen ermöglichte immer mehr Menschen, Konsumwaren als soziales Distinktionsmerkmal kennenzulernen. Auch der Konsum sexualisierter Waren, lange Zeit ein Luxus, wurde nun für eine wachsende Personengruppe ökonomisch möglich.

---

18 Felix Butschek, Österreichische Wirtschaftsgeschichte. Von der Antike bis zur Gegenwart, Wien/Köln/Weimar ²2012, 299–310, 319–345. Zu einem ähnlichen Befund kommt auch Franz X. Eder, Privater Konsum und Haushaltseinkommen im 20. Jahrhundert, in: Franz X. Eder/Peter Eigner/Andreas Resch/Andreas Weigl (Hg.), Wien im 20. Jahrhundert. Wirtschaft, Bevölkerung, Konsum, Innsbruck/Wien/München/Bozen 2003, 201–285, 242.

19 Butschek, Österreichische Wirtschaftsgeschichte, 2012, 333.

20 Butschek, Österreichische Wirtschaftsgeschichte, 2012, 344.

Tabelle 1: Gesamtumsatz von Beate Uhse 1960–1988[21]

Jahre	Umsatz Mio. DM	Kaufkraft 2024 Mio. Euro	Index
1960	5,6	15,008	100
1961	7,3	19,053	127
1962	7,7	19,558	130
1963	8,3	20,501	137
1964	10,00	24,100	161
1965	12,92	30,104	201
1966	19,71	44,545	297
1967	23,39	91,926	613
1968	22,27	48,771	325
1969	28,70	61,705	411
1970	30,28	63,680	424
1971	39,68	78,170	521
1972	28,37	53,052	353
1973	32,69	56,881	379
1974	48,89	79,691	531
1975	50,33	77,508	516
1976	61,57	91,124	607
1977	72,57	103,050	687
1978	64,59	89,780	598
1979	92,50	123,025	820
1980	103,39	130,271	868
1981	-	-	-
1982	49,58	56,025	373
1983	48,76	53,148	354
1984	48,65	52,056	347
1985	53,55	56,228	375
1986	58,58	61,509	410
1987	68,21	71,621	477
1988	77,52	80,621	537

21 Quellen: FZH, 18-9, 2.3, Firmengeschichte, Bd. 1, Gesamt-Umsatz 1959–1978 (korrekt: ab 1960) und FZH, 18-9, 2.3, Firmengeschichte, Bd. 6, Jahrespläne 1980; 1982 bis 1988 berechnet aus: FZH, 18-9, 2.3, Firmengeschichte, Bd. 31, Umsatzentwicklung nach Teilbereichen 1982 bis 1988; 1989 bis 1999: FZH, 18-9, 2.3, Firmengeschichte, Bd. 31, Konzernumsatz 1989–1999; Geschäftsbericht 1999. 1981: keine Werte wegen Konzernteilung. Da es sich um ein börsennotiertes Unternehmen handelt, sind Geschäftsberichte ab 1998 bis 2015 an verschiedenen Orten im Internet zu finden. Kirsten Schaper, der Leiterin des FZH, sei für ihre engagierte Hilfe gedankt. Kaufkraft 2024 berechnet mit: Deutsche Bundesbank, Kaufkraftäquivalente historischer Beträge in deutschen Währungen, https://www.bundesbank.de/de, Stand Dezember 2024.

Um Geschäfte in Österreich zu eröffnen, brauchte Beate Rotermund jedoch Hilfe vor Ort, denn das damals gültige österreichische Gewerberecht stammte noch aus dem Jahr 1860 und sah für Handwerk bzw. Handel Zugangsbeschränkungen vor. Rotermund hatte zwar in Flensburg 1962 den ersten Sexshop Deutschlands eröffnet und ein Unternehmen mit (1970) 30,28 Millionen DM Umsatz aufgebaut, konnte jedoch in Österreich für das Handelsgewerbe den erforderlichen „großen Befähigungsnachweis“ nicht erbringen, dies war ihr schon als Ausländerin versagt.[22] Die Vertretung für Beate Uhse in Österreich übernahm 1970 der 1925 geborene Friedrich Holzer, der seit 1957 im Gewerbe Inseratenvermittlung und seit 1969 in der Werbeberatung tätig war. Ab Dezember 1970 war er Geschäftsführer der Friedrich W. Holzer OHG mit der Gewerbeberechtigung für „Groß- und Kleinhandel mit Waren aller Art“ und ab Mai 1971 auch für den Versandbuchhandel.[23]

Beate Uhse hatte als Vorbild auch in Österreich Unternehmer*innen inspiriert, und so gab es schon heimische Angebote in verschiedenen Sparten: Die Kauffrau und Arztgattin Gertraud Eisenhut eröffnete 1969 in Wien ein Institut mit „Accessoires für Ehehygiene“.[24] Der Buchhändler Wilhelm Herzog bot in seinem Geschäft Bücher-Herzog in der Wiener Mariahilfer Straße stets auch Erotika an.[25] Ab 1970 erschienen auch in Österreich produzierte Kontakt- und Sexmagazine.[26] Der Wiener Othmar Schmeiser organisierte im Künstlerhaus im November 1970 unter dem Titel „Intim 70“ Österreichs erste Sexmesse. Für 25 Schilling Eintritt (Kaufkraft[27] 2024 ca. 10,30 Euro) konnten Erwachsene 800 von barbusigen Frauen präsentierte Produkte betrachten und kaufen. Mit dabei waren ein Buch- und ein Plattengeschäft, eine Möbelfirma, ein Nachtlokal, Reizwäscheboutiquen und eine

---

22 Vgl. Rudolf Christian/Alexander Buchmann (Hg.), Die österreichische Gewerbeordnung: In der Fassung der Gewerberechtsnovelle 1965 mit Erläuterungen, Anmerkungen und Hinweisen auf gewerberechtliche Nebengesetze und für das Gewerberecht bedeutsame Rechtsvorschriften sowie einem ausführlichen Register, Wien 1965.

23 Magistrat der Stadt Wien – GISA Servicestelle, Karteikarten für die Friedrich W. Holzer OHG und für Friedrich Holzer. Von 1977 bis 1981 führte Wilhelm Swoboda die Geschäfte.

24 Ferry Hirschmann, Die sexte Versuchung. Liebe & Lust in Österreich, Wien 1970, 282.

25 Marliese Mendel, „Wiener Blut bleibt Porno“. Die Verurteilung des renommierten Buchhändlers Wilhelm Herzog nach dem Pornografiegesetz, in: Andreas Brunner u. a. (Hg.), Sex in Wien. Lust – Kontrolle – Ungehorsam, Wien 2016, 362–68.

26 Das 1950 eingeführte österreichische Pornografiegesetz unterdrückte sexualisierte Medien sehr effektiv. Eine erste „Sexwelle“ um 1950 (siehe dazu den Beitrag von Paul M. Horntrich in diesem Band) fand daher rasch ein Ende. Erst um 1970 wurden wieder österreichische Erotik- bzw. Pornomagazine auf den Markt gebracht. Ausführlicher dazu Paul M. Horntrich, Pornography in Austria. Political Debates and Media Discussions during the long Sexual Revolution, 1950s to early 1980s, unveröffentlichte Dissertation, Universität Wien 2023, 69–105, 219–259.

27 Oesterreichische Nationalbank, Historischer Währungsrechner, https://finanzbildung.oenb.at/docroot/waehrungsrechner/#/, Stand 2024.

Gummiwarenfabrik. Auch der Grazer Klaus Weinzierl, ein österreichischer Sexshop-Pionier, beteiligte sich an der Schau. Erst im Oktober 1970 hatte er in Graz ein „Ehehygiene-Fachgeschäft" eröffnet. Mit weiteren Geschäften in Villach, Linz, Kapfenberg, Wien und Wels wurde daraus rasch die Sexshop-Kette „Don Claudio".[28] Auf die Idee sei Weinzierl in München gekommen, habe er doch beobachtet, dass dort gut die Hälfte der Käufer*innen in einer „Sex-Boutique von Beate Uhse" Österreicher*innen waren.[29]

Ende November 1970 sah die Planung des Konzerns für Österreich Folgendes vor: „Österreich: Den Beate-Uhse-Alleinvertreter Holzer in Wien mit dem gesamten know how unterstützen. Das heißt, die jeweiligen Fachleute aus der Firma fliegen nach Wien, um die Dinge dort an Ort und Stelle zum Laufen zu kriegen."[30]

Anlässlich einer ziemlich verunglückten Sex-Messe in Graz – Beate Rotermund war von den dort überteuert angebotenen Waren schwer enttäuscht[31] – trafen sich am 24. Jänner 1971 im Grazer Hotel Steirerhof die Generalvertreter von Beate Uhse mit dem Grazer Sexshop-Chef Weinzierl. Dem folgte die Gründung einer „Vereinigung der seriösen und sauberen Sex-Händler in Österreich", und im Zuge dessen kam es zu einer zentralen strategischen Absprache: Beate Uhse solle den Versand, Weinzierl die Sexshops führen, und zwar zwölf in ganz Österreich.[32]

Die rechtliche Situation in Österreich erschwerte den Markteinstieg jedoch. Rechtsgrundlage war seit 1950 das sogenannte „Schmutz- und Schundgesetz" bzw. „Pornografiegesetz". Der offizielle Titel des Gesetzes lautete „Bundesgesetz über die Bekämpfung unzüchtiger Veröffentlichungen und den Schutz der Jugend gegen sittliche Gefährdung" (es gilt de jure bis heute).[33] Nach diesem Gesetz macht sich nach § 1 eines Verbrechens schuldig, wer „unzüchtige" Schriften, Abbildungen, Laufbilder oder Gegenstände „in gewinnsüchtiger Absicht" herstellt, vertreibt oder anderen überlässt. Eines Vergehens nach § 2 des Gesetzes macht sich schuldig, wer wissentlich Personen unter 16 Jahren Material zugänglich macht, das „geeignet ist, die sittliche oder gesundheitliche Entwicklung jugendlicher Personen durch Reizung der Lüsternheit oder Irreleitung des Geschlechtstriebes zu gefährden".[34] Da genaue Definitionen fehlten, kam es im Einzelfall stets auf die Auslegung des

28 FZH, 18-9, 2.1, Presseschau, Presse Österreich 1969–1972, Neue Zeit, 25.11.1970.

29 FZH, 18-9, 2.1, Presseschau, Presse Österreich 1969–1972, Wiener Wochenblatt, 3.4.1971.

30 FZH, 18-9, 1.1, Firmengeschichte, Bd. 2, Auslands-Entwicklungsplan, 25.11.1970.

31 Neue Zeit, 24.1.1971, 3.

32 Ebd.

33 Franz Erhart, Das Schmutz- und Schundgesetz. Gesetz über die Bekämpfung unzüchtiger Veröffentlichungen und den Schutz der Jugend gegen sittliche Gefährdung vom 31. März 1950, Graz/Wien/Köln 1955.

34 Erhart, Schmutz- und Schundgesetz, 1955, 9, 37 f.

Begriffs „unzüchtig" an.[35] Nahezu alle Arten von Nacktheit bzw. sexualisierten Darstellungen wurden im Lauf der Zeit als „unzüchtig" im Sinne des Gesetzes interpretiert und strafrechtlich verfolgt.[36] Diese extensive Gesetzesauslegung verunmöglichte somit nicht nur den Versand, sondern auch den stationären Handel mit erotischen Waren aller Art.

Bei der Eröffnung der österreichischen Beate-Uhse-Vertretung am 27. Februar 1971 in Wien berichtete Beate Rotermund, dass man schon vor der Eröffnung ca. 100 Anfragen und 20 Bestellungen pro Tag aus Österreich gehabt habe. In rund zehn Jahren, so erhoffte man sich, werde auch Österreich „mit einer Ladenkette für Uhsesche Intimartikel überzogen" sein: „Die österreichische Gesetzgebung wird so liberal geworden sein, daß man zumindest ‚schöne Pornografie' wird frei handeln können".[37] Dies sollte zunächst ein frommer Wunsch bleiben, denn die strenge Auslegung des Pornografiegesetzes erschwerte den Handel mit Erotika. Friedrich W. Holzer erklärte, zunächst könne man Waren nur schriftlich mit Altersnachweis bestellen. Es werde noch gut drei Jahre dauern, bis man auch in Österreich aufklärerische Werke in offenen Geschäften verkaufen könne.[38] Aufgrund der unklaren Gesetzeslage wurde der erste Beate-Uhse-Sexshop außerhalb der Bundesrepublik Deutschland somit also nicht in Österreich, sondern 1971 in den Niederlanden, nämlich in Amsterdam, eröffnet.[39]

Die geäußerten Bedenken zur unsicheren Rechtslage erwiesen sich als berechtigt: Im Juni 1971 ließ die Wiener Staatsanwaltschaft aus dem Beate-Uhse-Sortiment neun Buchtitel beschlagnahmen, darunter den als Fortsetzung der *Josefine Mutzenbacher* geltenden Band *Meine 365 Liebhaber* (erschienen um 1920).[40] Die Beamten beschlagnahmten auch Schallplatten und Tonbänder mit erotischen Geschichten mit dem Titel *Seid nett zueinander*, die in Deutschland frei verkäuflich, in Österreich jedoch verboten waren.[41] Im Jänner 1972 folgte eine Großräumung, bei der nahezu die Hälfte der in der Wiener Niederlassung gelagerten Bücher und

35 Die „Unzüchtigkeit" ist ein zentrales Konzept des österreichischen Sexualstrafrechts. Für die rechtshistorische Einordnung siehe Elisabeth Holzleithner/Nikolaus Benke, Zucht durch Recht. Juristische Konstruktionen der Sittlichkeit im österreichischen Strafrecht, in: L'Homme. Zeitschrift für Feministische Geschichtswissenschaft 9/1 (1998), 41–88.

36 Zur polizeilichen Verfolgungspraxis siehe Paul M. Horntrich, Advertising, Striptease, and the Lure of a Shop Window Mannequin. Reconstructing the Eroticized City Landscape of 1950s Vienna, in: Revue d'histoire culturelle 18e-21e siècles 4 (2022), https://doi.org/10.4000/rhc.1988 (11.1.2024).

37 FZH, 18-9, 2.1, Presseschau, Presse Österreich 1969–1972, Wer und Was Club 1 (1971).

38 FZH, 18-9, 2.1, Presseschau, Presse Österreich 1969–1972, Wiener Samstag, 30.1.1971.

39 FZH, 18-9, 2.3, Firmengeschichte, Bd. 5, Firmenbroschüre „Das Unternehmen Beate Uhse" [1974], 4.

40 FZH, 18-9, 2.1, Presseschau, Presse Österreich 1969–1972, Salzburger Nachrichten, 20.7.1971.

41 FZH, 18-9, 2.1, Presseschau, Presse Österreich 1969–1972, Kronen Zeitung, 18.6.1971.

sonstigen Druckwerke wegen des Verdachts der „Pornografie in Wort und Bild" beschlagnahmt wurden.[42] Dazu gab es am 9. Februar eine dpa-Meldung, die auch eine Stellungnahme des Konzerns enthielt: „Die Geschäftsleitung des Versandhauses bezeichnete die Maßnahme als ‚unverständlich', weil österreichische Interessenten, die diese Bücher in der Bundesrepublik bestellen, sie anstandslos geliefert bekommen." Ausdrücklich wurde auch darauf hingewiesen, dass ihr Vertrieb in Österreich dem Staat zusätzliche Einnahmen durch Zoll und Steuern aus der ‚ordnungsgemäßen' Einfuhr bringe. Berichte über die Räumung des Wiener Beate-Uhse-Versandhauses erschienen in der Bundesrepublik in 78 Zeitungen.[43] Der Einstieg in den österreichischen Markt war also mit erheblichen Schwierigkeiten verbunden.

Der Ausbau des Versandhandels, der mit Gutscheinen und Inseraten in Tageszeitungen beworben wurde, erfuhr durch die Räumung des Lagers eine massive Beeinträchtigung. In der Entwicklungsplanung wurde in der Folge der Umsatz in Österreich für 1972 vorsichtig mit 150.000 DM und für 1973 mit 200.000 DM angesetzt,[44] obwohl bei steigender Tendenz 1971 monatlich bereits Umsätze von 280.000 Schilling, also ca. 40.000 DM, erreicht werden konnten.[45] Als zentrale Aufgabe des Rechtsreferats des Konzerns wurde festgelegt: „Weitere Beobachtung der Rechtslage in Österreich, Frankreich und Großbritannien im Hinblick auf Wiederaufnahme bzw. Intensivierung des Vertriebs."[46] Das Beispiel zeigt, dass Strafbestimmungen gegen Pornografie auch in anderen Ländern als limitierender Faktor für die Etablierung von Sexshops angesehen wurden.[47]

Die Rechtslage rund um das österreichische Pornografiegesetz sollte sich erst ab den späten 1970er Jahren stabilisieren. Nach einem wegweisenden Judikat des Obersten Gerichtshofs kam es im Jahr 1977 zu einer Teilfreigabe pornografischer Artikel in Österreich. Pornografische Darstellungen im Zusammenhang mit Homosexualität, Tieren, Unmündigen und Gewalt blieben einem Totalverbot unterworfen, alle anderen Arten wurden für erwachsene Konsument*innen freigegeben.

---

42 FZH, 18-9, 2.1, Presseschau, Presse Österreich 1969–1972, Kronen Zeitung, 21.1.1972.

43 Die dpa-Meldung vom 9.2.1972 und all diese Zeitungsausschnitte: FZH, 18-9, 2.1, Presseschau, Presse Österreich 1969–1972.

44 FZH, 18-9, 1.1, Firmengeschichte, Auslands-Entwicklungsplan 1972 und Entwicklungsplan Großhandel Ausland 1973.

45 FZH, 18-9, 1.1, Firmengeschichte, Bd. 2, Rechts-Referat – Aufgaben und Ziele 1973. – Das würde heute ca. 111.000 Euro Kaufkraft entsprechen, vgl. Oesterreichische Nationalbank, Historischer Währungsrechner, https://finanzbildung.oenb.at/docroot/waehrungsrechner/#/, Stand 2024.

46 FZH, 18-9, 1.1, Firmengeschichte, Bd. 2, Rechts-Referat – Aufgaben und Ziele 1973.

47 Für die Rechtslage im Vereinigten Königreich siehe Christopher Hilliard, A Matter of Obscenity. The Politics of Censorship in Modern England, Princeton 2021. Für Frankreich siehe Sylvie Chaperon, The Revival of Sexuality Studies in France in the Late 1950s, in: Gert Hekma/Alain Giami (Hg.), Sexual Revolutions, Basingstoke 2014, 141–154.

Produzent*innen und Händler*innen pornografischer Waren konnten sich seither auf eine recht einheitliche Spruchpraxis der Gerichte verlassen, auch das Agieren der Polizei beschränkte sich auf grobe Übertretungen des Pornografiegesetzes.[48]

Dies machte sich Beate Uhse sogleich zunutze, wie der österreichische *Beate Uhse Katalog Nr. 2*, der mit 1978 datiert werden kann, veranschaulicht. Darin wurde mit dem Spruch „Jetzt gibt es Beate Uhse auch in Österreich!" geworben.[49] Bei Bestellung bekam man einen „tollen Striptease-Kugelschreiber" geschenkt. Dem Katalog ist zu entnehmen, wie enorm teuer pornografisches Material in den 1970er Jahren war: Verpflichtete man sich zur Abnahme eines Sets mit den „5 kompletten Sex-Color-Tonfilmen ‚Heidis Hüttenzauber', ‚Erotische Lustspiele', ‚Sex im Büro', ‚Liebesspiele auf Hawaii' und ‚Squash'", so kostete eine Videokassette 990 Schilling, was 2024 einer Kaufkraft von über 245 Euro entspricht. War man Mitglied im „Beate-Uhse-Filmclub", verpflichtete man sich zur Abnahme von zwei Super-8-Farbfilmen im Vierteljahr. Diese Filme waren jeweils 60 Meter lang, was einer Laufzeit von bloß 9:50 Minuten entsprach.[50] Eine Lieferung mit zwei derartigen Filmen kostete 590 Schilling, was 2024 ca. 146 Euro entspricht.[51]

Die nächste wichtige Station der Firmengeschichte war die ‚Realteilung' des Konzerns aus steuerlichen Gründen. Um ihren drei (Stief-)Söhnen eigenständige Verantwortungsbereiche zu übertragen, teilte Beate Rotermund das Unternehmen mit 1. Juli 1981 in zwei Gruppen: Die „Gruppe Läden" wurde von ihr und ihrem Sohn Ulli Rotermund geführt, dazu gehörten auch Dr.-Müllers-Läden, der Beate-Uhse-Filmverleih, Blue Movie Bars (eine Sexkinokette), das Sex World-Show Center und die Beate Uhse Holding AG in Zürich. Die „Gruppe Versand" übernahmen der Stiefsohn Dirk Rotermund und ihr Sohn aus erster Ehe, Klaus Uhse, dazu gehörten unter anderem Beate Uhse Wien, Buchs (Schweiz) und Barcelona und auch der Stephenson Verlag.[52] Vereinbart wurde wechselseitig ein fünfjähriges Konkurrenzverbot. Beate Rotermund betrieb daher den Beate-Uhse-Versand, zumindest in Österreich, nicht mehr. Berechtigt für diesen Bereich war ihr Stiefsohn Dirk, und dieser gründete (mit eigenem Katalog für Österreich) ein Unternehmen, das heute noch existiert: den ORION-Versand.[53] Für Beate Uhse führten die Teilung und

48 Vgl. Horntrich, Pornography in Austria, 2023, 261–289.

49 Wienbibliothek im Rathaus, Sign. Secr-A 773: Versandhaus Beate Uhse, Beate Uhse Katalog Nr. 2, Wien [1978].

50 Für die Umrechnung von Filmlängen in Laufzeiten siehe http://www.cinematography.de/film runtime_calc.php, Stand 2024.

51 Berechnet mit: Oesterreichische Nationalbank, Historischer Währungsrechner, https://finanz bildung.oenb.at/docroot/waehrungsrechner/#/, Stand 2024.

52 FZH, 18-9, 2.3, Firmengeschichte, Bd. 6, Gesellschafterbeschluss, 12.11.1981, und Rundschreiben, 10.12.1981.

53 FZH, Werkstatt der Erinnerungen Nr. 825, Interview mit Dirk Rotermund, Transkript, 14 f.; zum heutigen Angebot vgl. www.orion.at.

insbesondere der Ausstieg aus dem Bereich Versand zu deutlichen Umsatzverlusten. Die Umsätze des Jahres 1980 mit über 100 Millionen DM konnten erst 1990 wieder erreicht werden.

Strategisch boten der Mauerfall Ende der 1980er und die Wiedervereinigung Deutschlands Anfang der 1990er Jahre ungeahnte Möglichkeiten: Geplant waren Läden in allen großen Städten der DDR. Der Konzern begann sofort, mit Kleinbussen Kataloge und (bestellte) Ware auszuliefern. In Ostdeutschland und im osteuropäischen Raum konnte man den Bestand an 35-mm-Filmen vermieten und den Altbestand an Videos verkaufen.[54] Für Neugeschäfte war die Prüfung der „Rechts- und Marktsituation im gesamten west- und osteuropäischen Raum" angesagt, der „drastische Abbau der Lagerbestände in Läden und Zentrale" und „gezielte Investitionen [...] vordringlich in Bereiche, die schnell Geld bringen", wie in einem Protokoll im Februar 1990 festgehalten wurde.[55]

Im November 1991 wurden alle Stellen in der Flensburger Zentrale darüber informiert, dass mit 1. Jänner 1992 Beate Uhse in Österreich wieder als Beate Uhse Vertriebsgesellschaft mit Sitz in Wals/Salzburg vertreten sein werde.[56] Vertragspartner waren die Inhaber der POLA GmbH, die sich mit einem Lizenzvertrag zur Verwendung der Marke „Beate Uhse" im Versandhandel verpflichtete und dafür eine Lizenzgebühr von acht Prozent an die Zentrale in Flensburg abzuliefern hatte. Im ersten Jahr 1992 waren jedoch mindestens 7.000 DM an Minimallizenzgebühren zu entrichten. Dieser Wert stieg bis 1996 auf 18.000 DM monatlich an.[57]

Die Zeit der Jahrtausendwende bedeutete für Beate Uhse einen verstärkten Fokus auf das Internet als neue technologische Möglichkeit. Im Vorfeld ihres geplanten Börsenganges richtete die Beate Uhse AG Ende 1998 eine eigene Unternehmensgruppe „Aktuelle Information" ein, die „Live-Erotik mit interaktiven Möglichkeiten, Chat-Räume, Kontaktbörse und Telefondienste" anbot.[58] Der Anteil der Bestellungen bei Beate Uhse per Post war von 76,1 Prozent im Jahr 1996 auf 62,2 Prozent im Jahr 1998 gesunken, der Anteil von Bestellungen über Telefon von 21,6 Prozent auf 32,3 Prozent gestiegen, der über das Internet von 2,3 Prozent auf 6,5 Prozent. Dem Konzern war klar: „Das Internet ist im Versandhandel der Bestellweg der Zukunft." Beate Uhse hatte damals mit 100 Domains, über 120.000 Unterseiten und mit 3,3 Millionen Zugriffen pro Monat eines der meistbesuchten Internetangebote Deutschlands. Zusätzlich zum Versand betrieb die Beate Uhse AG 1998 in Österreich elf Geschäfte: drei in Wien, zwei in Graz und je eines in Innsbruck,

---

54 FZH, 18-9, 2.3, Firmengeschichte, Bd. 15, Beate Uhse Unternehmens-Leitbild, Jänner 1990.

55 FZH, 18-9, 2.3, Firmengeschichte, Bd. 15, Protokoll der Diskussion um das Leitbild des Unternehmens 1990 vom 21.2.1990.

56 FZH, 18-9, 2.3, Firmengeschichte, Bd. 15, Rundschreiben, 25.11.1991.

57 FZH, 18-9, 2.3, Firmengeschichte, Bd. 15, Lizenzverträge, 12.12.1991.

58 FZH, 18-9, 2.3, Firmengeschichte, Bd. 27, Pressemeldung der Beate Uhse AG, 23.11.1998.

Bergheim, Salzburg, Linz, Klagenfurt und Völs. Ab dem Frühjahr 1999 waren drei weitere Filialen in Wiener Neustadt, Brunn am Gebirge und Spittal an der Drau geplant.[59] Hauptziel für den Konzern war damals, so Vorstandsvorsitzender Hans-Dieter Thomsen anlässlich der weltgrößten Erotikmesse Venus '98, „eine stabile Preispolitik".[60]

Beate Uhse hatte zur Jahrtausendwende als europäischer Marktführer kaum Konkurrenz und das Internet nur als Hilfsmittel für Bestellungen gesehen. Doch allmählich entstanden neue Webseiten mit konkurrenzfähigen Produkten zu Dumpingpreisen bzw. mit Gratis-Pornos, wobei diese virtuellen Anbieter auch keine Mietkosten, kaum Personalkosten und so gut wie keine Werbekosten hatten. Ein weiterer Vorteil von Online-Pornografie erwies sich darin, dass nationale Rechtsbestimmungen, die den Handel mit Pornografie einschränken, keine Rolle mehr spielten.[61] Auch bedurfte es bald keiner speziellen Versandhäuser, um sich zum Beispiel Dildos und Gleitcremes nach Hause schicken zu lassen. Der Erwerb dieser Produkte war im allgemeinen Versandhandel und in Drogeriemärkten möglich, und dies machte sich durch Umsatzrückgänge bemerkbar (vgl. Tabelle 2): Die Beate Uhse AG rutschte in die roten Zahlen und 2018/19 in die Insolvenz, die Aktienkurse stürzten auf ein niedriges Niveau ab. In der Folge nahmen auch die Österreich-Umsätze massiv ab und verringerten sich von 17,1 Millionen Euro 2007 über 11,4 Millionen Euro 2008 auf 9,5 bzw. 9,2 Millionen Euro 2010/11.[62]

Beate Rotermund starb 2001; 2010 wurde die in Salzburg ansässige Beate Uhse Vertriebsgesellschaft von der Secret Factory GmbH übernommen.[63] Diese ließ die Markenlizenz auslaufen und benannte die Sexshops mit ähnlichen Produkten in Seven Sins Erotic Lifestyle um.[64] Somit gab es 2010 in Österreich zwar noch 52 Shops, die der Beate Uhse AG Zahlungen leisteten, der Name der Gründerin verschwand jedoch rasch aus dem Straßenbild, aus den Medien und schließlich auch aus dem Bewusstsein zumindest der jüngeren Generation.

59 FZH, 18-9, 2.3, Firmengeschichte, Bd. 27, Beate Uhse Geschäftsbericht 1998, 15 f.

60 FZH, 18-9, 2.3, Firmengeschichte, Bd. 27, Beate Medien Eroticcine. Das unabhängige Fachmagazin für den Erotikmarkt 2/6 (November/Dezember 1998), 18.

61 Susanna Paasonen, Online Pornography. Ubiquitous and Effaced, in: Mia Consalvo/Charles Ess (Hg.), The Handbook of Internet Studies, Oxford 2011, 424–439.

62 Als börsennotiertes Unternehmen sind Geschäftsberichte von 1998 bis 2015 an verschiedenen Orten im Internet zu finden, meist jedoch ohne ausgewiesene Zahlen für Österreich.

63 Die Secret Factory GmbH bestand allerdings nur bis 2018, vgl. die dynamische Datenbank des Gewerbeinformationssystems Austria unter gisa.gv.at (Stand 2024).

64 Vgl. Regina Reitsamer, Österreich. Das Ende von Beate Uhse, in: Salzburger Nachrichten, 18.5.2012, 28; Karin Zauner/Regina Reitsamer, Sex sells (n)immer, in: Salzburger Nachrichten, 24.5.2014, 18.

Tabelle 2: Gesamtumsatz von Beate Uhse 1989–2015[65]

Jahre	**Umsatz Mio. DM**	**Kaufkraft 2024 Mio. Euro**	**Index**
1989	89,2	90,092	600
1990	115,0	112,700	751
1991	117,8	111,910	746
1992	103,6	94,276	628
1993	106,7	93,896	626
1994	111,2	95,632	637
1995	117,7	98,968	659
1996	135,9	112,797	752
1997	132,3	107,163	714
1998	168,6	136,566	910
1999	127,6	102,080	680
	Umsatz Mio. Euro		
2000	163,5	252,626	1683
2001	222,8	335,535	2236
2002	244,5	364,305	2427
2003	265,6	393,088	3286
2004	273,1	398,726	2657
2005	284,8	407,264	2714
2006	270,9	381,969	2545
2007	268,0	396,640	2464
2008	252,9	338,886	2258
2009	230,7	309,138	2060
2010	197,7	260,964	1739
2011	149,0	193,700	1291
2012	144,3	183,261	1221
2013	142,0	177,500	1183
2014	142,9	177,196	1181
2015	128,8	158,424	1056

In der Beate Uhse AG erfolgte ab 2010 ein Relaunch von Erotik in Richtung Fashion und Lifestyle, mit dem Fokus auf eine weibliche Kundschaft, deren Anteil von 2008 bis 2013 von 50 Prozent auf 80 Prozent gestiegen war. Der Katalog wurde

65 Quellen: 1989 bis 1999: FZH, 18-9, 2.3, Firmengeschichte, Bd. 31, Konzernumsatz 1989–1999; Geschäftsbericht 1999.

auf E-Commerce umgestellt, bestehende Läden in deutschen Bahnhofsvierteln mit ihren dunklen Vorhängen wichen hellen Läden in besten Lagen. Das Unternehmen rettete diese Abkehr vom klassischen Pornografie-Angebot (das nun via Internet de facto kostenlos zur Verfügung stand) jedoch nicht. Letztlich führten die Trends und Umbrüche im Pornografie-Markt[66] dazu, dass der Konzern 2018 am Hauptsitz in Flensburg Insolvenz und 2019 auch am Österreich-Standort in Innsbruck Konkurs anmelden musste.[67] Die Beate-Uhse-Aktie ist heute ein sogenannter Pennystock und nur 0,006 Euro wert. Jenseits der Börse wird das Papier auf eBay als kurioses Stück für Sammler*innen um die 20 Euro gehandelt.[68]

Beate Uhse in den österreichischen Medien

Dieser Abschnitt rekonstruiert die Medienberichterstattung rund um Beate Uhses Österreich-Engagement. Zunächst wird die Medienberichterstattung um 1970 diskutiert, als Beate Uhse erstmals die Expansion auf den österreichischen Markt plante. Danach wird die mediale Begleitung des österreichischen Beate-Uhse-Zweigs in den 1990er Jahren behandelt.

„Beate rief, und alle, alle kamen“, schrieb der vom Konzern engagierte Medienfachmann Roman Tschirk 1970 rund um die geplante Konzernexpansion nach Österreich:

> „Der 24. Juni 1970 wird den Wiener Journalisten lange in Erinnerung bleiben. Beate Uhse, Deutschlands Sex-Engel Nr. 1, hatte zum erstenmal in Österreich zu einer Pressekonferenz gerufen, und es kamen derart viele Journalisten, daß jeder einzelne von ihnen selber überrascht war. […] In prägnanten, pointierten Sätzen tat dann Beate ihre Absicht kund, ab sofort ihr Sortiment an Glück- und Freudenspendern auch in Österreich vertreiben zu wollen. Natürlich, wie sie betonte, alles schön brav im Rahmen des Gesetzes.“[69]

Verbreitet wurde bei dieser Pressekonferenz (vgl. Abbildung 2) in einer rustikalen Taverne in Groß-Enzersdorf bei Wien offensichtlich auch die „Beate-Uhse-Story“, jene ab 1963 vom Konzern verbreitete Variante der Firmengeschichte, die der

66 Vgl. Eder, Von der Revolution zur Selbstführung, 2016, 25–51; Oeming, Porno, 2023.

67 Vgl. „Beate Uhse“ in der Insolvenzdatei https://edikte.justiz.gv.at/edikte/edikthome.nsf (11.4.2024).

68 Vgl. Jan Kirschner, Die Beate Uhse Chronik, Folge 12, in: Flensburg Journal, 10.1.2022, https://flensburgjournal.de/die-beate-uhse-chronik-folge-12/ (9.4.2024).

69 FZH, 18-9, 2.5, Vorträge, Marketing, Marktanalysen, Bd. 1, Manuskript „Österreich“. Der Artikel erschien in: absender: Beate. Hauszeitung der Firma Beate Uhse, Juli 1970, 1.

1919 geborenen Geschäftsfrau vor allem in der Geschäftswelt und in Gerichtssälen Respektabilität verschaffen sollte.[70] Die *Wiener Neue Zeitung* schrieb:

> „Beate Uhse ist eine erstaunliche Frau: Als ehemalige Testfliegerin der deutschen Wehrmacht flüchtete sie im April 1945 mit ihrem Baby in einer selbstgesteuerten Maschine aus dem bedrängten Berlin und vertrieb zunächst kleine Heftchen, die sich mit der Empfängnisverhütung nach der Methode Knaus befaßten. Im Juni 1948 gab es schon ein gut funktionierendes Versandhaus Beate Uhse, 1957 zählte der Betrieb 200.000 Kunden. 1969 waren es über zwei Millionen Hilfsbedürftiger, die sich an die Flensburger Firma wandten und Beates Werbeleute konnten stolz hinausposaunen: ‚Alle sechs Sekunden wendet sich jemand an Beate Uhse.'"[71]

Die Berichterstattung schwankte zwischen wohlwollend und kritisch. Neben positiven Kommentaren, die das unternehmerische Können anerkennend hervorhoben, konnte man in anderen Beiträgen zwischen den Zeilen die Botschaft lesen: Für guten Sex brauchen wir in Österreich aber keine ‚Piefke', die uns aufklären.

Die damals vom Konzern selbst stets verwendeten Verweise auf Beate Rotermunds Vergangenheit als Fliegerin im Hauptmannsrang während des NS-Regimes begünstigte in der Berichterstattung über den geplanten Markteinstieg in Österreich jedenfalls die Verwendung militärischer Rhetorik und von Metaphern, die auf die spezifische deutsch-österreichische NS-Geschichte Bezug nahmen: Die konservative *Presse* titelte „Sexualanschluss wird nun per Post vollzogen", der bürgerliche *Kurier* sah den „bevorstehenden Einmarsch der deutschen Sexnothelferin Beate Uhse in unserem Vaterland". Das Boulevard-Blatt *Wiener Neue Zeitung* erklärte: „Deutschlands Sex-Oma Beate Uhse ausgezogen, um Österreich zu erobern".[72]

---

70 Vgl. Heineman, Mythos Beate Uhse, 2005, 78.

71 FZH, 18-9, 2.1, Presseschau, Presse Österreich 1969–1972, Wiener Neue Zeitung, 25.6.1970.

72 FZH, 18-9, 2.1, Presseschau, Presse Österreich 1969–1972, alle Presseausschnitte vom 25.6.1970.

Abbildung 2: Beate Rotermund und Sohn Klaus Uhse bei einer Pressekonferenz in Wien am 24.6.1970. Foto: Peter Komuczki, FZH, 18-9, 2.6, Fotosammlung.

Die Anspielungen auf Österreichs NS-Vergangenheit und den „Anschluss" Österreichs an Nazi-Deutschland können als Bezugnahme auf die sogenannte Opferthese verstanden werden, jener Darstellung der Republik, dass Österreich ein unschuldiges Opfer des „Dritten Reiches" gewesen sei. Genauso, wie die Opferthese im politischen Diskurs jahrzehntelang dazu diente, sich von den Nazi-Verbrechen abzugrenzen und eine Mitschuld abzustreiten, ermöglichte die NS-Rhetorik in Bezug auf Beate Uhses Markteinstieg in Österreich, den Tabubruch der kommerzialisierten Sexualität als originär deutsches Phänomen darzustellen. Dies passt zu einem Sexualitätsdiskurs, der für das Nachkriegsösterreich typisch war. Auch die Debatte rund um die Einführung des Pornografiegesetzes um das Jahr 1950 war eine Stellvertreterdebatte, um sich vom Nationalsozialismus abzugrenzen. Die damals junge Republik Österreich stilisierte sich bewusst als Hort der Hochkultur, in dem als „schmutzig" dargestellte sexualisierte Medien keinen Platz (in der Öffentlichkeit) haben sollten. Die eigene „Sauberkeit" sei ein Beweis für die moralische Redlichkeit und dafür, dass einem das Unrechtssystem des NS nur aufgezwungen worden sei.[73] Indem die Presse Beate Uhse nun den „Sexualanschluss" und „Einmarsch" in Österreich vorwarf, konnten alle potenziell negativen Effekte einer derart kommerzialisierten Sexualität einer bundesdeutschen Unternehmerin angelastet und Österreichs Image als – auch auf dem Gebiet der Sexualität – „sauberes Land" gewahrt werden.

Die linke *Freiheit* titelte „Anschluß 1970" und schrieb: „Die Eroberung Österreichs durch das westdeutsche Sexkapital ist in vollem Gange. Es hofft auf die Schützenhilfe aus dem österreichischen Justizministerium."[74] Auch für das konservative *Volksblatt* war erwähnenswert, dass „vor allem die neue sozialistische Regierung in Österreich sie ermuntert [habe], auch nach Österreich zu kommen, denn die Regierung habe eine ‚liberalere und freizügigere Atmosphäre' geschaffen".[75] Die Münchner Fachzeitschrift *Werben und Verkaufen* wusste zu berichten, die Werbeaktionen von Beate Uhse würden sich in erster Linie auf Direct-Mail-Kampagnen und auf Inseratenschaltungen in österreichischen Tageszeitungen und Magazinen beschränken und verband dies ebenso mit der politischen Situation in Österreich: „Das auslösende Moment war die Hofübernahme durch die Sozialisten, von denen man sich in Flensburg eine ‚liberalere Gesetzgebung' erwartet."[76]

Dies waren Anspielungen auf die sozialistische Alleinregierung unter Bundeskanzler Bruno Kreisky, die erst im April 1970 angelobt worden war. Während der letztlich 13 Jahre andauernden sozialistischen Regierungsperiode wurden zahlreiche Reformvorhaben durchgeführt, die auf eine Modernisierung der Sexualmoral

---

73 Horntrich, Pornography in Austria, 2023, 38–40.

74 FZH, 18-9, 2.1, Presseschau, Presse Österreich 1969–1972, Freiheit, 2.7.1970.

75 FZH, 18-9, 2.1, Presseschau, Presse Österreich 1969–1972, Volksblatt, 25.7.1970.

76 FZH, 18-9, 2.1, Presseschau, Presse Österreich 1969–1972, Werben und Verkaufen 27 (1970).

und des Sexualstrafrechts abzielten. So wurde etwa Sexualkundeunterricht an öffentlichen Schulen eingeführt, Homosexualität unter Erwachsenen erlaubt (wenngleich mit bestimmten Einschränkungen), das Totalverbot des Schwangerschaftsabbruchs aufgeweicht und durch die Fristenlösung ersetzt und eine Teilfreigabe pornografischer Produkte erwirkt.[77] Sowohl konservative Kräfte wie die katholische Kirche und die Österreichische Volkspartei, die das *Volksblatt* herausgab, als auch die Kommunistische Partei Österreichs (KPÖ) warfen der Sozialistischen Partei Österreichs in den 1970er Jahren konstant vor, mittels einer Liberalisierung der Sexualmoral die österreichische Gesellschaftsordnung negativ zu beeinflussen.[78]

Die katholische Wochenzeitung *Die Furche* sah über Österreich zeitnah einen „Aufklärungssturm" hinwegbrausen, denn nach Beate Uhse „wollen uns unsere nördlichen Nachbarn auch auf seriöse Art in Sachen ‚Geschlecht und Liebe' unter die Arme greifen".[79] Mit dem Titel „Beate will Österreicher aufklären" verwies die sozialistische *Arbeiter-Zeitung* auf eine Marktlücke der besonderen Art: „Mit der Lücke am österreichischen Markt hat sie ja sehr wahrscheinlich mehr das Geschäftliche und weniger die Aufklärung gemeint." Die *Volksstimme*, Parteiorgan der KPÖ, hob die Organisation des Versandhauses mit elektronischer Datenverarbeitung hervor: Befriedigung und ‚Glück' gäbe es jetzt „vom Computer gesteuert".[80]

Das Medienecho war 1970 jedenfalls ein voller Erfolg. So war am Tag nach der Pressekonferenz der „Adabei"-Kommentar in der auflagenstarken *Kronen Zeitung* eine freundliche Rundumschau über das geplante Warenangebot. Der später mit der *Kronen Zeitung* fusionierte *Express* schrieb: „‚Flotte Beate' exportiert den Sex nach Oesterreich". Der *Wiener Kurier* widmete dem Thema „Die Frage zum Tag": „Brauchen wir in Oesterreich die Sex-Läden der Beate Uhse?" Zwei interviewte Frauen hielten diese für „überflüssig" und die Angebote für „eine Art Bauernfängerei". Die zitierten Männer sahen darin einen Beitrag, um das „Spießertum [zu] überwinden", es sei „Bedarf vorhanden", das Angebot sei „besser konzentriert im Spezialhandel", auch falle „für gehemmte Leute […] das eher peinliche Herumfra-

77 Vgl. Paul M. Horntrich, Aufklärung, Verklärung oder Schweigen? Entwicklungslinien römisch-katholischer Sexualpädagogik in Österreich und Deutschland im 20. Jahrhundert, in: Schulheft 182/183 (2021), 51–61, 57; Franz X. Eder, Kultur der Begierde. Eine Geschichte der Sexualität, 2. erw. Aufl., München 2009, 229 f.; Maria Mesner, Frauensache? Zur Auseinandersetzung um den Schwangerschaftsabbruch in Österreich nach 1945, Wien 1994; Paul M. Horntrich, Die Entkriminalisierung von Pornografie in Österreich, in: History | Sexuality | Law, 24.9.2020, https://hsl.hypotheses.org/1461 (21.5.2024).

78 Horntrich, Pornography in Austria, 2023, 194 f.

79 FZH, 18-9, 2.1, Presseschau, Presse Österreich 1969–1972, Die Furche, 11.7.1970.

80 FZH, 18-9, 2.1, Presseschau, Presse Österreich 1969–1972, Arbeiter-Zeitung, 25.6.1970; Volksstimme, 25.6.1970.

gen weg".[81] Die *Heimatzeitung* spottete: „Nun werden auch die Österreicher Teil haben an den Glück- und Freudenspendern des Flensburger Unternehmens. Tu felix Austria – Glückliches Österreich!"[82]

Spöttisch berichtete auch das *Wiener Wochenblatt* über die Pläne der „Sexmillionärin", da

> „sich freilich die Frage erhebt, ob der Liebesschwung nicht eher abgebremst wird, wenn die Liebesleute erst laut Katalog Pulver schlucken, Dragees lutschen, sich mit Sprays besprühen, Hefterln anschauen, sich mit Salben einreiben und diverse andere Artikel an- und drüberziehen sollen".[83]

Mit der geplanten Eröffnung der ersten Filiale in Österreich kam der Konzern Anfang der 1990er Jahre wieder in den medialen Fokus. Zum Auftakt der Aktivitäten von Beate Uhse in Österreich lud der Verein der Freunde des Kleinen Theaters Salzburg am 19. Mai 1992 zu einer geschlossenen Vorstellung von Arthur Schnitzlers *Reigen* ein, welche die neu gegründete Beate Uhse Vertriebs-Ges.m.b.H. Salzburg/Wals sponserte:

> „Beate Uhse, im 73. Lebensjahr, zählt zu den bekanntesten Damen des deutschsprachigen Raumes. Von null an hat sie eine beachtliche Unternehmerkarriere realisiert und viele, die heute von Emanzipation und sexueller Freiheit sprechen, waren noch gar nicht geboren, als Frau Uhse mit sozialen Tabus gebrochen hat, deretwegen Schnitzlers ‚Reigen' jahrzehntelang nicht aufgeführt werden durfte."[84]

Das Stück war nicht zufällig gewählt. Erinnert wurde daran, dass der *Reigen* viele Jahrzehnte lang wegen angeblicher Unzüchtigkeit nicht aufgeführt werden durfte.[85] Beate Rotermund war beim Theaterabend persönlich anwesend, verwies kurz auf die Anklagen und Prozesse, die sie ab den 1950er Jahren in Deutschland führen musste, und spannte dann den Bogen zur Gegenwart: „Auch hier in Österreich

81 FZH, 18-9, 2.1, Presseschau, Presse Österreich 1969–1972, Kronen Zeitung, 25.6.1970; Express, 25.6.1970; Wiener Kurier, 25.6.1970.

82 FZH, 18-9, 2.1, Presseschau, Presse Österreich 1969–1972, Heimatzeitung, 1.7.1970.

83 FZH, 18-9, 2.1, Presseschau, Presse Österreich 1969–1972, Wiener Wochenblatt, 11.7.1970.

84 APA-Meldung, 14.5.1992. Unter dem Titel „Beate Uhse in Salzburg / Arthur Schnitzler ‚Der Reigen'" berichtete am 19.5.1992 auch der ORF, vgl. FZH, 18-9, 2.8, Filme, Videos, Nr. 38.

85 Zur Rezeptionsgeschichte siehe Arthur Schnitzler, Reigen. Zehn Dialoge, hg. von Michael Scheffel, Stuttgart 2002, 135–147.

wird Mut und Avantgardismus für die Führung der neuen Beate Uhse Firma nötig sein."[86]

Nach der Firmengründung erfolgte im Dezember 1992 die Eröffnung der ersten Filiale in Österreich. Als Standort wurde Innsbruck gewählt, und der *Kurier* schilderte am 19. Dezember die Eröffnung recht plastisch:

> „Tiroler stürmten Sex-Shop Lustbarkeiten aus Beate-Uhse-Filiale in Wilten. Freitag, 9.30 Uhr: Eine Traube von Menschen drängt sich schon seit den frühen Morgenstunden vor einem Geschäft im Innsbrucker Stadtteil Wilten. Die über hundert Männer und Frauen interessiert nur eines: Beate Uhse, die 72jährige Lustgreisin aus dem deutschen Flensburg, eröffnet ihre erste österreichische Filiale, und das ausgerechnet im heiligen Land Tirol. War das ein Drängen und ein Stoßen! Jeder wollte mit aller Gewalt den erotischen Tempel stürmen, winkte den ersten sechs doch ein vielversprechendes Lustpaket. Je katholischer ein Land ist, desto mehr Kunden haben wir – so lautet die Faustregel, erklärte Hans-Jörg Reichart, Beate-Uhse-Geschäftsführer in Österreich. 7.000 Tiroler hat die gute alte Post in den vergangenen acht Monaten mit den begehrten Sexartikeln aus Flensburg versorgt. Die Tiroler halten in Österreich die Spitzenposition, wenn es darum geht, die Kasse beim Versandhandel klingeln zu lassen. Einschlägige Videos, Reizwäsche und Liebeshilfen erwiesen sich als die Renner."[87]

Glaubt man den Presseberichten, war die Eröffnung der ersten Beate-Uhse-Filiale in Österreich ein Erfolg. Bemerkenswert ist, dass sich der Tonfall der Presseberichterstattung der 1990er Jahre nicht grundsätzlich vom Tonfall der 1970er Jahre unterscheidet. Die Eröffnung eines Sexshops wurde rhetorisch immer noch mit Zweideutigkeiten kommuniziert. Doch die NS-Anspielungen eines „Sex-Anschlusses", die in den frühen 1970er Jahren so häufig waren, waren verschwunden. Die stark ausgeprägte Politisierung im Sprechen über Sexualität und sexuellen Konsum war 20 Jahre später einer Unaufgeregtheit gewichen.

Beate Rotermund war in den 1990er Jahren auch in Österreich immer wieder im TV präsent – hier jedoch als „Beate Uhse". Dies zeigt, dass man immer noch bereitwillig vom „Beate-Uhse-Mythos" Gebrauch machte, wenn es um PR-Maßnahmen ging. Wie eine systematische Volltextsuche im Programm des ORF ergab, war sie am 15. Jänner 1990 eine Stunde lang Gesprächspartnerin im „Nachtjournal" des Radiosenders Ö1 und am 21. Oktober 1990 Diskutantin in der Fernsehsendung „Club 2" zum Thema Schönheitschirurgie. Am 7. Februar 1996 erinnerte „Dorners Steirereck" in ORF Steiermark an 50 Jahre Beate-Uhse-Shops, am 13. März

86 FZH, 18-9, 2.5, Vorträge, Marketing, Marktanalysen, Bd. 2, Schreiben von Beate Rotermund an die Medien, 25.5.1992 und beiliegendes Redemanuskript.

87 Kurier, 19.12.1992, 17.

1997 widmete sich die ORF-Sendung „Thema“ dem Geschäft mit dem Sex und präsentierte die „Beate-Uhse-Story“, und am 27. Oktober 1997 stellte sich Beate Rotermund im „Treffpunkt Kultur“ einem Talk über „Sex und Moral“. Stoff für die Sendung „Thema“ bot am 25. März 1999 schließlich der Börsengang der ersten Erotik-Aktie. Rotermund wurde somit oft als Expertin zu Themen eingeladen, die mit Sexualität bzw. Körperlichkeit zu tun hatten. Auftritte unter dem Markennamen waren über Jahrzehnte gepflogene Konzernpolitik der „Beate-Uhse-Story“. Rotermunds häufige Auftritte im österreichischen Rundfunk belegen, dass der „Beate-Uhse-Mythos“ nicht nur in (West-)Deutschland, sondern auch in Österreich funktionierte. „Beate Uhse“ war zur Personifikation eines lockeren Umgangs mit dem Thema Sexualität geworden. In diesem Sinn kann mit Elizabeth Heineman gesagt werden, dass die Kunstfigur „Beate Uhse“ auch in Österreich dazu diente, dem gesellschaftlichen Wandel in puncto Sexualität ein Gesicht zu geben und komplexe sozioökonomische Veränderungen vereinfacht als Erfolgsgeschichte einer individuellen Unternehmerin darzustellen.[88] Dies legt nahe, dass die sexuelle Liberalisierung im deutschsprachigen Raum seit 1945 auch das Produkt einer Kommodifizierung des Sexuellen darstellt und von dieser ökonomischen Dimension nicht losgelöst betrachtet werden kann.

Verwissenschaftlichung und Frauen als Konsumentinnen

Sybille Steinbacher hat darauf hingewiesen, dass es durch die Rezeption der Kinsey-Reports im deutschsprachigen Raum ab den 1950er Jahren zu einer Verwissenschaftlichung der Sexualität kam. Während wissenschaftliches Sprechen über Sexualität im späten 19. und in der ersten Hälfte des 20. Jahrhunderts oftmals dazu diente, deviante von ‚normaler‘ Sexualität abzugrenzen und heterosexuelle, prokreative Sexualität als Norm zu stärken, sprach Alfred Kinsey dem Ausleben sexueller Wünsche als Bereicherung des individuellen Lebensglücks das Wort und arbeitete einer Normalisierung homosexuellen Begehrens zu.[89] Erst kürzlich hat Moritz Liebeknecht betont, dass die Verwissenschaftlichung der Sexualität, die in der BRD vor allem mit dem Sexualforscher Hans Giese verbunden wird, der in den 1960er Jahren einsetzenden Kommerzialisierung des Sex Vorschub leistete.[90]

---

88 Zur Funktionsweise des Beate-Uhse-Mythos in der BRD siehe Heineman, Before Porn Was Legal, 2011, 87–100.

89 Sybille Steinbacher, Wie der Sex nach Deutschland kam. Der Kampf um Sittlichkeit und Anstand in der frühen Bundesrepublik, München 2011, 139–165.

90 Moritz Liebeknecht, Wissen über Sex. Die Deutsche Gesellschaft für Sexualforschung im Spannungsfeld westdeutscher Wandlungsprozesse, Göttingen 2020, 271.

Der Beate-Uhse-Konzern setzte schon früh auf die Expertise von Wissenschaftler*innen. Mit Expertisen, die die förderliche Wirkung von Sexartikeln auf den ehelichen Beischlaf zeigen sollten, konnte Beate Uhse immer wieder rechtlichen Problemen vorbeugen und das kommerzielle Engagement aufrechterhalten, wie Elizabeth Heineman zeigte.[91]

Nachdem in den 1980er Jahren das Konkurrenzverbot zwischen den nun von den (Stief-)Söhnen geleiteten Konzernzweigen abgelaufen war, wurde auch das „Versandhaus Beate Uhse" wiederbelebt. Dazu wurde 1986 eine umfassende Erotik-Marktstudie durchgeführt.[92] Diese stand voll und ganz in der Tradition der westdeutschen empirischen Sexualforschung und fand heraus, dass „sich doch die Wunsch- und Wertvorstellungen der erotisch interessierten Frauen und Männer in den 80er Jahren grundlegend geändert [haben]. In den 90er Jahren wird diese Entwicklung noch stärker sichtbar werden."[93] Für die Erstellung der Studie wurde nicht gespart: 12.000 Frauen und Männer, davon 4.000 Opinion-Leader, wurden von der Gesellschaft für Rationale Psychologie (GRP) untersucht. Neben einer Fragebogenerhebung wurden auch Biosignale wie Pulsschlag, Atmung, Pupillenreflex usw. ausgewertet.

Öffentlich gab der Konzern bekannt, dass 98 Prozent der Befragten die Marke „Beate Uhse" kannten und sie als vertrauenswürdig einstuften. Das interessanteste Ergebnis der Erhebung war jedoch, dass Frauen als zukünftige Hauptabnehmerinnen der Produkte in den Blick traten. So hieß es in der Pressemitteilung zur Studie: „Die Erotik-Käufer von morgen sind die Frauen. […] Die sexuellen Phantasien, Wunschvorstellungen und Gedanken der Frauen sind ungleich viel farbiger, extremer und gewagter als man bisher angenommen hat."[94] Als Ursache identifizierte die Erhebung die „neue weibliche Emanzipation auf dem erotischen Sektor". Diese führe „oft zu einer besseren und glücklicheren Partnerschaft".[95] Die Studie hob hervor, dass die „Erregungs-Werte beim Lesen, Betrachten oder Miterleben von Erotika"[96] bei Frauen und Männern gleich stark ausgeprägt wären. Besonders junge Frauen kämen als Konsumentinnen für Erotikartikel in Betracht, sie hätten vor allem Interesse an Dessous. Schließlich ging man bei Beate Uhse davon aus, dass das durch die Studie erworbene Know-how „bis weit in die 90er Jahre hinein Wettbewerbs-Vorteile auf dem Erotik-Markt sichern" werde.[97]

---

91 Heineman, Before Porn Was Legal, 2011, 54 f.

92 FZH, 18-9, 2.5, Vorträge, Marketing, Marktanalysen, Bd. 27, Gesellschaft für Rationale Psychologie, Erotik-Markt-Studie (19)86.

93 FZH, 18-9, 2.3, Firmengeschichte, Bd. 10, Pressemitteilung zur Erotikmarkt-Studie 1986, 7.9.1986.

94 Ebd.

95 Ebd.

96 Ebd.

97 Ebd.

Die Studienergebnisse sind interessant, zeichnen sie doch ein neues Bild vom Erotika-Konsum und den imaginierten Konsument*innen der 1980er Jahre. Hatten Fachgeschäfte für Ehehygiene und später Sexshops bis in die 1970er Jahre den Ruf, auf ein männliches, heterosexuelles Publikum zugeschnitten und für Frauen tendenziell unangenehme Orte zu sein,[98] konnte die zunehmende Emanzipation der Frauen hier offenbar eine Veränderung bewirken. Bemerkenswert ist der Hinweis, dass Frauen dieselben „Erregungs-Werte" beim Erotika-Konsum zeigen würden. Befunde wie diese brachen unter Verweis auf empirische Erhebungen mit der (auch im Zuge des Nachkriegswiederaufbaus forcierten) Vorstellung der sexuell passiven Frau, die über keine eigenen erotischen Bedürfnisse verfüge.[99] Stattdessen zeichnete die Studie das Bild von sexuell selbstbestimmten Frauen, deren Sexualität nun, wie jene der Männer, auch ökonomisch verwertbar wurde. Frauen wurden als Konsumentinnen imaginiert, die ihre Sexualität durch selbstbewusste Kaufentscheidungen selbst gestalten könnten. Dies zeigt, dass die Verwissenschaftlichung einer weiteren Kommerzialisierung weiblicher Sexualität Vorschub leistete. Zu konstatieren ist, dass ein kritischer Blick auf ‚befreite' Sexualität und ihre potenziell negativen Effekte, wie er die Diskursivierung seit dem Aufkommen von HIV/Aids prägte, hier noch gänzlich ausgespart wurde.

Die Fokussierung auf Frauen als neue Konsumentinnengruppe beschäftigte den Beate-Uhse-Konzern auch in den ausgehenden 1980er Jahren intensiv. Zur Zeit der von Alice Schwarzer in Deutschland gestarteten PorNO-Kampagne (1987)[100] und ihrer kritischen Auseinandersetzung mit Beate Rotermund als Coverstory in der Ausgabe 3/1988 der *EMMA* mit dem Titel „Beate Uhse. Bomberpilotin + Pornoproduzentin" orteten die unter Verschluss gehaltenen Marktforschungsunterlagen dringenden Handlungsbedarf – allerdings nicht aus feministischer Sicht, sondern nach einer simplen kapitalistischen Marktlogik: Im August 1988 waren ca. 30 Prozent der Käufer*innen bei Beate Uhse Frauen, und hier waren sehr junge Frauen besonders kaufaktiv. Fast 50 Prozent der Käuferinnen waren zwischen 18 und 25 Jahre alt. Frauen interessierten sich zu 46 Prozent für Bildbände und Bücher.

---

98 Heineman, Before Porn Was Legal, 2011, 130.

99 Alexandra Weiss, Sittlichkeit – Klasse – Geschlecht. Diskurse über Sexualität, Jugend und Moral in den Nachkriegsjahrzehnten, in: Elisabeth Dietrich-Daum/Michaela Ralser/Dirk Rupnow (Hg.), Psychiatrisierte Kindheiten. Die Innsbrucker Kinderbeobachtungsstation von Maria Nowak-Vogl, 1954–1987, Innsbruck/Wien/Bozen 2020, 295–375, 297.

100 Angela Tillmann, Vom Pornografieverbot zu den Porn Studies. Perspektiven auf Pornografie(n), in: Johanna Dorer/Brigitte Geiger/Brigitte Hipfl/Victoria Ratkovic (Hg.), Handbuch Medien und Geschlecht. Perspektiven und Befunde der feministischen Kommunikations- und Medienforschung, Wiesbaden 2023, 989–1003, 990 f.

31 Prozent interessierten sich für Vibratoren, diese wurden von jungen Frauen 1988 genauso häufig gekauft wie von jungen Männern.[101]

Es galt, mehr Frauen als Kundinnen zu gewinnen, und dabei gab es einiges zu tun, da die Marktforschung des Konzerns Fakten lieferte, die feministische Kreise längst postulierten und kritisierten. Denn eine weitere, 1988 bei der GRP in Auftrag gegebene Studie zum Thema „Erotika- und Pornografiekonsum in der BRD und psychosoziale Hintergründe", deren Ergebnisse von den Verantwortlichen des Beate-Uhse-Konzerns aufmerksam rezipiert wurden, offenbarte bei fast 6.000 Befragten deutliche Unterschiede in der Bewertung. Frauen beurteilten Pornografie viel häufiger negativ als Männer, insbesondere bei den Merkmalen „frauenfeindlich", „abstoßend" und „pervers": „Dies war offensichtlich nicht nur eine Konsequenz der impliziten Misogynie und Frauenverachtung, die für große Teile der Standard-Pornografie kennzeichnend ist", war der Schluss, den man bei Beate Uhse zog.[102] In der Tat lässt sich eine Ausweitung von Gewaltdarstellungen gegen Frauen in der Mainstream-Pornografie der 1980er Jahre nachweisen, wie Pascal Eitler zeigen konnte.[103]

Mit Pornofilmen hatte die GRP für Beate Uhse schon 1983 umfangreiche Untersuchungen mit Fragebögen und Erhebung „psychophysiologischer Reaktionsmuster" unter anderem mit Pupillenreflexmessung durchgeführt. Ein zentrales Ergebnis lautete:

> „Von ganz entscheidender Bedeutung für den Erlebniswert eines Erotikfilms ist die Glaubwürdigkeit der Handlung. Diese resultiert nicht zuletzt aus dem ‚echten Spiel' der Darsteller, deren Sympathiewert und erotische Ausstrahlung eine hohe Bedeutung hat. Männer sind hier zwar toleranter, wenn für sie die sexuelle Darstellung stimmt, Frauen aber reagieren zunächst recht abweisend, wenn die Darsteller unsympathisch sind. Sie können aber solche Ablehnungen kompensieren, wenn sie sich inhaltlich und thematisch positiv angesprochen fühlen."[104]

Wesentlich sei, dass die Darsteller*innen in Pornofilmen „‚echte' Freude bzw. Spaß an der Handlung und ihrem ‚Spiel' haben": „Unter diesem Aspekt wird für die meisten Zuschauer selbst eine ‚Vergewaltigung' mit folgendem Vergnügen tragbar.

101 FZH, 18-9, 2.5, Vorträge, Marketing, Marktanalysen, Bd. 1, Manuskript Beate Rotermund, Bedarf, Bedürfnis, Befriedigung (September 1988), 2.

102 FZH, 18-9, 2.5, Vorträge, Marketing, Marktanalysen, Bd. 27, Gesellschaft für Rationale Psychologie (GRP), Erotika- und Pornographiekonsum in der BRD und psychosoziale Hintergründe 1988, 333.

103 Pascal Eitler, Die ‚Hölle der Lust'. Sexualisierte Gewalt innerhalb und vermittels pornografischer Bilder, in: Mittelweg 36 27/4 (2018), 109–122, insbes. 112 f.

104 FZH, 18-9, 2.5, Vorträge, Marketing, Marktanalysen, Bd. 26, GRP, Erotikfilm-Studie (19)83, 56 f.

Man erwartet vor allem von den weiblichen Darstellern, daß sie nicht nur ‚spielen', sondern wirklich sexuelle Lust empfinden."[105] Auch sei ein Mindestmaß an ‚Handlung' anzustreben:

> „Es sollte insgesamt mehr Wert auf inhaltliche Zusammenhänge gelegt werden, in denen die sexuellen Handlungen eingebettet sind. Dazu ist nicht immer eine umfangreiche Story mit tiefgehenden Analysen notwendig. Es reicht vollkommen, daß die Darsteller in einem positiven Umfeld gezeigt werden und glaubhaft sinnliche Zuneigung ausdrücken."[106]

Mit der oben erwähnten Erotikmarkt-Studie von 1986 hatte Beate Rotermund eine umfassende Marktstudie in ihrem Safe. Prognostiziert wurde eine mögliche Erweiterung des Erotikmarkts um ca. 65 Prozent. Dann wäre eine Marktsättigung von ca. 94 Prozent erreicht.[107] Man sah in der Zukunft einerseits besonders ein Potenzial bei Frauen, kamen doch damals im Erotikmarkt auf fünf Käufer nur zwei Käuferinnen.[108] Andererseits galt es auch, jüngere Männer zu gewinnen, denn sonst „würde der Markt jährlich um 4 bis 6 % allein aufgrund der Geburtenrückgänge und Überalterung unserer Gesellschaft rückläufig" sein.[109] Hier setzte der Konzern weiterhin auf den Mainstream-Porno. Den Schwierigkeiten, die das hohe Ausmaß von Gewaltdarstellungen gegen Frauen mit sich brachte, wollte man durch gefälligere Inszenierungen begegnen. Im Pornofilm seien lebensnahe Geschichten bzw. gängige Fantasien wichtig, deswegen würden auch mehr Frauen als Männer vorkommen (Verhältnis 6 zu 4):

> „Die Auswahlkriterien für Männer und Frauen sind gleich. Sie müssen gut sein, attraktiv aussehen und spielen können […] und man muß ihnen den Spaß an dem Sex vor der Kamera anmerken. Wissen Sie, bei einem guten Pornofilm, der nachher auch läuft, da muss der Sex und die Erotik von der Leinwand herunterspringen auf den Zuschauer. Man muß merken, daß die Leute das nicht für Geld machen. Wenn die Kamera sagt ‚Schnitt', müßten sie, muß man das Gefühl haben, die würden weitermachen."[110]

Am Beispiel der Marktstudien, die Beate Uhse durchführen ließ, zeigt sich, wie Expert*innenwissen auf kommerzielle Entscheidungen Einfluss nahm. Kommerzia-

105 Ebd., 57.

106 Ebd.

107 FZH, 18-9, 2.5, Vorträge, Marketing, Marktanalysen, Bd. 27, GRP, Erotika- und Pornographiekonsum, 243.

108 Ebd., 226.

109 Ebd., 243.

110 FZH, 18-9, 2.5, Vorträge, Marketing, Marktanalysen, Bd. 1, Manuskript Beate Rotermund, Bedarf, Bedürfnis, Befriedigung, 1988, 5.

lisierung und Verwissenschaftlichung von Sexualität waren somit eng miteinander verschränkt.

Über die Bedeutung der Kundinnen und andere Aspekte des Porno-Business referierte Beate Rotermund im September 1988 bei der Anhörung der SPD-Bundestagsfraktion „Pornografie – hinsehen oder wegsehen" vor den Abgeordneten in Bonn. Dies war eine der seltenen Gelegenheiten, bei der man jenseits simpler Umsätze Hintergründe über einen der größten Pornokonzerne Europas erfahren konnte: Beate Uhse machte 1987 in den Betriebszweigen Läden, Kinos und Versandhaus 100 Millionen DM Umsatz (Kaufkraft 2024: 105 Millionen Euro), und täglich kamen zwischen 50.000 und 60.000 Besucher*innen in die Shops. Die Hauptwarengruppen waren Bildbände, Bücher, Magazine, Verhütungsmittel und sogenannte ‚Hilfsmittel' wie Vibratoren, Dessous und Videos. Interessant sind die unterschiedlichen Rahmenbedingungen zwischen Versand- und Ladenverkauf, was am heute noch gültigen Versandverbot für pornografische Produkte durch die deutsche Post liegt:

> „Im Versandhandel sind ungefähr 600 Produkte im Angebot. Keiner ist pornographisch, da wie gesagt im Versandhandel Pornografie nicht möglich ist. Die Videos, die im Versandhandel angeboten sind, sind soft. In unseren ca. 40 Läden führen wir etwa je 6.000 Artikel, davon sind 63 % Erotik und 37 % Pornografie."[111]

Die Sozialstruktur der Kund*innen von Beate Uhse wurde am häufigsten mit „klassisches Bürgertum", dann gleich stark mit „Konservative" und „Upper Class" beschrieben, dann folgten „Aufstiegsorientierte, also junge Leute auf dem Weg nach oben".[112]

Bemerkenswert ist auch der zugeschriebene Expertinnenstatus: Auf Bitte der SPD informierte Beate Rotermund auch über Arbeitsbedingungen in der Branche: Der Beate-Uhse-Konzern ließ seine Filme damals fast ausschließlich in den USA drehen. Die Modelle (Verhältnis Frauen zu Männer 6 zu 4) wurden über Agenturen gecastet, hatten Verträge und eine Tagesgage zwischen 1.000 und 3.000 Dollar (Kaufkraft 2024: 5.670 Euro): „das ist ja wie beim Sportler, das ist verdammt viel Geld", kommentierte Rotermund die Verdienstmöglichkeiten. Models für Dessous-Fotos in Deutschland bekamen zu dieser Zeit 800 bis 3.000 DM (Kaufkraft 2024: 3.150 Euro) pro Tag.[113]

---

111 Ebd., 2. In Deutschland war und ist die Verbreitung (Versand) pornografischen Materials verboten. Firmen mit Pornofilmangebot legten im analogen Zeitalter den Firmensitz deshalb oft nahe an die österreichische bzw. niederländische Grenze.

112 Ebd.

113 Ebd., 5.

Laut Fachleuten würde man in einem „visuellen Zeitalter“ leben: Schon in 39 Prozent der deutschen Haushalte, so Beate Rotermund im September 1988, gebe es einen Videorekorder. Üblicherweise kaufe oder leihe sich jede*r Rekorder-Besitzer*in in unterschiedlichen Abständen pornografische Videos, wobei das steigende Interesse an Pornografie-Videos „ein wenig vielleicht auch mit der AIDS-Bedrohung zu erklären“ sei. Würde es zu einem Verleihverbot für pornografische Kassetten kommen, müssten 90 Prozent der ca. 4.500 Videotheken in der Bundesrepublik ihr Geschäft aufgeben, prognostizierte Rotermund.[114]

Conclusio

Der Beitrag hat das geschäftliche Engagement des Beate-Uhse-Konzerns in Österreich, von den Anfängen in den 1970er Jahren bis zum Konkurs 2019, nachgezeichnet. Dabei wurde deutlich, dass rechtliche Rahmenbedingungen eine große Rolle spielten. So plante der westdeutsche Konzern zwar schon Ende der 1960er Jahre, nach Österreich zu expandieren, was 1971 mit der Gründung einer Österreich-Niederlassung auch gelang. Durch das strenge österreichische Pornografiegesetz, das unter Rückgriff auf das schwammige Konzept der „Unzüchtigkeit“ alle Arten erotischer Waren kriminalisierte, schreckte man vor der Eröffnung einer Filiale jedoch lange zurück und konzentrierte sich zunächst auf die Etablierung eines Versandhandels. Die erste Filiale wurde schließlich erst 1992 in Innsbruck eröffnet. Rechtliche Rahmenbedingungen spielten auch mit Blick auf das österreichische Gewerberecht eine Rolle. Obwohl der Beate-Uhse-Konzern in den 1970er Jahren bereits 30 Millionen DM Umsatz in Westdeutschland machte, konnte ein gewerberechtlich nötiger Befähigungsnachweis zur Firmengründung in Österreich nicht erbracht werden. Erst durch die Zusammenarbeit mit einem österreichischen Kaufmann, der sich um die Geschäfte kümmerte, war der Markteinstieg möglich.

Aufgrund der schwierigen Datenlage kann über die Geschäftsentwicklung in Österreich nur wenig gesagt werden. Die Verfügbarkeit kostenloser pornografischer Inhalte mit dem Aufkommen des Internets ab den 2000er Jahren sowie die allgemein gestiegene Verfügbarkeit erotischer Waren, zum Beispiel auch in Drogeriemärkten, stellte den Konzern vor große ökonomische Schwierigkeiten. Jedenfalls lässt sich ein massiver Umsatzrückgang ab Mitte der 2000er Jahre beobachten, der schließlich zur Insolvenz des Beate-Uhse-Konzerns in Österreich im Jahr 2019 führte.

Die Auswertung interner Planungsdokumente zeigte, dass die Verwissenschaftlichung und die Kommerzialisierung der Sexualität Hand in Hand liefen. Beate

114 FZH, 18-9, 2.5, Vorträge, Marketing, Marktanalysen, Bd. 1, Manuskript Vorbereitung für das SPD-Hearing, August 1988, 4.

Uhse setzte ab den 1980er Jahren auf Marktforschung, um das Warenangebot zu optimieren, und stellte dabei fest, dass Frauen vielversprechende Konsumentinnen für sexualisierte Waren sein könnten. Entgegen feministisch-emanzipatorischer Diskussionen, in denen die sexistische Reduktion der Frau als Lustobjekt männlicher Konsumenten kritisiert wurde, trug Beate Uhse mit ihrem Warenangebot dazu bei, dass Frauen neben Männern als selbstverständliche Konsumentinnen sexualisierter Konsumgüter betrachtet wurden, auf deren Wünsche zu reagieren sei.

Die umfassende Medienberichterstattung durch Zeitungen und den Rundfunk machte „Beate Uhse“ auch in Österreich zum Synonym für einen neuen, ‚befreiten‘ – und durch und durch kommerzialisierten – Umgang mit Sexualität. Wie in der Bundesrepublik setzten Journalist*innen bei öffentlichen Auftritten Beate Rotermunds und bei PR-Maßnahmen auch in Österreich auf den „Beate-Uhse-Mythos“. Die Frau aus dem hohen Norden wurde somit auch in der Alpenrepublik zum Synonym für Sexualität als Lifestyle.